KB213329

고전, 현대를 걷다

고전,
현대를 걷다

김정현 외

새문사

머리말

1

오늘날 우리는 '속도'의 시대를 살고 있다. 컴퓨터, 인터넷, 스마트폰, 카카오톡, 페이스북, 트위터, 유튜브, SNS 등 전자정보매체의 발전은 전 세계를 기가바이트(GB)의 속도로 동시적으로 연결시키고 있다. 여기에서 더 나아가 인류는 생명공학, 인공지능(AI), 사물인터넷(IoT), 지능형 로봇산업, 빅데이터, 가상현실(Virtual Reality), 기계-인간 등이 주력산업이 되는 제4차 산업혁명의 시대로 진입하고 있다. 이것을 가로지르는 우리 시대의 키워드는 속도, 정보, 데이터 처리능력, 융합 등이다. 이 키워드의 기저에서 작동하는 인간의 핵심 능력은 비판적 사고와 창의력일 것이다. 우리는 현재 데이터를 정확하게 분석하고 범주화하며 유용한 정보를 추측하고 미래를 예측하는 비판적 사고력과 자연과학이나 인문학 등 각 영역을 가로지르며 융합하고 새로운 것을 창출하는 창의력이 요구되는 시대를 살고 있다.

이러한 시대적 흐름과 미래 비전은 인류의 삶이 지속적으로 향상될 것이라는 희망과 기대를 품고 있지만, 다른 한편 이러한 시대 격변의 한가운데는 인류가 지금까지 겪어보지 못한 깊은 위기, 즉 문명의 크레바스(crevasse)가 놓여 있어 많은 우려가 있는 것도 사실이다. 빙하가 이동할 때 응력에 의해 빙하에 형성되는 열극이나 균열을 크레바스라고 말하듯 산업사회에서 정보화 사회로 이동하고 또 시기적으로 약간의 차이가 있기는 하지만 중첩해서 제4차 산업혁명시대로 이동하는 과정에서 문명의 장력(張力)과 세계의 긴장이 팽배해 있다. 세계화, 정보화, 신자유주의가 세계를 휩쓸면서 전자아고라의 형성, 공생적 사회네트워크, 문화다원주의, 세계시민주의 등의 사회현상을 만들어냈지만, 이제는 신자유주의에 대한 반작용과 빈부 양극화, 테러문제, 난민문제 등에 대한 불만이 팽창해 세계가 신국가주의, 자국중심주의로 휩쓸려 들어가고 있는 듯하다.

신자유주의적 자본주의 체제에 자아를 최적화하는 과정에서 자아가 소진되고 불안해지는 문제, 정보화 사회에서 사이버 세계로 몰입하며 삶의 준거틀이 유동적이 되고 파편화되며 현실에서 삶의 중심을 잡기 어려워지는 의미중력의 상실문제, 신국가주의의 등장과 자국의 이익을 앞세우는 세계 각 국가의 충돌가능성, 자국중심의 경제적 이기주의의 팽창과 이기적 생존만을 부추기는 나르시시즘의 문화, 인간과 기계가 결합되며 인간의 정체성에 혼란이 오고 인간의 자아정체성에 대해 근본적 물음을 새롭게 던져야 하는 절박함 등이 모두 이 시대와 문명의 크레바스에 놓여 있는 위기 요소들이다. 이 크레바스의 빈 공간과 빙장(氷藏)에는 우리의 삶의 공간에서 동기화되고 있는 현기증, 과잉활동, 불안, 소진, 피로, 부산함, 신경과민, 조급성, 산만, 유동성, 경솔함 등이 보이지 않게 움직이고 있다. 사이버 세계로 도피하고 타인에 대해 무관심하며 자기 자신에게만 관심을 갖는 등 인간관계의 상실도 그

가운데 하나이다. 이러한 문명의 전환기에 우리에게 필요한 것은 성숙한 정신으로 상대를 인정하고 관계적 삶의 균형과 중심을 잡기 위한 소통능력이다.

속도, 유동성, 방향상실, 불안, 자기애적 몰입, 관계상실, 융합, 창의성, 소통능력 등은 21세기 새로운 문명과 삶의 준거틀을 이해하는 중심용어일 것이다. 우리 시대와 문명의 변화를 이끌어가는 이러한 개념들을 이해할 때 우리는 어떤 공부를 해야만 하는 것일까? 인공지능의 발전에 기반한 제4차 산업혁명의 시대에는 우리가 현재 배우고 있는 전문지식이 소용없어지거나 가지고 싶어 하는 직업의 대다수가 없어진다는 예측이 나오고 있는 상황에서 우리는 어떻게 우리의 미래를 준비하며 공부해야만 할까? 지금까지 대학 교육은 주로 강의와 암기식 시험을 중심으로 하는 근대교육의 형태를 벗어나지 못하고 있다. 학생들도 아무런 물음 없이 교수가 주는 대로 받아 적고 암기하는 교육을 벗어나지 못했다. 대부분의 대학 강의실도 교수가 강의하고 학생이 받아 적으며 시험을 보는 근대식 공간구조를 그대로 가지고 있다. 학생들이 학습을 주도하며 발표하고 토론하는 세미나식의 공간구조를 갖춘 대학이 그리 많지 않다.

서양의 대학에서는 교수가 강의형식으로 진행하는 강의실은 극히 일부이며 대부분 세미나실로 구성되어 있다. 수업도 학생들이 준비해서 발표하는 수업이 대부분이며 교수는 학생이 발표하고 토론할 때 내용의 오류나 문제를 종합 정리하는 차원에서만 개입한다. 우리가 미래를 준비하는 교육을 제대로 하기 위해서는 대학의 공간구조를 학생들이 서로 마주 앉아 토론할 수 있는 세미나실로 바꾸고 교육방식 역시 발표·토론의 세미나식으로 바꾸는 일이 선행되어야 할 것이다. 교수법이 근본적으로 변화될 필요가 있다. 이러한 변화가 없다면 우리 교육의 미래도 없다.

또 하나는 문제 중심의 교육, 인문학적 성찰능력을 만들어낼 수 있는 교육이 필요하다. 이런 교육을 하기 위해서는 교육시스템이나 평가제도가 바뀌어야만 한다. 교수가 강의하고 학생들이 받아 적은 것을 그대로 암기해 중간고사, 기말고사를 보고 이를 토대로 성적을 내는 교육시스템으로는 더 이상 세계를 이끌어나가는 창의적 인재를 양육할 수 없다. 교육사상가 루소(J.-J. Rousseau)가 비판하고 있듯이 암기 잘하고 성적 좋은 '바보'를 만들어 내는 것이 현재 한국의 대학교육현장이다. 대학에서 평가시스템이 전면적으로 개혁될 필요가 있다. 현재 일부 대학에서는 대학평가와 교육부의 지원금을 받기 위해서 공학교육의 표준화와 인증을 위해 도입한 학습성과의 '지속적 품질개선제도'(CQI: Continous Quality Improvement)를 인문학 영역에까지 적용하고 있다.

인문학 교육은 인간과 세계를 비판적으로 성찰할 수 있는 능력과 표준화될 수 없는 개인의 창의적 능력을 함양하는 것인데 인문학에 CQI와 같은 것을 적용하는 것은 인문학 교육에 도움을 주지 못한다. 이는 인문학의 학문적 성격도 학습 성과나 효과도 전혀 이해하지 못하는 몰이해에서 비롯된 것이다. 독일의 철학자 딜타이(W. Dilthey)가 실증주의에 반대하며 자연과학과 근본적으로 성격이 다른 정신과학(Geisteswissenschaft)의 성격을 규정하고, 인문학의 방법론을 역설한 지 130여년이 지나갔지만 여전히 대학 현장에서는 실증주의적 정량적 지표로 학문을 재단하고 교육을 공학적으로 표준화하고자 하고 있다. 성과나 지표와 같은 실증주의적 자료를 통해 평가하는 교육부와 대학평가기관의 요구에 맞추기 위해 대학에서의 인문학 교육은 더욱 엉망이 되어가고 있다.

비판적 사고력, 창의력, 의사소통능력을 이끌어내는 교육이 되기 위해서는 대학의 공간이나 평가제도뿐만 아니라 교육방식과 교육내용의 변화가 요구된다. 스스로 생각하고 문제의식을 가지며 새로운 것을 발견하고 문제를 해결하는 능력을 기르는 교육이 그것이다. 자신이 생각한 것을 지성적으로 표현하고 다른 사람과 소통하며 자기 문제를 확장하거나 심화시키는 능력의 교육이 그것이다. 이러한 교육의 첫 걸음이 바로 고전교육이다. 인문학적 교육의 '품질'(?)은 표준화된 정량적 평가시스템에 의해 마련되는 것이 아니라 학습자 개개인의 삶에 대한 성찰능력을 함양하는 일에서 시작된다. 고전을 읽고 공부하며 이를 자신의 문제의식으로 정리하고 표현하는 공부는 사회와 역사, 시대와 문명, 문화와 예술 등 세계와 인간을 읽는 인문학적 성찰의 시작이다.

지금까지의 교육으로는 시대나 사회, 문명의 흐름을 읽을 수 있는 인문학적 성찰능력이 생겨날 수 없었고, 새로운 것을 창조하며 시대를 주도할 수 있는 창조의 유전자가 만들어질 수도 없었다. 이 책은 암기 위주의 기존 교육형태의 맹점을 벗어나 시대에 맞는 인문학적 교육을 찾고자 하는 문제의식으로 준비한 것이다. 고전에는 각 시대의 사회와 역사, 문화와 성찰, 문제의식과 해결방안 등이 담겨있다. 고전은 인류가 겪은 문제들과 그것을 해결하는 방식을 성찰하며 비판적 사고, 분석력, 창의력, 상상력, 융·복합능력, 인간에 대한 성찰능력, 의사소통능력 등을 함양하는 인류 정신의 원형적 바다이다.

고전을 읽는다는 것은 그저 고전의 내용을 단순히 소개받거나 단순지식을 축적하는 것이 아니라 고전 속에 담겨 있는 인류의 문화적 자원과 그 원형적 DNA를 학습하며 그것을 현재로 되살리는 해석의 능력을 공부하는 것이다. 인류의 정신적 광맥이 묻혀있는 고전을 찾아들어가 보면 우리 시대가 요구하는 문제와 그것을 풀어낼 수 있는 해결능력을 얻게 된다. 고전은 이러한 의미에서 보면 단순히 지나가 버린 과거의 문제만을 담고 있는 것이 아니라 현재에도 살아 움직이는 그리고 우리가 나아가야 할 미래의 방향을 제시하는 정신적 등대 역할을 한다. 이 책의 제목을 『고전, 현대를 걷다』로 한 것도 이러한 이유에서였다. 고전공부를 함으로써 우리는 우리가 살고 있는 시대와 문명, 인간과 미래를 읽는 단서를 찾을 수 있을 것이다.

2

이 책은 먼저 작가나 사상가를 소개하고, 그 다음으로 필자들이 각자의 관점에 따라 책의 내용을 몇 가지 중심 주제 혹은 문제의식으로 정리했고, 더 나아가 현대에서 각 고전들이 갖는 정신사적 위치, 즉 왜 우리가 오늘날 이 책을 읽어야만 되는지를 살펴보았으며, 각 책에서 가장 중요한 구절을 뽑아 소개함으로써 독자들이 책의 내용을 한 번에 살펴보며 읽어보도록 했다. 그리고 독자들이 가질 수 있는 문제의식이나 토론거리 혹은 생각거리를 정리해 보았다. 동서양의 고전 가운데 중요한 고전 16권을 뽑아 주제별로, 즉 "사람다운 길, 어떻게 찾을 것인가"(인간과 삶의 이해), "인간, 어떻게 행동할 것인가"(도덕적 삶의 이해), "공동체에서 어떻게 살 것인가"(사회와 국가의 이해), "현대문명, 어떻게 이해해야 하는가"(서양 현대문명의 이해), "진리, 어떻게 구할 것인가"(진리와 과학의 이해)라는 주제로 구분해 다시 배열했다.

이 책에서 소개한 고전 이외에도 다루어야 할 수많은 고전이 많지만 이 책은 우리가 이 시대를 살아가면서 꼭 한 번 읽어보아야 할 철학적 고전으로 한정하여 선정했다. 대학에서 고전교육이나 독서와 토론의 교재로도 사용할 수 있도록 체제(형식)나 주제(내용), 문제의식이나 토론거리 등을 정리했다.

이 책에서는 12명의 필자들이 모두 16편의 고전에 관한 글을 썼다. 한 명이 한 편의 글을 쓴 경우도 있지만 두 편의 글을 쓴 경우도 있다. 오랜 시간동안 필자들 각자의 연구영역에서 연구한 것을 고려해서 각 고전을 맡았고 책의 통일성을 위해 일정한 형식을 정해 글을 썼다. 짧은 시간이었지만 김학권, 이상곤, 이동훈, 홍성우, 김양용, 이기홍, 박승현, 한도연, 진정일, 염승준, 이상범 선생님 등 모든 필자가 정성과 노고를 들여 글을 써 주었기에 이 책을 마련할 수 있었다.

이 책은 원광대학교 프라임인문학진흥사업단의 〈융복합 인문치료 전문가양성사업교실〉의 지원으로 준비되었다. 인문학 영역의 학과들이 통폐합되고 그 영역들이 위축되고 있지만, 그럼에도 불구하고 대학에서 인문학이, 철학이 제대로 역할을 해야 한다는 소명의식을 갖고 이 책을 준비했다. 속도의 시대, 격변의 시대, 크레바스의 시대를 무게중심을 잡고 뚫고 가기 위해서는 인문학이나 철학이야말로 우리 시대가 절실히 필요로 하는 학문이며 이러한 인문학적 성찰을 할 수 있는 고전공부를 이제 대학이 해야 한다는 문제의식을 가지고 이 책을 쓰게 된 것이다.

이 책을 읽으며 고전의 바다에 들어가는 실마리를 마련하면 좋겠다. 이 책을 공부하며 인문학적 상상의 나래를 펼치고 동시에 단단한 사유로 분석력과 융합능력을 길렀으면 좋겠다. 이 책을 접하면서 인간과 사회, 세계를 이해하고 앞으로 내가 어떻게 살아야 할 것인지, 어디로 걸어갈 것인지를 성찰할 수 있는 능력과 인간을 포용하며 관계를 풍부하게 열어가는 소통능력을 길러냈으면 좋겠다. 이러한 과제는 또한 독자들 각자가 독서와 해석을 통해 가져갈 수 있는 독자 자신의 몫이기도 하다. 필자 각자가 자신의 관점과 문제의식을 가지고 책의 내용을 정리했는데, 이는 각 고전에 들어가는 하나의 예시적 단서를 제시한 것일 뿐이므로 독자는 굳이 여기에 얽매일 필요는 없다. 처음 고전을 읽고 해석하는 것이 쉽지 않기 때문에 이 책은 친절하게 길안내를 하는 것이라고 생각하며 접해도 좋을 것이다.

이 책이 나올 때까지 12명의 필자들을 비롯해 많은 분들의 노고가 있었다. 여유 없는 시간임에도 불구하고 정성껏 이 책을 만들어 주신 출판사 **새문사** 관계자 여러분의 노고에 감사를 전하고 싶다. 이상범 박사와 원광대학교 대학원 철학과 석사과정의 손유나가 원고를 수합하고 정리하며 교정하는 데 수고를 아끼지 않았고, 원광대 〈융복합 인문치료 전문가양성사업교실〉의 조교 이승민 선생도 정성을 다해 사업이 진행되도록 모든 행정적 업무를 도맡아 주었다. 특히 본 사업을 처음부터 함께 하며 전적으로 믿고 지원해 주신 김학권 교수님께도 감사를 드린다. 바쁜 대학의 일을 수행하면서도 철학에 대한 애정과 관심을 갖고 계시는 김도종 총장님께도 감사의 마음을 전하고 싶다. 그리고 짧은 시간임에도 불구하고 마음을 다해 정성껏 글을 써 주신 필자들에게 진심으로 감사를 드린다. 이 책이 우리 시대가 요청하는 대학의 고전교육에 작게나마 기여했으면 좋겠다.

필자들을 대표해서
2017년 1월
김정현

차례

I 사람다운 길, 어떻게 찾을 것인가?

인간과 삶의 이해

- 사람다움의 길을 묻고 답하다! - 공자, 『논어』: 이상곤
- 자유로운 삶을 어떻게 실현할 것인가? - 노자, 『도덕경』: 박승현
- 궁극의 깨달음에는 내가 없다 - 『금강경』: 한도연
- 인간은 어떻게 건강한 삶을 살 수 있는가?
  - 프리드리히 니체, 『차라투스트라는 이렇게 말했다』: 이상범

사람다움의 길을 묻고 답하다!
공자,『논어』

이 상 곤

작가 소개

이 책은 공자(孔子, BC 551~479)의 언행록
이다. 공자는 춘추전국시대의 노(魯)나라 추
읍(鄹邑, 지금의 산동성(山東省) 곡부현(曲阜縣)
어원촌(魚原村))에서 태어났다. 공(孔)은 성씨
이고, 자(子)는 스승에 대한 존칭이다. 이름
은 구(丘)다.
　어린 시절부터 제사 지내는 흉내 놀이를 좋아했고, 전통적 문화에
밝았다. 스스로가 밝혔듯이 그는 호학자(好學者)였다. 15세에 배움에 눈
을 뜨게 되었고, 20세에는 육예(六藝)도 능통하였다. 30대에 학교를 열
어 제자를 양성하는 한편 현실에서 자신의 뜻을 펼쳐 보이려 했지만
좌절되었다. 40세 전후로는 수차례 망명길에 올랐다. 50세에 이르기까
지 학문에 매진하다 마침내 현실정치에 적극 참여하게 된다. 54세에는
장관 직책인 대사구(大司寇)에 등용되기도 했다. 하지만 끝내 자신의 포

부를 펼쳐내지 못한 채 56세에 다시 망명길에 오른다. 이후 10년이 넘게 도덕정치를 표방하며 여러 나라를 돌아다녔지만 끝내 실현시킬 수가 없었다. 68세에 고국으로 돌아온 이후로는 오직 제자들을 가르치는 일과 저술에만 몰두했다. 제자가 3천 명에 이르렀으며, 육예에 통달한 제자만 해도 72명이나 되었다. 노나라 애공(哀公)16년, 73세의 나이로 세상을 떠나 곡부의 지성림(至聖林)에 안장되었다.

중국 고대문헌의 집대성이라 할 육경(六經: 시경·서경·예경·악경·역경·춘추)을 정리하여 후세에 전했다. 말년에는 『역경』 탐구에 몰두했었는데, 책을 묶은 가죽 끈이 세 번이나 닳아 없어질 정도였다고 한다.

| 책 내용 소개 |

인문 정신의 보물 상자, 『논어』

인류의 정신사를 담고 있는 학문세계가 다름 아닌 인문학(人文學)이다. 철학, 역사, 문학, 예술 등과 같이 우리 인간만이 펼쳐낼 수 있는 독특한 특징들을 탐구하는 인문학은 불멸의 생명력으로 인류의 정신문명을 지켜왔다. 오늘날 우리가 고차원의 정신문명을 향유하는 것은 지난날의 인문학이 남겨놓은 위대한 업적 때문이다. 지금의 정신문명이 지난날의 인문학에 의해 채색되었듯 미래 인류의 정신문명 또한 지금의 인문학에 의해 채색될 것임은 너무도 자명하다.

일찍이 인문주의(人文主義)를 표방한 유학은 동아시아의 사상과 문화를 주도하면서 거의 모든 영역에 걸쳐 중추적인 역할을 견인해왔다. 공자에게서 비롯된 유학은 수기(修己)와 치인(治人)을 축으로 한다. 수기는 자기완성(自己完成)이며, 치인은 타인교화(他人教化)이다. 안으로는 자기 자신의 수양을 통해 건전한 사회인의 한 사람으로의 품격을 다지고, 밖으로는 다른 사람들에 대한 교화를 통해 세계를 하나의 공동체 사회로 만들고자 하는 것이다. 내성외왕(內聖外王)으로도 표방되는 이것이 유학의 근본정신이며, 그것을 담고 있는 보물 상자가 바로『논어』(論語)다.

'논어'의 뜻은 학자에 따라 의견이 다양하지만, 반고(班固)의『한서예문지』(漢書藝文志)에는 "공자가 제자와 당시 사람들에게 응답한 말과 제자들 간에 서로 말한 것과 선생께 직접 들은 말들을 당시 제자들 각자가 기록해 두었다. 선생께서 돌아가신 뒤에 제자들이 서로의 기록을 한데 모아 의논하여 편찬하였으니 이 까닭에 논어라 부른다"라고 하였다. 공자 제자들의 손에서 '의논·편찬된 책'이므로『논어』라 하였다는 것이다. 따라서 '논(論)하고 말한다[語]'는 뜻으로 이해해도 크게 틀리지 않을 것이므로 '진리를 논하고 말한' 책이 곧『논어』다.

『한서예문지』는 또 한나라 당시에는 세 종류의『논어』가 있었다고 전한다. 제(齊)나라에서 전해져 온『제논어』(齊論語), 노(魯)나라에서 전해져 온『노논어』(魯論語), 그리고 공자의 옛집 벽에서 나온 고문(古文)의『고논어』(古論語)가 그것이다. 오늘날의『논어』는 전한(前漢) 말의 장우(張禹)가『노논어』를 중심으로 편찬한 교정본이다. 모두 20편으로 나뉘어 있고, 각 편의 첫 구절 두 글자를 따서 편명으로 삼고 있다. 예컨대, 첫 번째 편인 학이(學而)는 첫 구절인 '학이시습지'(學而時習之)에서 따왔으며, 두 번째 편인 위정(爲政)은 첫 구절인 '위정이덕'(爲政以德)에서 따왔다.

문제의 핵심은 사람이고 현실이 우선이다
—『논어』의 출발점

공자가 활동했던 시대는 주(周)나라 중기에서 말기에 해당하는 춘추전국시대였다. 이 시기를 정치적인 면에서는 군웅할거(群雄割據) 시대라 하고, 사상적인 면에서 제자백가(諸子百家) 또는 백가쟁명(百家爭鳴) 시대라 하듯, 수많은 영웅호걸과 사상가들이 이때 출현하여 저마다 혼란한 현실을 타개하기 위한 처방책을 내놓았다. 하지만 목적은 너나없이 한결같았다. 그것은 혼탁한 세상을 바로잡으려는 천하통일 곧 평천하(平天下)였다.

문제는 어떻게 평천하할 것인가이다. 사상적인 면으로 본다면, 무위자연을 앞세운 도가(道家)는 자연주의를 외치며 인위의 거짓됨을 고발함으로써, 법술을 앞세운 법가(法家)는 법치주의를 외치며 강력한 군주권을 확립함으로써, 그리고 겸애(兼愛)를 내세운 묵가(墨家)는 공리주의를 외치며 무차별적 평등과 근검절약으로써, 위아(爲我)를 내세운 양주(楊朱)는 쾌락주의를 외치며 이기(利己)를 위해 주력함으로써 평천하하고자 하였다.

그렇다면 공자는 어떠했을까? 그의 답은 명쾌했다. "사람이 주인이고 현실이 먼저야!"라고. 사람과 사람이 더불어 사는 세상에서 그 어떤 것보다도 사람이 최우선되어야 한다는 것이며, 그 어떤 사무보다도 현실의 일이 급선무라는 것이다. 이를 두고 우리는 그의 사상을 '인간중심'(사인, 事人)이요 '현실중심'(지생, 知生)이라 일컫는다.『논어』「선진」편에는 공자가 제자 계로(季路)와 대화하는 장면이 나온다. 계로가 귀신 섬기는 일에 대해 물었다. 공자는 "아직 사람 섬기는 일(事人)도 제대로 못하면서 어떻게 귀신을 섬길 수 있겠는가?"라고 답했다. 또 죽음에 대해 물었다. 공자는 "아직 삶도 제대로 알지(知生) 못하면서 어떻게 죽음을 알 수 있겠는가?"라고 답했다(「선진」_11). 또한 「술이」편에는 "선생은 괴이한 힘이나 어지럽히는 귀신의 일에 대해서는 말하지 않았다"고 하였다(「술이」_20). 이는 모두 인간중심적이고 현실중심적인 그의 사상을 잘 담고 있다.

말하자면, 공자는 하늘의 관점에서 인간과 현실을 본 것이 아니고, 인간과 삶의 실상을 가늠하는 관점에서 하늘이나 신을 보려 했다. 그는 신을 섬기거나 알려고 애를 쓰기 전에 먼저 사람을 사랑하고 알아야 한다고 가르친 철저한 인문주의자였고, 인식의 지평 너머에 존재하는 초월세계보다는 당면한 현실세계를 우선시해야 한다고 가르친 철저한 현실주의자였다. 따라서 현실의 당면과제로 신본주의(神本主義)에 입각해 신(神)을 섬기고 죽음을 이야기하는 종교적인 문제보다는 인본주의(人本主義)에 입각해 사람을 섬기고 인생을 알려고 하는 윤리적 문제에 더 큰 무게중심을 두었다. 그는 이 문제를 푸는 열쇠를 '인간다움'과 '현실개조'에서 찾았으며, 이를 근간으로 참다운 인생의 도덕적 가치를 일깨우려 했다.

이러한 포부를 실현코자 공자는 인의(仁義)와 예악(禮樂)을 내세워 인문적 덕치주의에 의한 인정(仁政)을 외치며 당시의 군주들을 설득시키려 했다. 이는 곧 인간의 자율성과 도덕성 회복을 토대로 평천하를 도모하려 한 것이었으니, 이것이 곧 공자 사상의 출발점이다. 그것은 자연주의의 도가와 법치주의의 법가를 아우르는 중용(中庸)이었으며, 천하를 위한다면 모든 것을 희생하려는 겸애의 묵가와 천하를 위해서 털 끝 하나도 양보할 수 없다는 위아의 양주를 아우르는 중용이었다. 유가는 수기치인에서도 알 수 있듯이 평천하를 위한 단계적 선결과제로 '치국(治國)→제가(齊家)→수신(修身)'의 단계를 제시함으로써 수신을 그 시발점으로 삼았다. 수신은 자기완성이므로 『논어』에서는 사람이 곧 모든 문제 해결의 근본이라는 인식에서부터 출발한다.

사람다워야 사람이지
—사람다움의 필수요건으로서의 '인(仁)'

수신을 위해서는 스스로가 자기 자신이 어떤 존재인지를 자각하는 일이 무엇보다도 중요하다. 공자는 고뇌하며 묻는다. "사람이면 진정 다 사람인가?", "도대체 사람이란 어떠해야 할까?" 공자는 답한다. "사람다워야 사람인 게지" 그렇다면 "사람다움이란 어떤 것인가?" 공자의 손자 자사(子思)는 '인'(仁)을 '사람다움'이라고 풀이했다(『중용』20). '사람다움'은 사람으로서의 도리를 다하는 것이다. 그러므로 '인'은 곧 사람다움의 필수요건이라 할 것이며, 『논어』는 이를 핵심어로 하고 있다. 요컨대 만물 가운데 유일하게 인을 실천할 수 있는 존재가 사람이라는 것이며, 인을 실천할 수 있어야 진정한 사람이라는 것이다. 인간을 '만물의 영장'이라 함은 바로 이를 두고 하는 말이다.

넓은 의미로 보면, '인'은 공자 도덕의 최고이념으로서 천리(天理)의 지고지순함이며 사람의 마음이 갖춘 덕을 총괄한 것이라 할 수 있다. 『논어』에는 '인'에 대한 문답이 58장이나 된다. 하지만 그것은 물음을 제기하는 사람의 상황에 따라 각기 다르게 표현되어 있으므로 '인'을 무어라 한마디로 정의하기는 쉽지 않다. 굳이 회자되는 말로 풀이한다면, '애인'(愛人: 사람을 사랑함, 「안연」_22), '효제'(孝悌: 어버이에 효도하고 형제자매 간에 우애함, 「학이」_2), '충서'(忠恕: 자기에게 충실하여 정성을 다하며[忠=中+心. 盡己], 그러한 자세로 다른 사람을 용서함[恕=如+心. 推己及人], 「이인」_15), '극기복례'(克己復禮: 사사로운 욕심을 이기고 예[사람의 마음 가운데의 로고스, 또는 사회생활에서의 예법]를 회복함, 「안연」_1), '박시제중'(博施濟衆: 사랑과 은혜를 널리 베풀어서 뭇사람을 구제함, 「옹야」_28)이다.

이로 보면, '인'은 '사람 사랑'이라는 보편적 가치 실현을 근간으로 한다. 공자에게서 '사람 사랑'은 적극적으로는 "자신이 서려고 하면

남도 서게 하고, 자신이 통달하고자 하면 남도 통달하게 하며"(「옹야」
_28), 소극적으로는 "자기가 하고자 하지 않는 것을 남에게 베풀지 말
아야 하는"(「안연」_2) 것이다. '인'은 또한 가까이로는 어버이를 사랑하
는 지성심이 저절로 흘러나오게 하는 덕목이다. 그것이 바로 참다운
효(孝)이며, 그 마음을 형제자매 간에 미치는 것이 제(悌)이다. 이를 확
장하면 자기의 부모, 형제, 처자를 사랑하는 마음을 타인의 부모, 형제,
처자에게 미치게 하고, 더 나아가 자국인과 타국인, 그리고 세계 인류
를 사해동포로서 사랑하는 것이다. 또 '인'을 구하는 방법과 '인'의 극
치를 '충서'라 하고 '극기복례'라 하고 '박시제중'이라 하였으므로 '인'
은 사심·사욕을 물리치고 공명정대한 도덕심을 기르는 것이다. 그리
하여 자아를 중심으로 확충하고, 궁극적으로는 천하인으로 하여금 모
두 자아완성을 이루도록 하는 것이다. 이와 같이 '인'에는 구제(救濟)와
이타(利他)의 거룩한 이념마저 내포되어 있다. 유의해야 할 것은 '인'이
다만 '박애'(博愛)나 '겸애'(兼愛)나 '자비'(慈悲)처럼 무차별적인 사랑이
아니라는 점이다. 그것은 차별적 사랑으로서 차등이 있는 구체적이고
실제적인 사랑이다. 즉 정의적(情意的)인 심정을 초탈한 공허한 곳에서
시비선악을 모두 좋은 것으로서 똑같이 사랑하라는 것이 아니고, 원근
친소(遠近親疏: 멀고 가깝고 친하고 친하지 아니함)와 사리를 변별(辨別)하고
시비선악(是非善惡: 옳고 그르고 착하고 악함)을 분명히 가리라는 것이다.
이를 두고 맹자는 "먼저 가족을 사랑하고, 다음으로 다른 사람을 사
랑하고, 궁극적으로 만물을 사랑해야 한다"(『맹자』,「진심상」_45)고 했
다. 이로써 공자의 '인'은 초월적 윤리가 아닌 현실적 윤리로 자리매
김 된다.

사람다움은 끊임없이 노력하면서 완성된다 — 군자의 길

사람다움은 끊임없이 절차탁마(切磋琢磨)하는 배움의 과정에서 완성된다. 이 과정을 통해 완성된 인격자를 『논어』는 군자(君子)라 부른다. '인격'(人格)은 사람으로서의 품격이나 자격을 나타내는 말이며, 그래서 윤리적인 맥락에서 도덕적 인격은 특별히 '덕'(德)을 실천하는 '사람다움'을 뜻한다. 따라서 사람다운 도리를 다하는 사람이 곧 군자라고 할 수 있다.

군자가 되는 데 필요한 공부가 곧 수양(修養)이다. 수양은 학문(學問)이라는 또 하나의 수단을 이용함으로써 실현된다. 공자에게 있어서의 학문은 전문적인 학식이나 기능을 배우는 학문(學文)과는 거리가 멀다. 그것은 일상생활에서 요구되는 합당한 도리, 또는 그것을 탐구하는 사람다움의 실질적 행위이다. 그러기에 그는 "제자가 들어가서는 효도하고 나와서는 공손하며, 행실을 삼가고 말을 성실하게 하며, 널리 사람들을 사랑하되 어진 이를 친히 해야 하니, 이것을 행하고 여력이 있으면 글을 배워야 한다"(「학이」_6)고 역설한다. 이렇듯 가장 비근하게 사람의 도리를 행하는 것으로 말미암아 발견되고 깨달아지는 학문적 성과는 사람다움에의 수양으로 연결되는 것이다. 이러한 학문과 수양의 과정을 그는 '절차탁마'라는 말로 표현한 것이다. 뼈를 끊듯이, 상아를 다듬듯이, 옥을 쪼듯이, 돌을 갈듯이 모든 정성을 들여야만 하는 것이다(「학이」_15). 따라서 군자는 태생적으로 특별한 사람이 아니고 후천적인 노력 곧 학문과 수양에 의하여 다듬어지고 완성되는 인격자인 것이다.

증자(曾子)가 말하듯이 군자가 절차탁마하는 것은 자기를 반성하고 자기의 잘못을 고치며 모든 것을 삼가는 일이기도 하다(「학이」_4). 철저한 자기반성을 통해서도 자신에게 허물이 없다면 군자는 어떠한 일에도 근심하지 않고 두려워하지도 않는다(「안연」_4). 자기를 반성하는 것은 어떤 일에 대한 원인이나 책임을 자기 자신에게서 찾아보려는 행위이다. 그래서 군자는 문제의 원인을 남에게서 찾지 않고 자신에게서 찾으며(「위령공」_20), 항상 자기의 무능함을 잘못으로 여기지 남이 자신을 알아주지 못한다하여 불평불만을 털어 놓지 않는다(「위령공」_18). 어떤 일에 대하여 원인이나 책임을 자기에게 묻는다는 것은 자기 자신이 주체가 되고 책임을 지겠다는 것이다.

"안되면 조상 탓"이라는 속담과 같이 보통 사람들은 걸핏하면 자기의 불이익을 남의 탓으로 돌려 부모를 탓하고 스승을 탓하고 이웃을 탓한다. 이러한 행위는 소인의 행위로 군자로서는 용납될 수 없는 일이다. 군자는 남을 탓하지 않을 뿐만 아니라, 한 걸음 더 나아가서 남의 아름다운 점을 아름답게 여기며(「안연」_16), 남이 나를 알아주지 않는다하여 억울하게 여기지 않는 인격자이다(「학이」_1). 그런 인격자이기 때문에 공자는 군자를 그릇에 비유하여 "군자는 그릇이 아니다"(「위정」_12)라고 말한 것이다. 그릇은 기능별로 제각기 일정한 형태와 용도를 가지고 있어서 그 활용도가 매우 국한되어 있다. 사람도 어떤 특정한 기능에만 국한되어 있으면 다른 일을 해나가기가 쉽지 않게 된다는 주장이다. 군자는 사물을 보되 부분적으로 보지 않고 전체로 보아야 하며, 지엽적인 것보다는 근본적인 것을 통찰하는 철학적 태도를 견지해야 한다는 것이다. 그러기에 진정한 군자는 개체와 집단의 조화를 추구하기 때문에 "널리 소통하되 편당하지 않고"(「위정」_14), 개체의 특수성을 포괄하여 전체적인 조화를 꾀하고자 하므로 "입장이 다르더라도 화합한다."(「자로」_23)

군자의 기상은 마치 추운 겨울의 소나무와 잣나무와도 같다(「자한」_27). 녹음과 방초가 무성한 한여름에는 어느 나무가 차디찬 서릿발에 견디는 나무인지 알 수가 없다. 그러나 여름이 지나고 가을이 오고 겨

울이 닥치면 실체가 점점 드러나기 시작한다. 북풍한설이 몰아쳐 모든 식물이 시들어 삭막하기 그지없는 언덕 위에서도 소나무와 잣나무는 푸른 잎을 그대로 간직하고 늠름한 기상을 보여주기 때문이다. 이같이 날씨가 추워진 다음에야 소나무와 잣나무의 지조가 드러나는 것처럼 군자도 어려운 여건 속에 놓여있을 때 그 빛이 드러난다. 인의예지의 도에 어긋나는 모든 사악한 것을 과감히 떨쳐 버리고 갖은 고난과 역경을 이겨내는 것이 군자의 인격이다. 쓸데없이 남을 조롱하거나 비방하지 않으며, 소인배에게 분별없이 즉흥적으로 합세하여 남을 비웃거나 괴롭히지 않는다. 권세 있는 자에게 아부하지 않고 권세 없는 자를 얕보지 않는다. 이익보다는 의리를 중히 여기고(헌문_13), 정의를 위해서는 목숨도 버리는 수가 있다(「이인」_8). 군자도 죽기를 싫어하지만 의리를 저버리기는 더욱 싫기 때문이다.

　군자에게는 깊은 학문도 중요하지만 실천 또한 그에 못지않다. 따라서 깊은 학문이 없다고 하여 군자가 될 수 없는 것이 아니요, 학문이 깊다고 하여 반드시 군자가 되는 것도 아니다. 학문 깊은 소인이 얼마든지 있다. 고매한 학문보다는 비근한 실천이 군자가 될 수 있는 첩경이요 필요조건이다. 『논어』에는 군자의 수양과 임무에 대해 제자 자로(子路)와 대화한 장면이 나온다.

　　　자로가 군자에 대하여 물었다.
　　　선생은 "경(敬)으로써 몸을 닦는 것이다."[修己以敬] 하셨다.
　　　〈자로가〉 "이와 같이 할 뿐입니까?" 하자,
　　　〈선생은〉 "몸을 닦아서 사람을 편안하게 하는 것이다."[修己以安人] 하셨다.
　　　〈다시 자로가〉 "이와 같이 할 뿐입니까?" 하자,
　　　〈선생은〉 "몸을 닦아서 백성을 편안하게 하는 것이다.[修己以安百姓] 몸을 닦아서 백성을 편안하게 함은 요순(堯舜)께서도 오히려 이를 어렵게 여기셨

다."하셨다.(「헌문」_45)

자기완성을 이룬 군자는 궁극적으로 백성의 안녕과 행복을 성취하는 것이 지대한 임무였으며, 이는 바로 인의를 근본으로 하는 왕도(王道)사상의 이념이었다.

| 현대에서 이 저서의 의미와 가치 |

우리 시대가 안고 있는 문제들(이를테면, 물질주의의 지나친 팽창으로 말미암은 전통적 가치관의 붕괴 및 인생의 의미 상실, 생명과학의 발달로 말미암은 생명의 존엄성 상실, 절망감 확산으로 말미암은 쾌락지상주의 팽배, 기계화·자동화로 말미암은 인간 소외감 증대, 가상과 현실의 혼동으로 말미암은 인간성 상실 등등)에 대해 우려를 표방하지 않는 사람이 없다.

시간을 되돌릴 수는 없지만 다가오는 시간을 아무런 대책 없이 맞을 수는 없다. 문제는 사람이라 하였다. 그렇다면 해법도 사람에게서 찾아야 한다. 사람의 도리를 다하는 제대로 된 사람다운 사람이 제 구실을 하는 정점에 서고, 중심에 자리한다면 이러한 문제들이 빚어내는 결과를 최소화할 수 있을 것이다.

사람이 살고 있는 영역에서는 사람 외의 그 모든 것은 수단적 가치를 지닐지언정 목적일 수는 없다. 제도나 법률이나 정치나 군사나 화폐나 기계나 신(神)을 가릴 것 없이 이들이 난무한다면 인류파멸이라는 비극적 함정에 빠지고 말 것이다. 거듭 말하지만 무엇이든지 사람에 선행(先行)하는 것이란 없고, 사람보다 우위적인 어떠한 것도 허용되어서는 안 된다. 인류가 존속하는 한 사랑할 만한 것은 그래도 사람이다. 희망을 가지고 믿고 의지할 존재도 다름 아닌 사람이다. 진리라는 것도 사람이 발견한 것이거나 의미를 부여하는 것에 지나지 않는다. 사람은 어떠한 초월자에 의해서 노예화될 수도 없다. 사람은 철두철미하게 객체화될 수 없는 주체이기 때문이다. 우리는 2,500여 년이나 앞선 공자의 언행에서 그것을 생생하게 본다. 그것의 원형을 더듬는다. 그러기에 『논어』는 영원히 살아 있는 인류의 교과서다.

│ 책의 내용 가운데 중요한 구절 소개 │

"배우고 그것을 때때로 익히면 기쁘지 않겠는가. 벗이 먼 곳으로부터 찾아온다면 즐겁지 않겠는가. 사람들이 알아주지 않더라도 서운해 않는다면 군자(君子)가 아니겠는가."(「학이」_1)

"세 사람이 길을 감에 반드시 나의 스승이 있으니, 그 중에 선(善)한 자를 가려서 따르고, 선하지 못한 자를 가려서 자신의 잘못을 고쳐야 한다."(「술이」_21)

계로가 귀신(鬼神) 섬김을 묻자, 공자께서 "사람도 잘 섬기지 못하면서 어떻게 귀신을 섬기겠는가?" 하셨다. "감히 죽음을 묻겠습니다" 하자, 공자께서 "삶도 모르면서 어떻게 죽음을 알겠는가?" 하셨다.(「선진」_11)

번지가 인(仁)을 묻자, 공자께서 "사람을 사랑하는 것이다" 하셨다. 지(知)를 묻자, 공자께서 "사람을 아는 것이다" 하셨다.(「안연」_22)

"군자는 아홉 가지 생각함이 있으니, 봄에는 밝음을 생각하며, 들음에는 귀 밝음을 생각하며, 얼굴빛은 온화함을 생각하며, 모양은 공손함을 생각하며, 말은 충성함을 생각하며, 일은 경건함을 생각하며, 의심스러

움은 물음을 생각하며, 분함은 어려움을 생각하며, 얻는 것을 보면 의(義)를 생각한다."(「계씨」_10)

1. 『논어』는 무엇을 묻고 답하려 하는가? 그리고 『논어』에서 말하는 '사람다움'의 필수요건은 무엇일까?

2. 현대 문명의 폐단인 기계에 의한 인간의 도구화, 인간성 소외 및 이기적 욕구충족에 의한 윤리의식의 박약 등은 보기에 따라서는 애물(愛物)과 이물(利物)을 신봉하는 맹목적인 물신주의(物神主義)와 이기주의(利己主義)의 결과이다. 이러한 폐단의 극복 방안을 애인(愛人)사상에서 검토한다면 어떻게 말할 수 있을까?

3. 시인 윤동주는 "죽는 날까지 하늘을 우러러 한 점 부끄럼이 없기를, 잎새에 이는 바람에도 나는 괴로워했다"고 노래하였다. 군자의 삶을 통해 조명한다면 '한 점 부끄럼이 없는 삶'이란 어떤 삶일까?

4. 20세기의 역사가 서구의 과학문명을 앞세운 팽창과 갈등의 역사였다면, 21세기는 절제와 화합에 의한 인류평화의 시대가 되어야 한다는 것이 이 시대를 사는 우리들의 바람이다. 많은 세계 지성들이 그 가능성을 동양의 지혜에서 찾고자 하는데, 『논어』를 통한다면 어떻게 생각할 수 있겠는가?

• 번역서

  주자, 『논어집주』, 성백효 옮김, 전통문화연구회, 1990.

• 필자 소개: **이상곤**

  원광대학교 윤리학과에서 윤리학을 전공했고, 동대학원에서 동양철학을 공부하고 철학 박사학위를 취득했다. 현재 원광대학교 철학과 교수로 재직하고 있다. 저서로는 『18세기 기호유학을 이끈 호학의 일인자 한원진』, 『한국사상가의 새로운 발견(4)』 외 다수가 있고, 연구논문으로는 「한원진의 현실 진단과 평생 정론」, 「인산 김이상의 심성론」, 「최한기 기학에 있어서 '운화'의 철학적 구조」, 「신명사도(神明舍圖) 복원 및 디지털화」를 비롯해 다수가 있다.

자유로운 삶을 어떻게 실현할 것인가?

노자, 『도덕경』

박 승 현

| 작가 소개 |

　　노자(老子)라는 인물과 『노자도덕경』(老子道德經)이라는 책이 언제 성립되었는가의 문제는 아직도 논의가 분분하다. 일반적으로 중국 한나라 때 역사가인 사마천의 『사기』(史記) 「노장신한열전」(老莊申漢列傳)과 「공자세가」(孔子世家)에 기록된 내용에 의지하여 노자의 생애와 저서의 성립시기에 대한 논의를 시작한다. 사마천에 따르면, 노자는 초(楚)나라 고현(苦縣) 곡인리(曲仁里)의 사람으로, 성은 이씨(李氏)이고, 이름은 이(耳)이며, 자(字)는 담(聃)이라고 한다.

　　노자는 주(周)나라에서 도서를 관장하는 일을 담당하다가, 주나라가 쇠하게 되어 세상이 혼란해지자 서쪽으로 가서 은둔하고자 하였다. 마침 관(關)을 지날 때 관령(關領)인 윤희(尹喜)가 노자에게 글을 청하자,

『도덕경』 오천언(五千言)을 지어 줌으로써 그의 사상이 후세에 남겨지게 되었다고 전한다. 사마천은 뒤에 노자가 서역으로 갔지만, 그가 어떻게 생을 마쳤는지에 대해서도 의문으로 남겨두고 있다.

사마천은 또한 "공자(孔子)가 주나라로 가서 노자에게 예(禮)를 물었다"는 말을 남겼다. 이러한 기록에 따르면 노자는 공자보다 나이가 많거나 최소한 동시대를 살았던 것으로 추정할 수 있다. 그리고 사마천은 이이(李耳)가 『노자』를 저술한 것이라고 서술하면서도, 당시에 존재하는 다른 이설도 함께 기술하고 있다. 『노자』의 저자가 공자와 동시대를 살았던 노래자(老萊子)라는 사람이라는 말과 공자가 죽은 뒤 129년에 활동했던 태사담(太史儋)이라는 말을 모두 기록해두고 있다. 따라서 사마천의 설에 근거하여 『노자』의 성립시기를 단정하기 어려운 것이 사실이다.

오늘날 전해오는 『노자』에는 전국시대의 개념을 비롯한 후대 사람들의 교정과 증보를 거쳤기 때문에 확실하고 완성된 연대를 고증한다는 것이 사실 어려운 일이다. 우리가 취할 수 있는 방법은 직접적인 고증의 방법이 아닌, 노자가 쓴 책의 전체적인 사상체계와 정신을 총체적으로 살펴보고, 학술 발전의 흐름에서 노자의 사상을 어디에 두어야 하는지를 가늠해보는 간접적인 방법일 것이다. 철학이론상으로 보면 노자사상은 반(反)전통의 사상이다. 다시 말해 만약 공자와 묵자와 같이 정면적인 유위(有爲)의 학설이 먼저 성립되지 않았다면, 반면에 있는 노자의 무위(無爲)라는 내용이 무엇을 가리키는지 그 대상을 잃어버리게 된다. 따라서 철학적 이론의 발전으로 볼 때, 노자철학은 여전히 공자와 묵자 이후, 장자 이전이라고 할 수 있다.

허위의식으로부터 탈출 – 인위 조작의 거부

노자를 말하게 되면, 흔히들 복잡한 세속을 떠나 자연으로 도피하는 은둔사상으로만 이해하는 경우가 많다. 하지만 『노자』에 나타난 철학적 특징 중의 하나가 반전통의 철학이며, 현실에 대한 강력한 비판적 철학이라고 할 수 있다. 노자는 그가 직면한 불합리하고 부조리한 현실에 대해 강력하게 비판하고 반성하는 것으로부터 철학적 출발점을 삼고 있다. 불합리하고 부조리한 사회 상황이 연출되는 것은 사회지도층(귀족계급)의 타락에 그 일차적인 원인이 있다고 본다. 이른바 가진자들이 자신의 이기적 욕망과 감각적 쾌락을 충족시키기 위하여 사치를 일삼고, 또한 자신의 이익만을 위하여 제도를 만들고, 자신만의 구미에 맞게 그것을 변경하거나 운용하는 것 등으로 인하여 사회의 혼란을 야기하게 되는 것이다.

한 사회의 제도나 규범이 제대로 실천되지 않아 생명력을 상실하게 되고 그 실질적인 의미를 상실한 채 형식화되고 외재화되면, 인간의 삶을 편리하게 도모하고 의미 있게 이끄는 것이 아니라 도리어 억압과 통제의 수단으로 쉽게 전락하게 된다. 당시의 지배계층이 표방하였던 '인의예악'(仁義禮樂) 등도 그들의 허위의식에서부터 나온 것이며, 본질적인 내용과 생명력을 잃어버렸고 형식화되어 그 실천력을 상실하였고, 삶을 조작하는 수단에 불과한 것으로 노자는 파악하였다. 이러한 규범과 제도는 도리어 인간의 삶을 고통스럽게 만드는 원인으로 작용하게 되는 것이다.

노자는 이렇게 인간을 고통스럽게 만드는 일체의 행위를 '인위적 행위'(人爲) 즉 '유위'(有爲)라고 한다. 노자가 가장 먼저 주목한 것이 바로 삶을 조작하는 '인위', '유위'이다. 노자가 말하는 '인위'와 '유위'를 현대적인 용어로 바꾸면 '조작'(造作)이라고 할 수 있다. 조작이란 사실이 아닌 것을 사실처럼 거짓되게 꾸며내는 것을 가리킨다. 그렇다면 노자는 왜 이러한 '인위적 행위', '유위', 즉 조작에 반대하게 되는가? 그것은 바로 이러한 '인위적 행위', 즉 '조작'으로 인하여 인간들이 부자연스럽고 부자유한 모습, 즉 고통 받는 삶을 살아가게 되기 때문이다. 그래서 "억지로 하려고 하는 자는 실패하고, 억지로 잡으려 하는 자는 잃게 된다"는 강한 경고를 하고 있으며, 이러한 고통에서 벗어나는 것이 노자 철학의 궁극적 목적이라고 할 수 있다.

노자는 이러한 '유위', 즉 인위적으로 조작하는 행위에 반대하기 위하여 '무위'(無爲)라는 개념을 주장하게 된다. '인위'를 부정한다고 말하게 되면, 노자가 마치 어떠한 의도를 가지고 하는 모든 행위를 부정하는 것처럼 오해하는 경우가 종종 발생한다. 노자가 부정하는 것은 의도를 가진 일체의 행위가 아니라, 거짓된 허위의식에서 비롯된 행위인 것이다. 인위적인 행위, '조작'하는 행위를 우리가 사용하는 일상적인 용어로 표현해 보면 바로 '~척하는 것'이라 할 수 있다. '척한다'는 것은 진실되지 않고, 겉으로만 거짓으로 무엇을 하는 것같이 꾸며 남을 속이거나 이용하려는 것을 말한다. 예를 들어, '잘난 척한다'는 것은 자신이 남보다 우월하다는 것을 보이기 위하여 거짓되게 꾸며서 행동하는 것을 말한다. 우리가 자주 쓰는 '아는 척', '예쁜 척', '잘해주는 척' 등 이러한 '척하기'는 바로 진실감을 상실하고, 허위의식을 낳게 하고, 자신의 본성을 상실하게 한다. 이러한 본성의 상실은 곧바로 우리를 자연스럽지 못하고 자유롭지 못한 단계로 떨어뜨리게 된다. 따라서 일단 허위의식으로부터 조작이 발생하게 되면, 인간은 그것에 속박당하고 구속당하게 되어 부자연스럽고 부자유스럽게 되고, 거짓(虛僞)된 삶을 살아가게 된다는 것이다. 이러한 것들은 우리 생명을 자유자재로 발휘할 수 없게 만드는 것이고, 자유로운 생명에 대하여 말하면 모두 속박이고, 구속이고, 질곡인 것이다.

　노자철학은 이러한 구속에서 벗어나 자유자재한 삶을 추구하는 것이 궁극적인 철학적 목적이라고 할 수 있다. 자유자재한 삶은 정신적 자유를 추구하는 것에서 얻어지는 것으로 이러한 정신적 자유에 도달하는 방법과 그 경지를 '무위자연'(無爲自然)이라고 한다. 그러나 노자의 '무위자연'이라는 말을 듣게 되면, 흔히들 한자(漢字)의 의미를 그대로 해석해서 오해하는 경우를 종종 볼 수 있다. '무위'(無爲)를 '인위적' 혹은 '억지로 하지 않음'이라고 해석하여, 마치 아무 일도 하지 않고 손 놓고 수수방관하고 있거나 현실적인 문제를 방기해버리는 것으로 이해하기에 십상이다. '무위'를 부동(不動)으로 이해하고, 'inaction'으로 번역해서는 노자의 의미를 제대로 살릴 수가 없다. 또한 자연(自然)이라는 말을 듣게 되면, 곧바로 우리 눈앞에 펼쳐지는 울창한 숲, 푸른 하늘과 바다 등의 아름다운 객관적인 자연 풍경이나 물리적인 자연(nature)을 떠올리게 된다. 그러나 이것은 노자가 주장하려고 하는 진정한 철학적 의미와 거리가 멀다.

　노자가 제기하는 '무위'는 바로 앞에서 말한 인위적 조작을 겨냥하여 나온 말이다. 그것은 '인위'나 '조작'을 부정하는 적극적인 결단의 과정을 말하는 것이다. 다시 말해 무위는 바로 '척하는 것'을 거부하는 것이라고 할 수 있다. '척하는 것', 즉 허위의식을 제거하는 것은 바로 진실감을 드러내는 과정이다. 그래서 '무위'(無爲)에서 무(無)를 동사로 보면 '부정하다', '없애다', '제거하다'의 의미를 갖는다. 부정하고 없애는 대상은 무엇인가? 그것은 바로 '위'(爲)이다. '위'가 함축하고 있는 '인위', '조작하는 마음', '부정한 방법', '척하는 마음' 등은 '허위의식을 제거하는 것'을 말한다. 그래서 '무위'란 '아무것도 하지 않은 것', 즉 '부동'이 아니라, 우리 마음에서 일어나는 조작하려는 마음을 제거해가는 적극적 활동이 바로 '무위'인 것이다.

그렇다면 '무위자연'이라고 할 때 '자연'(自然)은 무엇을 의미하는 것인가? 그가 말하는 '자연'은 바로 자유자재(自由自在)이고, 스스로 그러하고(自己如此), 아무 데도 구속되거나 의지하는 바가 없는 정신의 독립을 의미한다. 정신이 독립해야 비로소 '자연'이라고 생각할 수 있기 때문에 초월적 경지이다. 그래서 노자가 말하는 '자연'은 우리가 흔히 생각하는 자연세계(natural world)를 의미하는 것은 아니다. 자연계 중의 현상은 필연적인 인과법칙에 의하여 움직이게 된다. 그러므로 엄격히 말하면 모두 다른 것에 의거하여 그러한 결과를 낳게 되는 것이다. 이것은 스스로 그렇게 되는 것, 즉 '자연'이 아니라 다른 것에 의하여 그렇게 되는 것, 즉 '타연'(他然)인 것이다. 다른 것을 기다려야 그렇게 되는 것, 즉 인과관계에 있는 것은 반드시 다른 것에 의거하여 그렇게 되는 것이다. 자연계의 현상은 모두 인과관계 속에서 너는 나에게 의존하고 나는 너에게 의존한다. 이는 바로 부자연(不自然)한 것이고 부자재(不自在)한 것이고, 반드시 어딘가에 의지하는 것이다.

그러므로 노자가 말하는 자연은 아름다운 자연의 세계를 말하는 자연과는 다른 것이다. 노자가 말하는 자연은 글자 그대로 '스스로 그러함'이다. '스스로 그러함'이란 어떤 것에도 구속되지 않은 자유로운 정신적 경지를 말한다. 위에서 말하는 무위는 다른 말로 무사(無私), 즉 사사로움이 없다는 것이다. 예를 들어보자. 만약 우리가 남을 속이려거나, 술수를 부려 남을 이용하려고 하거나 해치려는 마음, 즉 조작하려는 마음이 우리 안에 있으면, 우리의 사고나 행위가 불안하고 부자연스럽게 변하는 것은 당연하다. 그러나 우리가 조작하거나 남을 속이려는 마음을 가지고 있지 않다면, 우리의 마음은 저절로 편안해질 것이며, 우리의 행동도 무엇에 걸리는 바도 없이 자연스럽게 될 것이고, 저절로 사람들로부터 신뢰감을 얻게 된다. 그러나 이러한 무위자연의 경지, 즉 '자유로운 경지'는 그냥 얻어지는 것이 아니다. 반드시 자신이 가진 인위 조작하는 마음을 제거하는 실천의 과정(이것을 동양에서는 수양(修養)이라고 표현한다)을 거쳐 도달하는 것이다.

우리의 마음이 무한한 욕망이나 이기심에 흐르는 것을 막고 그것을 넘어서게 되면, 우리의 행동은 자유로울 수 있고 자연스러워질 수 있다. 이러한 과정을 거쳐서 인간은 유한한 생명에서 무한한 가치의 길을 열어가는 것이다. 유한에서 무한을 열면, 자신의 존재를 책임질 뿐 아니라 모든 인간을 책임진다.

채움의 학문과 비움의 학문의 구분

노자는 철학적 이상인 정신적 자유의 경지에 도달하려면 실천적 수양공부를 거쳐야 한다고 말하였다. 그렇다면 여기서 말하는 실천적 수양공부란 무엇을 가리키는 것인가? 우리가 늘 말하는 공부와는 어떻게 다른 것인가? 우리는 공부라고 하면 대부분 수학문제를 풀고, 영어단어를 외우는 것을 연상하게 된다. 수학과 물리학 등과 같은 학문은 경험세계를 설명하기 위한 도구이다. 이것은 대부분 지식에 해당한다. 그런데 지식과 구별되는 것이 지혜이다. 보다 나은 삶의 의미와 방향을 찾아가는 것을 우리는 지혜라고 부른다. 이것은 객관세계를 설명하려는 것이 아니라 진정한 삶의 가치가 무엇인가에 대한 질문을 통하여 얻어지는 것이다. 노자는 이 세상에 '학문을 하는 것'(위학, 爲學)과 '道를 실천하는 것'(위도, 爲道)이라는 다른 두 형태의 학문이 존재한다고 주장한다. '위학'(爲學)은 위에서 말한 것처럼 우리가 일반적으로 말하는 공부에 해당한다. 자연과학, 사회과학 등과 같은 경험에 기반을 둔 학문과 살아가는 도구인 좋은 직업을 획득하기 위해 하는 공부가 여기에 속한다. 이러한 학문의 공통점은 모두 다 지식을 쌓아가는 과정, 즉

'일익'(日益)의 과정이다. 하지만 이러한 지식의 축적은 또한 인간 욕망의 증가와 항상 연관되게 된다.

현대의 학문을 돌아보면 대부분 모두 과학을 표준으로 삼고 있다. 자연과학의 성과를 실용적으로 이용하기 위하여 기술과 결합하게 된다. 이른바 과학기술은 인간의 복지와 행복, 편리를 위하여 발전해 온 것이 사실이다. 하지만 이것은 다른 면에서 보면 현대인들의 주된 관심인 세속적인 행복추구와 무한의 욕망충족을 위하여 기여하는 일면이 있다. 과학 기술의 발달은 인간의 물질적 풍요와 생활의 편리를 가져온 것이고, 또한 인간의 물질적 만족을 행복의 실현으로 연결해 생각하게 된다. 그러나 돌아보면 인간들에게 "물질적 풍요와 만족이 진정한 행복일까"를 묻는다면 그들은 그렇지 않다고 대답할 것이다. 어떤 경우이든 '인간이 인간다워지는 길'에 대한 물음을 제기하지 않고 인간의 무한한 욕망 충족에만 몰두하고 있다면, 그러한 과학적 지식은 도리어 인간들에게 불행을 가져올지 모른다. 그래서 '위학'의 공부만을 추구하는 것을 노자는 비판하고 있는 것이다. 그것은 곧바로 인간의 자기상실의 문제와 연관되기 때문이다.

그러면 '위도'의 학문은 무엇을 가리키는 것인가? 실상 잘 상상이 되지 않는다. 왜냐하면 오늘날 대학의 학문편제는 이른바 과학을 기반으로 하여 분류되어 있기 때문이다. 그래서 오늘날 말하는 학문의 개념을 염두에 두고 노자의 '위도' 공부를 생각하면 잘 받아들여지지 않는다. 그러나 삶의 전체적 영역에서 보면, 우리의 인생방향을 묻고 있는 위도 공부의 중요성을 충분히 이해할 수 있다. 이것은 '인간이 인간다워지는 길', 즉 참다운 삶의 가치와 방향성에 대한 물음과 깊은 연관을 가지고 있기 때문이다. 지혜의 추구는 인간이 그 자신의 내면으로 돌아가서 그 자신에게 질문을 던지는 것이다. 반면, 지식의 추구는 객관 세계에 대한 질문이기 때문에 밖으로 질문을 던지는 것이다. '위도'를 공부하는 것은 그 물음의 방향을 자기 내면으로 전환하고자 하는 것이다. 그래서 노자는 '위도' 공부는 '일손'(日損)하는 것, 즉 '매일 덜어낸다', '제거한다'는 것을 의미한다. '일익'(日益)이 '채움의 방식'이었다면, '일손'은 '비움의 방식'이다. 경험의 세계에서 오는 지식과 감각적 욕망을 반성하고 부정하는 것이다. 이러한 것을 통하여 도달하는 것이 바로 '무위'의 경지인 것이다. '일손'의 과정을 거쳐 얻어지는 것은 자연과학적 의미의 객관적인 지식이 아니라, 구체적 생활 영역에서 체현되는 '삶의 지혜'에 해당하는 것이고, 실천을 통하여 도달되는 경지의 의미인 것이다. 이러한 경지에서 노자는 바로 인간의 진정한 정신적 자유를 실현할 수 있고, 참다운 삶의 의미를 구현할 수 있다고 주장하는 것이다.

노자가 비록 '위학' 공부의 한계를 지적하고 있다고 하더라도, 우리가 살아가는 현실 속에서 그것을 전적으로 부정할 수는 없다. 또한 우리는 '위도' 공부만으로도 살아갈 수는 없는 것이다. 우리의 일상적 삶 속에서는 바로 '위학'과 '위도'가 적절하게 조화를 이룰 때, 보다 이상적인 삶을 말할 수 있을 것이다. 좋은 삶의 도구를 획득하기 위한 '위학' 공부도 무척 중요한 일이다. 하지만 그와 더불어 자기 삶의 의미와 방향성이 무엇인지를 묻는 '위도' 공부의 중요성도 생각해보아야 할 것이다.

무위자연을 어떻게 실천할 것인가

노자가 말하는 '무위자연'의 경지로부터 나오는 실천적 지혜란 구체적으로 어떤 모습일까? 우리는 구체적인 삶의 현장에서 '비움'의 지혜를 실천에 옮겼던 사람들의 예를 통하여 그것을 살펴볼 수 있을 것이다. 몇 년 전 '울지마 톤즈'라는 다큐멘터리 영화의 주인공인 고(故) 이

태석 신부와 한국을 방문했던 프란치스코 교황의 삶이 좋은 예라고 할 수 있다. 이 두 인물은 모두 약자와 고통 받는 사람들을 위하여 자신의 지위와 권위를 다 내려놓는 진정한 용기를 보여주었다. 노자는 "성인은 자신을 뒤로 하지만 도리어 자신이 앞서게 되고, 그 자신을 도외시하지만 도리어 자신이 보존된다"고 말하고 있다. 타인과 소통하기 위해서는 먼저 자신이 가진 모든 권위를 내려놓고, 자신을 개방하고, 아래로 임하여야 한다는 것을 말하고 있다. 힘없고 고통 받는 사람들 앞에서 자신을 한없이 낮춤에도 불구하고, 사람들이 그들에게 보내는 존경심은 더없이 높기만 하다. 약한 자, 힘없는 자들을 위하여 무한히 자신을 낮추는 자세, 양보하는 자세는 겸양을 통한 대상과의 소통을 이루는 방식은 바로 노자가 주장하는 무위자연의 삶의 한 모습이라고 할 수 있다.

위의 두 분의 예에서 볼 수 있듯이, 무위자연의 실천과 실현은 '비움'의 실천에서 시작된다고 할 수 있다. 그래서 노자는 비우는 삶의 모습을 '부드러움'(유약, 柔弱), '아래에 머뭄'(처하, 處下), '다투지 않음'(부쟁, 不爭)의 원리로 설명한다.

노자는 '부드러움'의 한 예로 '물'을 들어 설명한다. 노자는 "최고의 선은 물과 같다"(上善若水)라고 말하는데, 부드러움 속에서 대상과 잘 소통할 수 있고, 대상을 잘 이롭게 할 수 있다는 것이다. 반면 죽은 것은 모두 굳어지고 딱딱해진다고 한다. 우리의 생각도 마찬가지일 것이다. 고정된 흑백논리의 관점을 가지고 있거나 선입견·편견 등을 가지고 있으면, 딱딱하고 죽은 사고일 것이다. 이것은 사람들과 소통하기 어렵다. 그러나 편견 없는 사고를 하는 사람들은 그의 행동이 언제나 부드럽고 남과 잘 소통할 수 있을 것이다. 인간이든 초목이든 만물이 살아있다는 생존양태는 모두 다 유약하고 부드럽다고 한다. 노자는 이러한 삶의 지혜를 물을 통하여 상징적으로 설명하고 있다.

노자는 무위자연의 실현의 방법으로 물이 가진 '아래에 머뭄'의 정신을 통하여 설명하고 있다. '처하'(處下)란 바로 남들이 싫어하는 아래에 머무르려 하는 태도를 말하는 것으로 겸양하고 한 걸음 물러나 양보함을 나타내는 것이다. 세상 사람들이 대부분 '높은 곳', '빛나는 곳', '명예가 있는 곳'에 머무르려 한다. 그러나 노자는 '하천이 강물로 모여드는' 것을 비유로 들어서 역으로 '아래에 머뭄'를 설명하고 있다. 사람들이 '처하'의 원리를 제대로 실천에 옮길 수 있다면, 남들을 관용의 태도를 볼 수 있고 용납할 수 있기 때문에 분쟁의 소지를 해소할 수 있다는 것이다. 눈앞의 이익만을 추구하는 소인배 같은 삶이 아니라 겸양의 태도로 자신을 낮추고 더불어 사는 삶의 지혜를 실천하고자 하는 것이다.

마지막으로 무위자연의 실천 방법으로 '부쟁'을 들 수 있다. 유약하고 겸허한 마음을 가지고 있으면 타인과 공명심을 가지고 다투지 않을 수 있다. 노자는 이러한 '부쟁'을 찬미하고 있다. '부쟁'의 관념은 사회의 불평등의 단초를 제거하고 상대의 입장을 열린 마음으로 포용할 수 있는 길을 열어 줄 수 있다.

따라서 노자가 주장하는 무위자연은 '유약', '처하', '부쟁' 등의 방법을 통하여 먼저 자신의 본성을 회복함과 동시에 각각의 사물들이 자신의 본성을 실현할 수 있는 길을 열어주는 것이다. 노자는 우리가 한 걸음 물러나고 양보, 겸양을 통하여 모두 다 함께 살 수 있는 공생의 길을 찾고자 하는 것이다. 노자는 현세적 삶 속에서 실용(實用)의 가치만을 중요시하고 추구하는 것에 대하여 쓸모없어 보이는 것에서 쓸모를 찾는 '무용지용'(無用之用)의 가치를 볼 수 있는 사고의 전환과 지혜를 말하고 있는 것이다.

| 현대에서 이 저서의 의미와 가치 |

　노자철학은 현실 비판적 요소가 농후하다. 이는 허위의식에서 비롯된 당시 사회의 문제에 대하여 날카롭게 비판을 가하고 있다. 노자는 "백성들이 주린 것은 그 위(통치자)에서 세(稅)를 많이 거두어들이기 때문이고, 백성을 다스리기 어려운 것은 그 위에서 유위(有爲)하기 때문에 다스리기 어렵다"라고 말하고 있는 것이다. 그래서 보다 의미 있는 삶을 살기 위해서는 무위자연, 즉 비움의 지혜를 통하여 삶에 대한 관점의 전환과 태도의 변화를 노자는 촉구하고 있는 것이다.

　노자철학은 '자유로운 삶'에 대한 탐구와 실천을 근본 문제로 하고 있다. '자유로운 삶'에 대한 관심이란 유한하고 제한적인 존재인 인간이 억압과 속박 속에서 어떻게 완전한 자유를 확보해내느냐의 문제이다. 도가가 말하는 '자유'는 '정신적 자유'를 말하며, 수양의 과정을 통하여 도달하게 되는 결과인 것이다. 노자가 강조하는 '비움'(損)은 우리가 가지고 있는 기존의 사유방식과 삶의 태도 변화를 전제로 하는 것이다. 삶의 태도 변화는 바로 자기 결단, 혹은 자기 극복의 결과인 것이다. 노자철학은 이러한 자기 결단, 혹은 자기 극복의 과정 속에 자연히 고통 받는 마음을 치유하여, 온전한 마음의 확보를 통한 이상적 삶으로의 전환을 모색한다. 노자가 제시하는 '유약', '부쟁', '처하'는 외적인 유혹이나 자신의 내적인 갈등과 고통에서 벗어나는 길을 제시하려는 것이며, 또한 고통 받는 삶에서 자유로운 삶으로 전환하려는 의도가 내재되어 있다고 할 것이다. 자본의 욕망에 이끌려 무엇을 위하여 살아가는지에 대한 방향성을 놓친 현대인들에게 가치 있는 삶이 무엇인지를 생각하게 하는 하나의 문제의식을 던져준다고 할 것이다.

"스스로 드러내지 않기 때문에 도리어 밝게 드러나게 되고, 스스로 자기가 옳다고 여기지 않으므로 도리어 빛나게 되고, 스스로 자기를 과시하지 않으므로 공로(功勞)가 있게 되고, 스스로 자신의 능력을 믿지 않기에 도리어 장구할 수 있다."(22장)

"최고의 선(上善)은 물과 같다. 물은 만물을 잘 이롭게 하지만 다투지 않으며 중인들이 싫어하는 곳에 머물게 됨으로써 道에 가깝다. …… 바로 다투려고 하지 않으므로 허물이 없다."(8장)

"위학(爲學)은 날로 쌓아가는 것이고, 위도(爲道)는 날로 덜어가는 것이다. 덜어내고 덜어내서 무위(無爲)에 이른다."(48장)

"성인은 상위에 있지만 백성들이 무겁다고 여기지 않으며, 전면에 있을지라도 인민들이 방해를 느끼지 않는다. 그러므로 천하 사람들이 즐거이 추대하되 싫증내지 않는다. 그는 사람들과 다투지 않으므로 천하에 그와 다투려는 사람이 없다."(66장)

"강과 바다가 모든 시냇물이 흘러들게 하는 까닭은 그것이 낮은 곳에 잘 처하기 때문이다. 그러므로 시냇물의 왕이 될 수 있다."(66장)

"인간이 살아 있을 때는 유약하지만, 죽었을 때는 딱딱하게 변한다. 초목이 생장할 때는 유연하지만 죽었을 때는 딱딱하게 변한다. 단단하고 강한 것은 죽은 무리이고 부드럽고 연약한 것은 삶의 무리이다."(76장)

"천하에 물보다 더 유약한 것이 없으나 단단하고 강한 것을 공격하기는 이것보다 더 나은 것이 없으니 그것을 대체할 것이 없기 때문이다(쉬지 않고 이어짐). 연약한 것이 강한 것을 이기고 부드러운 것이 단단한 것을 이기는 것은 천하가 다 알고 있지만 실행하지 못 한다."(78장)

생각거리

1. 노자철학은 '자유로운 삶'에 대한 탐구와 실천을 근본 문제로 하고 있다. '자유로운 삶'에 대한 관심이란 유한하고 제한적인 존재인 인간이 억압과 속박 속에서 어떻게 완전한 자유를 확보해 내느냐의 문제이다. 그렇다면 우리의 일상적 삶에서 우리를 구속하고 자유롭지 못하게 만드는 요인들은 어떤 것들이 있는가?

2. 어떤 집단이나 사회조직이든 그 집단의 성격은 지도자(리더)에 의하여 결정되는 경우가 많다. 어떤 지도자(리더)를 만나느냐에 따라 같은 조직도 판이한 모습을 드러내게 되는 경우가 쉽게 목격된다. 그 한 예로 축구 국가대표팀 감독 히딩크의 리더십을 들수 있을 것이다. 그리고 고 이태석 신부가 수단의 톤즈에서 보여준 그의 리더십도 우리에게 시사하는 바가 크다. 노자철학에 비추어 진정한 지도자가 갖추어야 할 자질과 품성은 어떤 것이 있는가?

3. 노자가 강조하는 '비움'(損)은 우리가 가지고 있는 기존의 사유방식과 삶의 태도 변화를 전제로 하는 것이다. 삶의 태도 변화는 바로 자기 결단, 혹은 자기 극복의 결과인 것이다. 우리의 구체적인 삶의 현장에서 이러한 관점의 전환을 통한 새로운 가치의 발견은 어떤 것이 있는가?

4. 우리가 현재 살아가고 자본주의 사회 자체가 우리로 하여금 끊

임없는 경쟁을 부추겨서 부를 창출하게 하고 그 무한 경쟁 속에서 패배자를 계속 만들어가는 구조이다. 그리고 부단히 유행을 창출하여 상대적 빈곤감을 유발하고, 소비를 촉진하면서, 산업구조를 확장시키고, 인간들은 그 구조 속의 부품으로 전락해 간다. 현대사회에서 인간들의 행복도 얼마나 물질을 소비하였는가에 달려있다고 할 것이다. 이러한 삶의 구조는 인간들로 하여금 끊임없이 조작하도록 한다. 그런데 노자는 인위적이고 조작하는 삶을 부정한다. 인위적이란 말은 '~척하는 것'이고, 진실하지 않고 거짓으로 꾸미고 과장된 삶을 가리킨다. 이러한 '유위', 즉 인위적으로 조작하는 행위에 반대하기 위하여 노자는 무위자연(無爲自然)이라는 개념을 주장하게 된다. 노자가 주장하는 '무위자연'의 이상적 삶이 현대사회에서 어떤 의의가 있는가?

• 번역서

임채우, 『왕필의 노자주』, 한길사, 서울, 2005.
왕필(226~249)은 삼국시대 위나라 사람이다. 23세의 나이에 요절했으나 후견인이었던 하안(何晏)과 함께 위진 현학을 대표하는 사상가로 명성을 떨쳤다. 짧은 생애에도 불구하고 현존하는 노자주 가운데 최고의 명주석으로 꼽히는 '노자주'를 남겼다. 노자철학을 이해하는 가장 기본적인 주석서에 해당한다.

• 필자 소개: **박승현**

중앙대학교 철학과를 졸업하고, 중국 북경대학교 철학과에서 『淮南子와 漢代의 장자철학』이란 제목으로 철학 박사학위를 받았다. 중앙대학교 교양학부 강의전담교수를 거쳐, 지금은 원광대학교 마음인문학연구소 HK연구교수로 재직 중이다. 철학이 공허한 이론적 논의에서 끝나는 것이 아니라, 구체적인 현실적 삶에 녹아들 수 있는 실천철학과 철학이 인간의 고통의 문제를 어떻게 접근할 것인가를 고민하는 철학상담과 철학치유에 관심을 가지고 있다.

저서로는 『마음과 마음-동서양의 마음비교』(공저), 『우리 시대의 인간상』(공저), 『삐뚤빼뚤 생각해도 괜찮아요』(공저)가 있고, 연구논문으로는 「장자의 수양론과 마음치유-『莊子·齊物論』의 '吾喪我'를 중심으로」, 「노자의 수양론과 마음치유」, 「철학상담의 관점에서 『장자』 읽기」를 비롯해 다수가 있다.

궁극의 깨달음에는 내가 없다
『금강경』

한 도 연

| 작가 소개 |

　『금강경』(金剛經)은 많
은 반야 계통 경전 중에서
『반야심경』(般若心經)과 함
께 가장 많이 읽히고 있다.
그리고 문체가 간명하고
문장의 양도 많지 않아 지
니고 읽기 편한 경(經)이다.

『금강경』의 저자는 알 수 없지만, 한역본에는 여섯 가지가 있다. 구마
라집(鳩摩羅什, Kumārajiva, 343~413)이 처음 번역한 이래 보리유지(菩提流
支, 생몰연대 미상이나 508년에 인도에서 중국으로 옴), 진제(眞諦, Paramārthā,
499~569), 달마급다(達摩笈多, Dharmagupta, ?~619), 현장(玄奘, 602~664), 의
정(義淨, 635~713)이 차례로 번역하였다. 이 중에서 진(晉)나라 때 402년
에 구마라집이 번역한 본이 가장 널리 유통되었다.

산스크리트어로 쓰여 있는 『금강경』을 최초로 번역한 사람은 구마라집이다. 번역하여 동수(童壽)라고 한다. 구자국(龜玆國)에서 인도의 왕족 구마라염(鳩摩羅炎, Kumarayana)을 아버지로, 구자국 왕의 누이동생 기바(耆婆, Jiva)를 어머니로 하여 태어났다. 그리고 부모의 이름을 합하여 구마라집(Kumārajiva)으로 했다. 처음에는 소승을 배우고 뒤에 대승불교에 능통했다. 383년(건원 19년) 진왕(秦王) 부견(符堅)이 여광(呂光)을 시켜 구자국을 쳐 구마라집을 데려오게 하니 여광은 구마라집과 함께 양주(凉州)로 왔다. 그때 여광은 이미 부견이 패하였다는 말을 듣고 자기가 임금이 되어 구마라집을 잘 받들고 있었다. 그 뒤 후진(後秦)의 요흥(姚興)이 양주를 쳐서, 401년(융안 5년) 구마라집을 데리고 장안(長安)에 돌아와서 국빈으로 대우하였다. 그리고 서명각(西明閣)과 소요원(逍遙園)에서 거주하게 하며 여러 가지 경전을 번역하게 하였다. 『성실론』, 『십송율』(十誦律), 『대품반야경』과 『소품반야경』, 『묘법연화경』, 『아미타경』, 『중론』, 『십주비바사론』(十住毘婆沙論) 등 경률론(經律論) 74부 380여 권을 번역하였다. 그는 그중에서도 특히 삼론(三論)과 중관(中觀)의 불교를 널리 포교하였으므로 그를 삼론종(三論宗)의 개조라 한다. 그의 제자 3천인 가운데 도생(道生), 승조(僧肇), 도융(道融), 승예(僧叡)를 습문(什門)의 사철(四哲)이라 부른다. 그는 나이 74세가 되는 413년(후진 홍시 15년) 8월 장안 대사(大寺)에서 입적하였다.

│ 책 내용 소개 │

경(經)의 이름과 장을 분류한 방식은?

『금강경』의 산스크리트어 제목은 'Vajracchedikā-prajñāpāramitā-sūtra'이다. '금강과 같이 견고한 지혜로 번뇌를 끊고 피안에 이르게 하는 진리의 말씀'이라는 뜻이다. 'vajra'는 벼락·번개·금강석이라는 뜻이고, 'cchedikā'는 자르는 것·부수는 것이라는 뜻이다. 즉 (일체의 고착 관념을) 벼락처럼 부순다, 금강석처럼 자른다는 의미다. 'prajñāpāramitā'는 반야바라밀(般若波羅蜜)이라 음사했는데 이는 지혜의 완성이라는 뜻이고, 'sūtra'는 경이라는 뜻이다. 원래 'vajra'는 천둥신 인드라(indra)의 무기이다. 또 금강저(金剛杵)를 가리키기도 하는데, 이는 붓다(Buddha, B.C. 565~486)의 지혜를 상징한다.

『금강경』의 장을 분류한 방식은 범본(梵本)에 없는 한역(漢譯)의 구분 방식을 따른 것이다. 현재 유통되는『금강경』은 어느 나라의 판본이건 그 구분 방식을 그대로 채용하고 있다. 구마라집의『금강경』에 부가된 각 장의 구분 방식은『금강경』을 내용에 따라 32장으로 나눈 것이다. 이것은 중국 양(梁)나라 양무제(梁武帝, 464~549)의 장자였던 소명태자(昭明太子, 501~531)가『금강경』단락을 구분한 것을 일반적으로 채용하면서 세워진 전통에 따른 것이다. 조계종 표준 번역본에서는 각 장의 이름을 내용에 따라「법회의 인연」(法會因由分)에서「관념을 떠난 교화」(應化非眞分)에 이르기까지 모두 쉬운 우리말 제목으로 달았다.

궁극의 깨달음에는 내가 없다

『금강경』의 글자 수는 대략 5,137자(字)이다. 그러나 이를 한 글자로 줄인다면, '공'(空, śūnyatā)이다.『금강경』은 '공'이라는 말을 한 번도 언급하고 있지 않지만 처음부터 끝까지 '공'을 말하고 있다. 따라서『금강경』은 '공'을 바탕으로 크게 두 부분으로 나누어 볼 수 있다. 이를 정확히 구분할 수는 없지만, 전반부는 '공'에 대한 가르침이고, 후반부는 '공도 공하다'는 가르침이다. 이를 바탕으로『금강경』은 한결같이 '무아'(無我)를 말하고 있다. 일체 법에는 자아도 없고, 개아도 없고, 중생도 없고, 영혼도 없다는 가르침이다. 그러므로 무아법(無我法)을 통달한다면 여래는 그를 참된 보살이라고 말한다. 그러나 일체법이 공함을 아는 것만으로는 부족하다. 그렇게 되면 보살이 중생을 구하기 위한 방법은 유일하게 무아법을 방편으로 쓰는 것밖에는 없기 때문이다.

세존이 무아법을 가르친 것은 중생을 구제하기 위함이다. 자아에서 벗어나게 할 뿐만 아니라 중생들이 집착하고 있는 모든 법이 무아라는 것을 일깨워주는 것이다. 무아법을 방편으로 사용함으로써 나와 너, 주체와 객체(대상)가 모두 공하다는 것을 일깨워주고, 그 어떤 것에도 집착해서는 안 된다고 말하는 것이다. 이는 모든 집착에서 벗어나 진정한 자유를 얻게 하려는 것이다. 그러나 중생들은 '무아'라고 말하면, 우선 '나'라는 주체를 떠올리게 된다. 그래서 '무아'를 '나가 없다'라고 인식하려 한다. 그러나 이는 인간과 사물을 다르게 보는 것이다. '무아'라는 것은 '나와 너'를 떠나, '주체와 객체'를 떠나, 일체 법에는 '고정불변, 즉 변하지 않는 실체가 없다'는 것이다. 그럼에도 불구하고 '나가 있다' 혹은 '나가 없다'는 것은 여전히 자아라는 생각에 집착하는 것이다. 그래서 세존(世尊)은 공도 공하다는 가르침을 주고 있다. 즉 혜안(慧眼)을 바탕으로 하면서 수보리(須菩提)에게 중생의 근기에 맞게 자유자재로 방편을 쓰도록 법안(法眼)과 불안(佛眼)을 소개하고 있다. 예컨대 우리가 공에 집착한다면, 중생을 보지 못한다.

가장 높고 바른 깨달음에 이르는 길이란?

『금강경』은 수보리가 묻고 세존이 대답하거나 세존이 수보리에게 반문하여 대답을 유도하는 형식으로 전개되는데, 수보리의 첫 질문은 "가장 높고 바른 깨달음(아누다라삼먁삼보리, 阿耨多羅三藐三菩提, anuttarāsamyak-sambodhi)을 얻고자 하는 선남자와 선여인이 어떻게 살아야 하며 어떻게 그 마음을 다스려야 합니까?"이다. 이 질문을 던진 수보리는 세존의 제자 가운데 공의 이치를 가장 잘 깨우친 것으로 유명하다. 그러니까 이 질문은 수보리 자신을 위한 것이라기보다는 가장 높고 바른 깨달음을 얻고자 하는 사람들이 어디에서부터 어떻게 수행하는 것이 효과적인가를 대신해서 물은 것이다.

이 질문에 대한 세존의 답은 자아가 있다는 관념(我相)도 없고, 개아가 있다는 관념(人相)도 없고, 중생이 있다는 관념(衆生相)도 없고, 영혼이 있다는 관념(壽者相)도 없는 완전히 이타적인 마음을 내어야 한다는 것이다. 왜냐하면 그러한 생각이나 관념은 집착으로 이어지고 견해로 굳어져, 그것으로 말미암아 아만(我慢)과 탐욕과 증오심을 일으키기 때문이다. 여기에서 '관념'에 해당하는 말은 산스크리트어로 'samjña'이다. 이를 구마라집과 보리유지는 '상'(相)으로 번역하고, 나머지 4인(진제, 달마급다, 현장, 의정)은 '상'(想)으로 번역하고 있다. 물론 원어의 뜻으로 보면 '인식'으로 번역해야 한다. 그러나 사상(四相)은 단순한 인식이 아니라 고정관념(相)이 정착된 것이라는 구마라집의 견해에 따라 조계종 표준본에서는 '관념'으로 번역하고 있다.

또한 세존은 만약 아라한(阿羅漢)이 "나는 아라한의 경지에 이르렀다"고 생각한다면, 이것은 자아(我)와 개아(人)와 중생(衆生)과 영혼(壽者)에 집착하는 것이라고 말한다. 생각이나 관념에 얽매여서도 안 되지만 빛깔·소리·향기·맛·감촉·의식 내용에 얽매여 마음을 내서도 안 되고, 어디에도 얽매이지 않고 마음을 내야 한다는 것이다. 그러면서 세존은 가장 높고 바른 깨달음에도 집착하지 말라고 했다. 왜냐하면 가장 높고 바른 깨달음은 언어 저편의, 언어의 그물에 걸리지 않는, 언어가 없어지고 생각이 끊어진 상태이며 그러므로 인식할 수도 없고 설명할 수도 없기 때문이다. 언어 자체가 이원성(二元性)이기 때문에 언어로서는 일체의 대립을 떠난 비이원성(非二元性)인 가장 높고 바른 깨달음에 미치지 못하는 것이다.

그러나 이름을 붙이지 않으면 그 어떤 가르침도 설(說)할 수 없으므로 말을 하자니 가장 높고 바른 깨달음이고, 복덕이고, 불법(佛法)이고, 아라한이고, 장엄이고, 반야바라밀이고, 설법이고, 선법이니 거기에 얽매이지 말고 집착하지 말라고 했다. 요컨대 생각과 차별이 곧 얽매임이고 집착이라는 것이다. 생각이 일어나니 온갖 경계와 틀, 개념과 분별과 차별이 생기고, 중생은 그것들을 고정된 실체로 여겨 집착하지만, 그것들은 생각이 일으킨 허구에 불과하다는 가르침이다. 그래서 모든 생각을 떠나서 가장 높고 바른 깨달음을 구하려는 마음을 내어야 한다는 것이다.

집착하지 말라는 말에도 집착하지 말라

또한 세존은 가장 높고 바른 깨달음을 구한다는 생각에도 집착하지 말라고 한다. 구하려는 생각이 곧 분별이므로 분별로써 구하려 하면 잡히는 건 결국 분별의 내용일 뿐이다. 그러므로 분별의 축적으로는 결코 무분별의 가장 높고 바른 깨달음에 이르지 못한다. 그러나 분별과 집착이 폭발해버린, 이원성이 함몰해버린 상태에서는 가장 높고 바른 깨달음조차 있을 수 없다. 그래서 관념에 대한 집착을 부정하고 또 부정하여 가장 높고 바른 깨달음까지도 부정한다. 왜냐하면 쇠사슬에 묶이나 금사슬에 묶이나 묶이긴 마찬가지이기 때문이다. 그러므로 중생이 일으킨 차별은 허구이기에 집착의 대상이 되어서는 안 되지만, 여래(如來)가 일으킨 차별도 뗏목에 불과하므로 거기에 집착하지 말라고 했다. 왜냐하면 여래는 무분별의 경지에서 가르침을 펴기 위해 어쩔 수 없이 언어를 빌려서 차별을 일으키기 때문이다. 달리 표현하면,

같은 말이지만 중생의 말은 '분별의 분별'이고, 여래의 말은 '무분별의 분별'이다. 여래는 무분별의 바다에서 분별의 파도를 말하지만, 중생은 분별의 파도에서 분별의 파도를 말한다는 뜻이다.

그러므로 『금강경』에서는 '즉비(卽非)의 논리', 즉 "A는 A가 아니므로, 이를 A라고 한다"는 형식이 반복되고 있다. 'A' 대신에 '중생'을 넣어서 생각해보면, "중생은 중생이 아니므로 중생이라 말한다"가 된다. 그렇다면 도대체 『금강경』은 이러한 논리를 통해서 무엇을 말하고자 하는가? 'A' 대신에 '중생'을 넣어서 생각해보면, '중생'은 '非중생'이 된다. 그리고 '非중생'을 '부처'라고 본다면, '중생'은 '부처'를 의미하게 된다. 서양논리의 입장에서는 중생은 중생이며, 부처는 부처일 뿐이다. 그러나 『금강경』의 논리는 서양논리와 다르다. 따라서 『금강경』의 '즉비의 논리'를 이해하려면, 형식적 차원, 즉 중생은 중생이며 부처는 부처라는 차원을 넘어서야 한다. 논리의 형식보다는 내용으로 들어가 보아야 한다. 말하자면 대립하고 있는 중생과 부처, 이 두 개념에서 과연 중생과 부처에게 각기 중생이라 부르게 하는 어떤 고유의 성질(自性)과 부처라 부르는 고유의 성질이 있는지를 물어야 한다.

세존은 『금강경』이전에 설해진 『아함경』에서부터 모든 존재는 인연에 의해 이루어진 존재이므로 그것만이 갖는 어떤 고유의 성질이 있는 것이 아니라고 하였다. 따라서 중생은 중생이라는 고유의 성질이 없고, 부처 역시 부처라는 어떤 고유의 성질이 없는 것이다. 즉 중생이라 부르는 것이든 부처라 부르는 것이든 어떤 고유한 성질을 가리키는 것이 아니라 편의상, 혹은 임시로 지어 부르는 이름에 불과하다는 것이다. 이러한 『금강경』특유의 논리는 "인연으로 지어진 것은 공(空)이며 가명(假名)일 뿐이다. 그래서 중도(中道)라고 말한다"는 반야·중관사상의 논리적 표현이라 말할 수 있다.

세존은 이제 결론을 내린다. 그렇다면 가장 높고 바른 깨달음(아누다

라삼먁삼보리)을 얻고자 하는 이는 일체법(一切法)에 대해 어떻게 알아야 하고, 보아야 하며, 확신해야 하는가? 첫째, 모든 법은 자아가 없고 태어남이 없다. 가장 높고 바른 깨달음을 구하는 선남자와 선여인은 이렇게 알아야 한다. 둘째, 형상으로 여래를 볼 수 없다. 여래는 법이 몸이라고 보아야 한다. 가장 높고 바른 깨달음을 구하려는 선남자와 선여인은 이렇게 보아야 한다. 따라서 일체법이 반야지혜라고 보아야 한다. 셋째, 이 경은 반야바라밀이다. 가장 높고 바른 깨달음을 구하려는 선남자와 선여인은 지혜의 가르침에 대해 확신해야 한다. 지혜의 완성에 이르기 위해 반야바라밀로 마음을 다스려야 한다.

가장 높고 바른 깨달음을 얻으려면 모든 법은 자아가 없고, 태어남이 없는 것을 알아야 한다. 모든 것은 법이 몸이라고 보아야 한다. 지혜의 완성에 이르는 가르침에 대한 확신을 통해 마음을 다스려야 한다. 그러나 법이라는 생각을 일으키지 않고, 어떤 법에도 집착하지 말아야 한다. 수보리는 세존의 가르침을 잘 받아들였고, 이제 수보리는 그의 동료들인 성문들과 신들에게 반야바라밀을 설할 수 있는 대표적인 제자가 되었다.

『금강경』의 핵심은 반야바라밀, 즉 지혜의 완성이다. 지혜의 완성이란 생각이나 관념이 타파되고, 얽매임이 없고, 차별을 두지 않고, 집착과 견해가 끊어진 상태이다. 간단히 말하면 불교의 지혜는 '집착하지 않음'이다. 중생의 가장 끈질긴 집착은 '내 몸, 내 것, 내 생각'이다. 거기에 집착하는 한 지혜도 없고 자비도 없고 열반도 없다.

| 현대에서 이 저서의 의미와 가치 |

『금강경』은 매우 방대한 반야경전의 핵심이 정밀하게 축약된 반야
경전의 대표적인 경전이다. 이 경전은 표현이나 형식이 대단히 소박하
고, '공'이나 '대승'(大乘, mahāyāna)이라는 표현도 전혀 등장하지 않아
최초기의 대승경전으로 보인다. 『금강경』이 성립될 무렵의 인도 불교
계는 붓다의 가르침을 지나치게 분석하며 복잡하고 추상적인 이론을
전개했고, 탑에 대한 신앙과 재물의 보시와 그 공덕을 높이 평가했다.
이처럼 불교계가 붓다의 근본 가르침에서 멀어져 가고 있을 때, 붓다
의 참뜻으로 돌아가고자 하는 개혁적인 의도에서 『금강경』을 엮은 것
으로 보인다. 이 경은 육조 혜능(慧能, 638~713) 이래 중국 선종에서 가
장 중시된 경전이었고, 한국에서도 단일 종단으로는 가장 큰 조계종에
서 소의경전으로 삼고 있다. 그뿐만 아니라 인도와 티베트는 물론 서
양에서도 매우 소중히 여기는 경전이다. 한마디로 이 경은 대승불교의
가장 기본적이고 대표적인 경전이라 할 수 있다.

그러므로 『금강경』은 불교 경전 가운데 가장 널리 읽히는 책이다.
많은 이들이 한문 경전이나 한글 경전을 읽고 외우기도 하지만 대부분
은 그것을 '진리'로 받아들이거나 그냥 넘어간다. 『금강경』을 통해서
"붓다는 나에게 무슨 말을 하고 싶은 것인가?", "현재 내가 당면한 삶
의 문제 또는 인간관계나 하는 일에서 내가 꼭 들어야 하는 것이 무엇
인가?" 하는 의문을 가지는 이는 많지 않다. 이 때문에 사람들은 『금강
경』을 비롯한 많은 불교 경전이 우리 삶과 무관하고 어려운 것이라
고만 여긴다. 수행은 고통이나 무엇을 없애는 것이 아니라 '전환'하
는 힘을 기르는 것이다. 이를테면 우리가 고통을 느낄 때 그 고통을
잊기 위해 애를 쓰거나 그 고통을 없애려고 하면 그만큼 더 괴로워
지는 법이다. 반면에 고통에 무작정 저항하지 않고 있는 그대로 알아

차리고 받아들인다면 오히려 고통은 줄어든다. '번뇌가 바로 깨달음'이라는 말은 번뇌를 제거하고 다른 어딘가에서 지혜를 성취하는 것이 아니라 번뇌를 번뇌인 줄 알아차리고 그 자체를 지혜로 전환하는 것이 바로 깨달음이고 치유의 과정이라는 것이다. 이것이 '돌이키는 힘'이다.

치유의 관점에서 『금강경』을 읽는다는 것은 '경전 치유', 즉 경전 읽기를 통해서 마음을 치유한다는 의미다. 이는 『금강경』의 내용을 이해하고 해석하는 데 그치지 않고, 지금 우리 앞에 닥친 삶의 문제와 인간관계를 풀어가는 데 어떤 지혜와 도움을 얻을 수 있는지 구체적이고 현실적으로 찾아보는 것을 뜻한다. 『금강경』은 '내가 없다'는 것을 전제로 하고 있기 때문에 『금강경』을 읽음으로써 내가 내 마음의 움직임을 알아차리고, 나다 너다, 내 것이다 남의 것이라고 하는 분별심을 내려놓게 될 수 있을 것이다. 분별심을 내려놓고 보면, 우리는 생명이 있는 것이든 없는 것이든 일체가 함께 살아가는 공동체임을 깨닫게 된다.

사람은 누구나 관계를 떠나서 살아갈 수 없다. 또한 사람이면 누구나 갖고 태어나는 근본적인 고통도 있지만, 실제로는 수많은 고통이 관계에서 비롯되고, 불행과 행복, 심지어 온갖 질병이 관계에서 오는 경우가 많다. 이 세상의 온갖 갈등과 고통은 자기 견해만 내세우기 때문에 오는 경우가 많다. 내 옳음 속에도 빈틈이 있고, 상대방의 그름 속에도 이유가 있다는 것을 알면 서로 그 갈등과 고통을 이해하게 된다. 이렇게 서로 소통이 되면 배려하고 양보하고 인정하며 함께 잘 살아갈 수 있다. 그래서 이 경은 삶은 '공'임을 강조하고 또 강조한다. 자기 입장을 내려놓고 삶을 진정성 있게 바라보고 진실되게 다루는 사람, 이런 사람을 부처라 한다. 『금강경』은 부처가 되는 것이 멀고도 험한 길이 아닌, 바로 이 자리, 우리들의 삶 속에서 구현할 수 있음을 제시한다. 우리는 『금강경』을 읽는 것만으로도 마음이 열리고, 에너지가 충전되고 대자유인으로 새롭게 태어날 것이다. 그러므로 현대 사회의 물질 만능주의와 비인격적 경쟁에 몰입하여 자아와 정신적 가치를 상실한 현대인들은 『금강경』에 담긴 뜻과 지혜를 통해 자기 삶의 좌표를 재정립할 수 있을 것이다.

│ 책의 내용 가운데 중요한 구절 소개 │

"모든 보살마하살은 다음과 같이 그 마음을 다스려야 한다. 알에서 태어난 것이나, 태에서 태어난 것이나, 습기에서 태어난 것이나, 변화하여 태어난 것이나, 형상이 있는 것이나, 형상이 없는 것이나, 생각이 있는 것이나, 생각이 없는 것이나, 생각이 있는 것도 아니고 없는 것도 아닌 온갖 중생들을 내가 모두 열반에 들게 하리라. 이와 같이 헤아릴 수 없이 많은 중생을 열반에 들게 하였으나, 실제로는 완전한 열반을 얻은 중생이 아무도 없다. 왜냐하면 수보리여! 보살에게 자아가 있다는 관념, 개아가 있다는 관념, 중생이 있다는 관념, 영혼이 있다는 관념이 있다면 보살이 아니기 때문이다(諸菩薩摩訶薩 應如是降伏其心 所有一切衆生之類 若卵生 若胎生 若濕生 若化生 若有色 若無色 若有想 若無想 若非有想 非無想 我皆令入無餘涅槃 而 滅度之 如是滅度 無量無數無邊衆生 實無衆生 得滅度者 何以故 須菩提 若菩薩 有我 相人相 衆生相壽者相 卽非菩薩)."(3. 대승의 근본 뜻, 大乘正宗分)

"보살은 어떤 대상에도 집착 없이 보시해야 한다. 말하자면 형색에 집착 없이 보시해야 하며 소리, 냄새, 맛, 감촉, 마음의 대상에도 집착 없이 보시해야 한다. 수보리여! 보살은 이와 같이 보시하되 어떤 대상에 대한 관념에도 집착하지 않아야 한다. … 수보리여! 보살이 대상에 대한 관념에 집착하지 않고 보시하는 복덕도 이와 같이 헤아릴 수 없다. 수보리여! 보살은 반드시 가르친 대로 살아야 한다(菩薩於法 應無所住 行於布施 所謂不住色布施 不住聲香味觸法布施 須菩提 菩薩應如是布施 不住於相 …… 須菩提 菩薩無住相布施福德 亦復如是 不可思量 須菩提 菩薩但應如所敎住)."(4. 집착 없는 보시, 妙行無住分)

"신체적 특징들은 모두 헛된 것이니 신체적 특징이 신체적 특징 아님을 본다면 바로 여래를 보리라(凡所有相 皆是虛妄 若見諸相非相 卽見如來)."(5. 여래의 참모습, 如理實見分)

"형색에 집착하지 않고 마음을 내어야 하고 소리, 냄새, 맛, 감촉, 마음의 대상에도 집착하지 않고 마음을 내어야 한다(不應住色生心 不應住聲香味觸法生心 應無所住 而生其心)."(9. 불국토의 장엄, 莊嚴淨土分)

"형색으로 나를 보거나 음성으로 나를 찾으면 삿된 길 걸을 뿐 여래 볼 수 없으리(若以色見我 以音聲求我 是人行邪道 不能見如來)."(26. 신체적 특징을 떠난 여래, 法身非相分)

"일체 모든 유위법은 꿈·허깨비·물거품·그림자·이슬·번개 같으니 이렇게 관찰할지니라(一切有爲法 如夢幻泡影 如露亦如電 應作如是觀)."(32. 관념을 떠난 교화, 應化非眞分)

생각거리

1 붓다는 자아도 없고, 개아도 없고, 중생도 없고, 영혼도 없이 온 갖 선법을 닦음으로써 가장 높고 바른 깨달음을 얻게 된다고 했 다. 이 말은 우리 스스로가 "삶에 있어서 무엇이 제일 중요한 가 치인가?", "무엇을 위해 돈을 버는가?", "무엇을 위해 사는 것인 가?" 하는 것을 늘 생각하고, 나 자신을 돌봐야 한다는 것이다. 말하자면 '나'라고 하는 존재가 무엇이고, 어떻게 사는 것이 가 장 사람답고 가치 있는 삶인가를 생각하고 진실에 늘 깨어 있어 야 한다는 것이다. 우리의 삶에 있어서 가장 소중한 가치는 무엇 인가?

2 붓다는 보살은 어떤 대상에도 집착 없이 보시해야 한다고 했다. 말하자면 형색에 집착 없이 보시해야 하며 소리, 냄새, 맛, 감 촉, 마음의 대상에도 집착 없이 보시해야 한다는 것이다. 이 말 은 보살은 자신과 관계가 있든지 없든지, 기회가 되는 대로 보 시할 일이 있으면 언제든지 보시하고, 보시했다는 생각에도 머 무르지 않고, 일체중생을 향하여 보시해야 한다는 것이다. 왜냐 하면 사람들은 늘 손익을 계산하며 살지만, 상대에게 베푸는 것 으로 내 할 일은 모두 끝났다는 마음, 베풀었다는 생각마저 없이 행하는 보시는 내가 행복해지는 길이며 번뇌를 소멸하는 길이기 때문이다. 우리는 현대사회에서 보살을 어떻게 이해해야 하는 가? 그리고 어떻게 사는 것이 보살처럼 사는 것인가?

3 붓다는 옛적에 가리왕에게 온몸을 마디마디 잘렸을 때 자아, 개 아, 중생, 영혼이 있다는 관념이 없었기 때문에 성내고 원망하 는 마음도 내지 않았다고 했다. 이 말은 우리가 화를 내고, 화가 나는 감정을 조절하는 것이 힘든 것은 바로 자아, 개아, 중생,

영혼이 있다는 관념 때문이라는 것이다. 우리가 경험 속에서 만나는 가장 큰 걸림돌은 아집, 우리의 경험에 대한 집착이다. 왜냐하면 경험하고 있는 '나' 자신과 내가 경험하고 있는 '대상'에 집착하는 순간 갈등과 고통이 동전의 양면처럼 어김없이 나타나기 때문이다. 우리는 마음을 어떻게 다스려야 하는가? 이에 대해 구체적으로 생각해 보시오.

- 번역서

대한불교 조계종 교육원 편역,『금강반야바라밀경』, 조계종출판사, 2010.

- 필자 소개 : **한도연**

원광대학교 철학과를 졸업하고 동대학원에서 철학 박사학위를 취득했다. 군산대학교, 동신대학교, 원광보건대학교에서 강의했고, 원광대학교 강의교수를 역임했다. 현재 원광대학교와 호원대학교에서 강의하고 있다. 저서로는 『친일문학의 내적 논리』(공저),『인문사회 학술진흥사』(공저),『헬퍼 SKY 필독서』(공저)가 있고, 연구논문으로는 「法靜 아포하論의 淵源과 그 影饗에 관한 硏究」,「法靜의 論理學에 관한 硏究」,「불교와 기독교의 생명론」을 비롯해 다수가 있다.

인간은 어떻게 건강한 삶을 살 수 있는가?
프리드리히 니체, 『차라투스트라는 이렇게 말했다』

이 상 범

| 작가 소개 |

　프리드리히 빌헬름 니체(Friedrich Wilhelm Nietzsche)는 1844년 10월 15일 프로이센의 뢰켄(Röcken)에서 루터교 목사 카를 루트비히 니체(Karl Ludwig Nietzsche)와 목사 집안의 딸인 프란치스카 욀러(Franziska Oehler) 사이에서 태어났다. 1856년 아버지와 동생의 죽음 이후에 이사 한 나움부르크에서 인문계 중등교육기관인 슐포르타(Schulpforta)에 입학한다. 1864년에 슐포르타를 마친 니체는 본 대학에서 문헌학을 공부한다. 외로운 본에서의 생활에 지칠 무렵, 은사 리츨(Friedrich Ritschl)을 따라 라이프치히 대학으로 자리를 옮긴다. 1865년에는 쇼펜하우어의 저서 『의지와 표상으로서의 세계』를 접하며 정신적 영감을 받게 되고, 1868년에는 니체의 삶에 큰 영향을 주었던 바그너와의 만남도 이루어진다. 1869년에는 24세의 나이로 바젤 대학의 고전 문헌학 교수가 되었다.

1872년 처녀작 『비극의 탄생』을 출간하면서 니체는 문헌학적 오류로 인해 많은 비판을 받는다. 하지만 이 책은 그의 철학적 사유의 출발이자 마지막까지 지속되는 그의 사상적 토대가 된다. 평생 온전히 건강한 적이 없었던 니체는 1870년 중반에는 그 증세가 보다 심각해져 1976년에는 1년간 병가를 내고 기후가 좋은 여러 도시들로 요양을 떠난다. 그러다 1979년에는 결국 교수직을 내려놓는다. 이후 10여 년간 니체는 길고 긴 요양을 위한 방랑의 길을 떠나지만 그의 철학적 사유와 집필은 멈추지 않는다. 그러던 1889년 1월 초 니체는 이탈리아 투린(Turin)의 카를로 알베르토 광장에서 늙은 말을 채찍질하는 마부의 모습을 보고 도로를 가로질러 말의 목을 끌어안고 오열한 뒤 쓰러졌다. 그 뒤 니체는 10여 년간 일어나지 못한다. 가끔씩 깨어 날 때가 있었음에도 그는 다시 철학자로서 사유를 하지도 집필을 하지도 못했다. 1900년 8월 25일 그의 나이 56세에 서구 정신사에서 가장 큰 사상적 전환을 시도했던 철학자 니체는 그의 삶이 시작되었던 뢰켄으로 되돌아와 부모의 무덤 옆에 묻혔다. 『비극의 탄생』(*Die Geburt der Tragödie*, 1872), 『반시대적 고찰』(*Unzeitgemäße Betrachtungen*, 1873-1876), 『인간적인 너무나 인간적인』(*Menschliches, Allzumenschliches*, 1878-1880), 『차라투스트라는 이렇게 말했다』(*Also sprach Zarathustra*, 1883-1885), 『선악의 저편』(*Jenseits von Gut und Böse*, 1886), 『도덕의 계보』(*Zur Genealogie der Moral*, 1887) 등 그의 저서들은 오늘날까지 서양정신사를 이끄는 중요한 역할을 하고 있다.

| 책 내용 소개 |

허무주의의 시대. 무엇을 위해 살아가야 하는가?

『차라투스트라는 이렇게 말했다. 모든 사람을 위한, 그러면서도 그 어느 누구를 위한 것도 아닌 책』(*Also sprach Zarathustra. Ein Buch für Alle und Keinen*)은 '신의 죽음'(Der Tod Gottes)에 대한 문제의식에서 시작된다.

니체가 선언한 신의 죽음은 서양의 역사에서 기독교 신앙의 상실과 정을 말하는 것뿐만 아니라 전통적–형이상학적 진리와 가치의 허구성에 대한 폭로를 의미한다. 신의 죽음은 영원불멸한 저편세계, 고정불변한 절대적 가치 세계의 파괴를 수반한다. 이제 인간은 지금까지 인간 삶의 기준이 되었던 절대적 인식 및 가치토대로서의 초월자 없이 생성과 소멸의 변화세계 속에서 독자적이고 자율적인 삶을 살아가야만 한다. 하지만 스스로의 힘과 의지로 삶의 의미와 가치를 창조해본 적이 없는 사람들은 실존의 사거리에서 헤매일 수밖에 없다. 이렇듯 신의 죽음은 '허무주의'(Nihilismus)를 발생시키는 사건이다.

허무주의는 이 세상이 허무로 가득 차 있다는 두려운 통찰로서 삶에 무기력한 인간들의 염세주의적–데카당스적 삶의 증상으로 대변된다. 병든 문화는 인간을 병들게 하며 나아가 그 시대의 문명 역시 병들게 한다. 니체는 근대에 이르러 만성의 병으로 드러난 삶의 허무주의적 현상을 스스로 자기 삶의 의미와 가치를 창조할 수 없는 나약한 정신과 의지의 병으로 진단한다. 그가 근대라는 시대성 위에서 신의 죽음을 선언하고, 인간 실존의 위기인 허무주의와 데카당스로부터의 치유를 자신의 사상적 과제로 설정한 것은 이러한 이유에서이다.

그렇다면 신의 죽음과 허무주의는 인간의 삶에 부정적인 기능만을 하는 것일까? 결코 그렇지 않다. 절대적 가치의 붕괴사건으로서의 허무주의는 오히려 새로운 가치의 창조를 가능하게 하는 인간의 실존적 자유의 토대로 기능한다. 삶은 모든 창조적 변화의 가능성으로 열려 있다. 더 이상 신의 흔적을 찾지 않는 사람들은 이제 모두 스스로 자기 삶의 의미와 가치를 새롭게 창조해야만 하는 과제를 부여받는다. 이러한 의미에서 니체의 또 다른 개념 '모든 가치의 전도'(Umwertung aller Werte)와 '자유정신'(Freigeist)은 그동안 신에게 위임했던 삶의 모든 권한을 되찾아 다시 자기 삶의 주인이, 즉 진정한 자기 자신이 되고자 하는 인간들의 독립적이고 자율적인 행위를 대변한다. 허무주의가 만연한 세상에서 인간은 무엇을 위해 살아가야만 하는가?

신이 없는 세상에서 모든 인간은 신의 그림자가 아니라 그들 자신의 모습으로, 단 하나의 진리가 아니라 그들 나름의 진리로, 삶을 부정하는 병자가 아니라 긍정하는 건강한 자로, 내세가 아니라 현실을 창조해 나가는 미래의 인간으로서 살아가야만 한다. 신의 죽음은 인간이 자기 존재의 고유한 의미를 상실한 허무주의의 위기 속에서 '참된 자기 자신으로서 존재하며, 매 순간 자신의 삶을 소유하는 주인이 되어라!'라는 실존적 건강을 위해 선언된 사건이다.

어떤 인간이 되어야 하는가?

신이 부재하는 세계의 주인은 인간이다. 하지만 병든 인간은 다시 병든 세계를 만들 수밖에 없다. 건강한 세계를 만들기 위해서는 우선 대지의 인간들이 건강한 인간이 되어야만 한다. 허무주의라는 실존의 위기 속에서 건강한 인간유형이란 더 이상 현실적인 대지의 삶을 부정하는 저편의 형이상학적-종교적 세계를 신봉하지 않고, 매 순간 스스로 자기 삶의 의미와 가치를 창조함으로써 오직 자기 자신으로서의 삶을 살기를 시도하며, 더 나아가 자신에게 열려 있는 건강한 미래로의 변화가능성을 지속적으로 실현하고자 하는 자이다.

그렇다면 삶의 가치는 어떻게 창조될 수 있는 것일까? 가치를 창조한다는 것은 내가 무엇을 원하는지 그리고 무엇을 해야만 하는지를 명확하게 알고 있다는 것을, 다시 말해 진정한 의미에서 '나는 오직 나로서만 존재하는 나야! 내가 내 삶의 주인이야!'라고 자신 있게 말할 수 있다는 것을 의미한다. 니체는 인간이 오랜 가치에 대한 의존으로부터 벗어나 진정한 자기 자신이 되어가는 정신적 변화의 과정을 『차라투스트라는 이렇게 말했다』의 제1부 「세 단계의 변화에 대하여」에서 낙타-사자-어린아이(Kamel-Löwe-Kind)로의 변화로 설명한다.

이 세 가지 메타포는 각각 다음과 같은 의미를 담고 있다. 1) 무거운 짐을 짊어진 채 그 어떤 불만도 없이 뜨거운 사막을 걸어가는 나약한 낙타의 정신은 아직 형이상학적-종교적 가치에 의존한 복종상태('You Should' - 너는 해야만 한다!)를 의미한다. 2) 사자는 무거운 복종의 짐으로부터 벗어나 자신만의 가치를 창조하고자 하는 강한 정신('I Will' - 나는 할거야!)을 의미한다. 하지만 아쉽게도 사자의 정신은 아직 창조의 단계가 아니다. 3) 마지막 정신의 변화는 어린아이의 단계에서 완성된다. 어린아이는 창조의 정신 그 자체이다. 사자의 정신에게 창조는 또 다른 무게의 짐일 수 있다. 그 이유는 창조는 의무가 아니라, 삶을 유희하는 과정에서 자연스럽게 발현되어야만 하기 때문이다.

만약 창조가 의무로 부여된다면 내가 내 자신이 되어가는 정신의 변화 역시 의무로 여겨질 수밖에 없을 것이다. 아이에게 창조는 의무일 수가 없다. 아이에게 삶은 놀이이고 창조는 놀이의 규칙이다. 놀이하는 과정 속에서 삶은 진행되고 그 놀이를 조건 없이 즐기는 아이는 그렇게 참된 자기 자신이 되어간다. 니체가 아이의 정신을 'I am'(나는 나야!)로 명명하는 이유이다. 자기 자신을 조건 없이 인정하며 놀이하는 아이의 정신을 니체는 '거룩한 긍정'(ein heiliges Ja-sagen)이라고 표현한다.

생성하는 대지의 건강한 인간유형으로서의 '극복인'(Übermensch, 초인으로도 번역됨)은 바로 아이의 정신을 소유한 자이다. '위버멘쉬'는 독일어 'Über'(~넘어서)와 'Mensch'(인간)의 복합어로 끊임없이 자기 자신을 넘어서 극복해 나가는 인간, 즉 극복인을 말한다. 니체의 극복인은 우리의 삶을 토대가 되는 대지와 현실 속에서의 삶을 살아가는 인간이다. "극복인은 이 대지의 뜻이다. 너희들의 의지로 하여금 말하도록 하라. 극복인이 대지의 뜻이 되어야 한다고!"라는 니체의 말처럼 극복인은 신이 죽은 자리에 등장한 절대적 힘을 가진 슈퍼맨이 아니라, 현실세계에서 구체적인 삶을 살아가는 인간에게 창조적 가능성으로 열린 실존적 이상이다.

이에 반해 소비하고 소유하는 삶을 추구하는 과정 속에서 고유한 자기존재의 의미를 상실해가는 평준화된 획일적 인간유형을 니체는 '마지막 인간'(Der letzte Mesnch)이라고 표현한다. 마지막 인간은 자기 자신을 넘어서지 못하며 머물러 있는 사람, 즉 스스로의 힘으로 삶의 창조적 변화를 실현할 수 없는 인간을 의미한다. 창조할 수 없는 인간은 허무주의의 위기로부터 벗어날 수 없다. 창조는 자기 자신을 극복할 수 있는 자의 특권이다. 예술가가 자신의 정신과 의지의 자유를 만끽하며 눈앞의 재료를 멋진 작품으로 창조하듯이, 인간 역시 자신의 삶을 하나의 예술작품으로 창조할 수 있는 자기 존재의 예술가가 될 수 있다. 예술가에게 삶은 영원한 창조의 재료이다. 니체는 인간이 자신의 삶을 재료로 자기 존재를 예술로서 창조하는 예술가가 될 것을 권한다. 니체의 문제의식은 '어떤 인간이 되어야 하는가?'라는 물음에 깊은 철학적 빛을 비추고 있다.

어떻게 살아가야 하는가?

허무주의의 위기 속에서 삶의 의미를 상실한 채 방황하는 무기력한 인간들에게 무조건 자기 자신을 극복하라는 니체의 요구는 결코 가볍게 와 닿지 않는다. 그럼에도 불구하고 니체는 허무주의를 극복할 수 있는 인간유형으로 극복인을 제시한다. 그 이유는 니체에게 있어 자기 극복은 단순히 삶의 유용한 양식이 아니라, 생명체로서의 인간의 본질이기 때문이다. 여기서 인간 본질에 대한 위대한 인식의 전환이 수행된다. 그리고 이러한 인식의 전환을 가능하게 하는 개념이 바로 '힘에의 의지'(Der Wille zur Macht)이다. 그렇다면 어떻게 힘에의 의지가 인간 본질에 대한 위대한 인식의 전환을 가능하게 했을까?

힘에의 의지를 통한 인식의 전환은 세계와 인간의 형이상학적 이원론의 파괴로부터 비로소 가능해진다. 그 이유는 모든 존재와 존재의 세계에 작용하는 유일한 (일원론적) 원리는 오직 힘에의 의지이기 때문이다. 니체에 의하면 힘에의 의지의 활동은 인간의 '몸'(Leib)에서 일어난다. 몸–이성으로 명명되는 '커다란 이성'(die große Vernunft)이 함의하고 있는 것처럼, 니체는 이 개념을 통해 현실과 초월을 가정하는 형이상학적 이분법의 세계관과 인간관을 극복한다. 이제 인간의 몸이 곧 현실이고 몸을 떠난 모든 것은 삶을 떠난 가상일 뿐이다. 그렇다면 힘에의 의지가 활동하는 몸을 경멸하는 자는 결국 자신의 존재 자체를 부정하는 것이다. 인간은 몸이며 몸의 이성을 따른다. 그리고 삶은 몸의 이성적 활동으로 드러나는 모든 것이다. 인간은 자신의 몸을 통해 스스로를 인식하며 자기 자신을 찾아간다. 『차라투스트라는 이렇게 말했다』의 제1부 「저편의 또 다른 세계를 신봉하고 있는 사람들에 대하여」와 「몸을 경멸하는 자들에 대하여」라는 장은 이러한 내용들을 중점적으로 다루고 있다.

보다 많은 힘을 원하는 의지의 속성, 즉 어제의 나와 다른 내일의 나를 만들고자 하는 의지의 운동은 언제나 극복의 형식으로 나타난다. 『차라투스트라는 이렇게 말했다』의 제2부 「자기극복에 대하여」에서 제시되고 있는 것처럼, 힘에의 의지는 자기극복에의 의지인 것이다. 그렇다면 자기 자신을 극복한다는 것은 구체적으로 무엇을 의미하는 것일까? 그것은 욕구, 본능, 충동 등 내적 자연성으로 대변되는 힘과 의지의 주인이 된다는 것을 의미한다. 삶의 주인은 내면의 충동을 받아들이지만 지배당하지 않고 오히려 지배한다. 내면의 힘을 자신의 지배와 책임 아래 가둘 수 있는 능력은 삶의 주인의 특권이다. 그리고 이러한 주인적 인간은 더 이상 자기 삶의 의미와 가치를 자신의 삶으로부터 독립된 신적 존재에 위임하지 않는다. 새로운 의미와 가치를 창조하기 위해 그는 매 순간 다시 자기 자신에게로 돌아간다. 이렇듯 자신의 내면세계를 읽어나가는 과정은 참된 자기 찾기의 과정과 다르지 않다. 그는 삶의 결과가 아니라 오직 삶의 이유로서 존재한다.

결론적으로 힘에의 의지가 정지된다는 것은 인간이 더 이상 변화될 수 없다는 사실에 대한 증거이다. 자신의 의지를 끊임없이 생동하게 만드는 내적 힘의 투쟁을 억압하고 삶의 변화를 거부하며 자기보존만을 추구하는 인간은 결코 새로운 미래를 건설할 수 없다. 미래는 인간이 자기 자신을 극복하는 과정에서 얻게 되는 산물이다. 자기극복에의 의지이자 생명에의 의지로서의 힘에의 의지는 보다 새롭고 건강한 삶을 위한 물음 '어떻게 살아가야 하는가?'에 대한 니체의 사상적 답변이다.

어떠한 마음으로 살아가야 하는가?

끊임없이 자기 자신을 극복해나가는 삶을 살기 위해서는 삶에 대한 태도를 철저하게 바꿔야만 한다. 삶의 자기극복은 자신의 삶에 대한 긍정으로부터 비로소 가능해지기 때문이다. 삶을 긍정하지 못하는 사람은 절대로 자신의 삶을 극복할 수도 없고 또한 극복하고자 하지도 않을 것이다. 고통과 불합리가 필연적으로 존재할 수밖에 없을지라도 삶은 의심의 여지없이 그 자체로 긍정의 대상이다. 하지만 형이상학적-종교적 가치를 신봉하는 사람들은 삶의 고통으로부터 도피하기 위해 구원과 내세에 의존하고자 할 뿐, 고통을 삶의 성장을 위한 자양분으로서 긍정하려 하지 않는다.

이제 니체는 삶의 긍정과 부정의 경계에 선 모든 인간에게 자신의 삶에 대한 강한 실존적 결단을 요구한다. 그리고 삶의 위대한 긍정과 운명에 대한 사랑을 이끌어냄으로써 끊임없이 자기 자신을 극복하는 인간으로의 변화를 위한 철학적 사고실험을 시도한다. '같은 것의 영원회귀'(Die ewige Wiederkehr des Gleichen/이하 영원회귀)로 대변되는 이 사고실험의 목적은 바로 허무주의의 극복이다. 영원회귀는 허무주의적 위기에 놓인 삶에 대한 인간의 정신과 의지를 강화하는 사상적 방법론으로서 중요한 역할을 한다.

『차라투스트라는 이렇게 말했다』는 영원회귀 사상에 대한 내용을 가장 많이 담고 있는 책이다. 특히 제3부의 「환영과 수수께끼에 대하여」, 「중력의 악령에 대하여」, 「건강을 되찾고 있는 자」와 제4부의 「몽중보행자의 노래」 등은 영원회귀의 사상을 구체적으로 보여준다. 하지만 이 책 바로 이전에 출간된 『즐거운 학문』의 341번 단편에서 니체는 영원회귀가 제기하는 사상적 물음을 보다 구체적으로 제시하고 있다. "네가 지금 살고 있고, 살아왔던 이 삶을 너는 다시 한 번 살아야만 하고, 또 무수히 반복해서 살아야만 할 것이다; 거기에 새로운 것이란 없으며, 모든 고통, 모든 쾌락, 모든 사상과 탄식, 네 삶에서 이루 말할 수 없이 크고 작은 것들이 네게 다시 찾아올 것이다."

영원회귀가 담고 있는 사상적 무게는 곧 허무주의의 극복을 위해 인간이 짊어져야만 하는 실존의 무게이다. 니체가 영원회귀를 '최대의 중량'(Das grösste Schwergewicht)으로 표현하는 이유가 여기에 있다. 그리고 영원회귀에 대한 긍정은 실존의 무게로 작용하는 '중력의 악령'(Der Gesit der Schwere)에 대한 극복, 다시 말해 끊임없이 나를 앞으로 나아가게 하지 못하고 지금 이 순간에 머물러 있도록 끌어당기는 허무주의적이고 자기보존적인 힘과 의지를 극복한다는 것을 의미한다.

니체는 영원회귀를 허무주의의 극복을 위한 사상적 치유의 방법으로 제시하며, '만약 허무주의가 영원히 반복된다면 ……'이라는 극단적 가설을 세운다. 이 가설은 인간에게 다음과 같은 물음을 유발할 것이다. '만약에 삶의 의미를 상실한 지금 내 삶의 고통이 영원토록 계속되어 돌아오고 또 다시 돌아온다면 어떨까? 나는 내 삶을 어떻게 견뎌낼 수 있을까?' 이 물음을 니체는 『즐거운 학문』의 341번 단편에서 다음과 같이 표현한다. "너는 이 삶을 다시 한 번, 그리고 무수히 반복해서 다시 살기를 원하는가?" 니체에게 있어 극복되지 않은 고통은 극복해야만 하는 고통으로 영원히 반복될 뿐이다. 하지만 그 고통을 긍정한다면 다시 반복될 고통 역시 긍정하고 극복할 수 있다. 그렇다면 고통스러운 삶의 영원한 회귀 앞에 인간은 다음과 같은 실존적 결단을 내려야만 한다. '영원히 다시 되돌아오는 것이라면 나는 지금 이 순간부터 내 삶을 변화시켜야만 한다!'

영원회귀 사상 속에서 순간은 더 이상 영원에 반하는 개념이 아니다. 영원은 순간의 연속일 뿐이다. 이러한 의미에서 극복인은 영원을 추구하지 않는다. 그는 순간을 영원으로 느끼는 자이다. 니체는 영원히 회귀하는 삶과 고통에 대한 인간 실존의 위대한 긍정을 이 책의 제4부 「몽중보행자의 노래」에서 다음과 같이 표현한다. "'그것이 바로 삶이었던가?' … '좋다! 그렇다면 한 번 더!'" 극복은 긍정하는 자의 특권이다. 이렇듯 영원회귀는 니체의 철학에서 삶에 대한 최고의 긍정을 도출하기 위한 사상적 시도이다.

니체는 비록 허무주의의 고통 속에 놓인 삶일지라도 삶 그 자체를 있는 그대로 긍정할 수 있는 인간 실존의 상태를 디오니소스적 긍정으로 표현하며, 이렇게 긍정할 수 있는 삶에 대한 위대한 사랑을 '운명애'(Amor fati)라고 명명한다. 삶을 사랑한다는 것은 자신의 삶 그 자체를 긍정한다는 것이다. 영원회귀와 운명애 속에서 삶의 창조적 과제는 비로소 실현될 수 있으며 허무주의 역시 극복될 수 있다. 이 두 개념은 서로 유기적으로 연결된 개념으로서 그 어떤 삶의 조건 위에서도 삶 그 자체를 긍정하고 극복하고자 하는 건강한 마음으로 살아가라는 메시지를 담고 있다.

| 현대에서 이 저서의 의미와 가치 |

니체의 『차라투스트라는 이렇게 말했다』는 초기와 중기의 저서들 속에 산발적으로 제시되었던 많은 사상들이 종합적인 체계를 갖추게 된 그의 대표작이다. 이 책은 그의 철학의 정점을 이루고 있다고 해도 과언이 아니다. 『이 사람을 보라』와 몇몇 편지글에서 스스로도 이 책을 '제5의 복음서', '미래의 성서', 인류에게 주어진 '가장 큰 선물'로 표현할 정도로 니체 역시 이 책에 대해 큰 자부심을 가지고 있었다. 하지만 이 책의 부제「모든 사람을 위한, 그러면서도 그 어느 누구를 위한 것도 아닌 책」(Ein Buch für Alle und Keinen)에서 드러나고 있는 것처럼, 이 책은 접근하기 좋은 문학적 특성을 가졌음에도 불구하고 그 사상적 깊이로 인해 결코 이해하기 쉬운 책은 아니다. 이 책을 이해하기 위해서는 니체가 말년에 자서전의 형식으로 자신의 저서들을 설명한

책 『이 사람을 보라』의 「차라투스트라는 이렇게 말했다」 장을 먼저 읽어보는 것이 좋을 것이다.

니체의 이 책은 그의 철학적 사유의 과거와 미래를 모두 담고 있다. 초기 『비극의 탄생』으로부터 시작한 인간과 세계, 인간과 삶의 건강성에 대한 물음은 그의 철학의 후기 『차라투스트라는 이렇게 말했다』에 이르러 진정한 삶의 건강을 위한 실천이론으로 답해지고 있기 때문이다. 본 글의 제목 '인간은 어떻게 건강한 삶을 살 수 있는가?'에 제시된 개념 '건강'(Gesundheit)은 단지 육체적-정신적 건강만을 의미하지는 않는다. 오히려 두 영역을 모두 포괄하는 인간 실존의 건강을 의미한다. 니체가 『차라투스트라는 이렇게 말했다』에서 제시하는 삶의 참된 건강은 21세기 현대에 만연한 실존의 병과도 무관하지 않다. 대중사회 속에서 소비와 소유 지향적 삶을 살아가며 존재의 의미와 자기 자신을 상실해가는 현대인에게 이 책은 삶의 건강을 제시하는 중요한 지침서가 될 수 있을 것이다.

│ 책의 내용 가운데 중요한 구절 소개 │

"사람은 짐승과 위버멘쉬[극복인] 사이를 잇는 밧줄, 심연 위에 걸쳐 있는 하나의 밧줄이다. 저편으로 건너가는 것도 위험하고 건너가는 과정, 뒤돌아보는 것, 벌벌 떨고 있는 것도 위험하며 멈춰 서 있는 것도 위험하다. 사람에게 위대한 것이 있다면 그것은 그가 목적이 아니라 하나의 교량이라는 것이다. 사람에게 사랑받아 마땅한 것이 있다면, 그것은 그가 하나의 과정이요 몰락이라는 것이다."(제1부 「차라투스트라의 머리말」, 21쪽)

"신체[몸]는 커다란 이성이며, 하나의 의미를 지닌 다양성이고, 전쟁이

자 평화, 가축 떼이자 목자이다. 형제여, 네가 "정신"이라고 부르는 그 작은 이성, 그것 또한 너의 신체[몸]의 도구, 이를테면 너의 커다란 이성의 작은 도구이자 놀잇감에 불과하다."(제1부 「신체[몸]를 경멸하는 자들에 대하여」, 52쪽)

"아, 사람들이여. 돌 속에 하나의 형상이 잠자고 있구나! 내 머리 속에 있는 많은 형상 가운데 으뜸가는 형상이 잠자고 있구나! 아, 그 형상이 더할 나위 없이 단단하고 보기 흉한 돌 속에 갇혀 잠이나 자야하다니! 이제 나의 망치는 저 형상을 가두어두고 있는 감옥을 잔인하게 때려 부순다. 돌에서 파편이 흩날리고 있다."(제2부 「행복한 섬에서」, 143~144쪽)

생각거리

1 신의 죽음과 허무주의는 단순한 철학적 개념이 아니라, 19세기 유럽을 지배했던 문화적 사건이다. 삶의 무의미와 무기력의 증상으로 대변되는 허무주의는 오늘날의 현대사회와 현대인의 삶 안에도 이미 침투해있다. 우리의 일상적 삶에는 어떤 종류의 허무주의의 현상이 있는가?

2 신의 죽음, 극복인, 힘에의 의지, 영원회귀와 운명애는 삶의 실존적 건강을 위한 실천적 개념이다. 인간의 병은 육체적 원인과 증상에만 국한되지 않는다. 그렇다면 실존적 건강과 병이란 무엇이며 어떤 증상으로 드러나며 그 원인은 무엇일까?

3 니체는 허무주의의 원인과 증상을 '의지의 병'으로 진단했다. 이 병은 삶의 공허감, 우울증 등 오늘날에도 이름을 달리한 채 여전히 우리의 곁에 있다. 영원회귀와 운명애의 사상을 통해서 이와

같은 실존의 병을 치유할 수 있을까? 만약 그렇다면 그 방법은 무엇일까?

4 니체는 극복인을 허무주의를 극복하며 인간이 도달할 수 있는 실존적 이상으로 제시한다. 우리의 현실적 삶 속에서 극복하는 인간이 된다는 것을 무엇은 뜻하는 것일까?

- 번역서

프리드리히 니체, 『차라투스트라는 이렇게 말했다』, 정동호 옮김, 책세상, 2005.

- 필자 소개: **이상범**

원광대학교 철학과와 동대학원에서 철학을 전공했고, 독일 베를린 훔볼트 대학교(HumboldtUniversität zu Berlin)에서 *Nietzsches Gesundheitsphilosophie. Versuch einer Interpretation der philosophischen Methodologie Friedrich Nietzsches*(니체의 건강철학. 프리드리히 니체의 철학적 방법론에 대한 해석의 시도)라는 제목으로 철학 박사학위를 취득했다. 현재는 원광대학교에서 강의하고 있으며, 건강과 병, 고통 개념에 대한 다양한 철학적 연구를 시도하고 있다. 연구논문으로는 「니체의 개념 "미래의 의술"에 대한 연구」, 「니체의 "커다란 건강"에 대한 연구」를 비롯해 니체와 관련된 논문이 다수 있다.

II 인간, 어떻게 행동할 것인가?
도덕적 삶의 이해

도의실천(道義實踐)은
본성의 발현인가? 학습의 산물인가?

순황, 『순자』

김 학 권

| 작가 소개 |

순자(荀子)는 공자, 맹자와 더불어 선진(先秦)시대 유가의 대표적 인물 중 한 사람이다. 그는 각국이 부국강병을 외치며 침략전쟁을 일삼던 전국시대 말기의 조(趙)나라(현 山西省 남부) 사람으로 이름은 황(況), 자(字)는 경(卿)이다. 그러나 경(卿)은 그의 자가 아니라 당시 사람들이 그를 존대하여 순경(荀卿)이라고 부르게 된 데에서 연유한 존칭이라고 보는 사람도 있다. 순자는 공자 사상을 바탕으로 극도로 혼미해진 당시의 난국을 타개하고 도탄에 빠진 민생을 구제하려고 노력했던 공자 사상의 충실한 계승자였다.

그러나 그의 생존 시기에 관한 명확한 문헌 기록의 부재로 그가 언제 태어나 언제 어떻게 생을 마감했는지는 아직까지 분명하게 알 수가 없다. 다만 『사기』(史記)와 『순자』(荀子)에서 언급하고 있는 순자 관련의 내용에 근거하여 그의 생존 시기를 추정할 수 있을 뿐이다.

『사기』「맹자순경열전」(孟子荀卿列傳)에 의하면 "순자(荀卿)는 그의 나이 50이 되던 해에 제(齊)나라에 유학하게 되었다. 당시 제나라 직하 (稷下)에는 한때 명성이 자자했던 추연(鄒衍)·전병(田騈) 등과 같은 인물들이 이미 사망하여 없었다. 제나라 양왕(襄王) 때 순자는 가장 존경 받는 직하의 학자로 대부의 반열에 올라 세 차례나 좨주(祭酒)를 연임 하였다. 그 후 순자는 제나라 사람의 참소를 받아 제나라를 떠나 초(楚) 나라로 가게 되었는데, 이때 초나라 춘신군(春申君)이 그를 난릉(蘭陵)의 수령으로 등용하였다. 그러나 춘신군이 죽자 순자도 난릉에 은퇴하여 다시는 벼슬에 나가지 않고 교육과 저술 활동을 하며 생을 마감했다" 고 한다.

또한 순자의 생애에 관해 비교적 상세하게 기술하고 있는 유향(劉向) 의 『손경신서서록』(孫卿新書序錄)의 내용도 사기의 내용과 크게 다르지 않아 순자의 생몰(生沒) 년대에 대한 명확한 시기는 알 수가 없다. 따라 서 순자의 생존 시기에 대한 학자들의 주장은 각기 다르다. 그러나 여 러 정황으로 보아 순자는 대체로 기원전 315년에 태어나 기원전 238년 77세의 나이로 생을 마감한 것으로 보인다.

| 책 내용 소개 |

하늘과 사람은 직분이 다른 별개의 존재다

인지(人知)가 발달되지 못했던 상고시대의 중국 사람들은 그들의 생 존을 위협하는 재앙이나 질병의 발생은 모두 하늘이 주관하는 것으로 생각하였다. 따라서 하늘에 대한 그들의 경외심은 지대하였으며, 이는 매우 자연스러운 일반적 정서였다. 그러기에 공자도 "하늘에 죄를 짓게 되면 빌 곳도 없다"(得罪於天, 無所禱也)고 말하고, 귀신에 대해서도 "공경은 하되 멀리하라"(敬而遠之)는 태도를 취함으로써 하늘과 귀신의 존재에 대해 부정적 태도를 취하지는 않았다. 맹자 역시 이러한 공자의 입장에서 벗어나지 않는다.

그러나 순자는 귀신의 존재를 부정할 뿐만 아니라 하늘에 대한 인식에 있어서도 공자, 맹자와는 달리 하늘을 해와 달, 바람과 비, 사계절 등을 포괄하는 자연세계로 이해하고, 아울러 하늘은 규칙적인 운동을 지속하면서 끊임없이 만물을 낳고 기르는 일을 수행하는, 그래서 인간세계와는 별도로 그 공능을 발휘하는 객관적 자연세계로 파악한다. 그리하여 순자는 "사람은 하늘의 일에 영향을 줄 수 없고, 하늘도 사람의 일에 영향을 끼칠 수 없다"며 하늘과 사람의 역할 구분을 강조한다.

순자는 천지변화는 모두 자신의 운동법칙에 따라 운행되는 것이지 인간의 주관적 의지에 따라 개변되는 것이 아니라고 주장한다. 그러기에 그는 "하늘에는 영원불변한 하늘의 법칙이 있고, 땅에는 영원불변한 땅의 법칙이 있는 것"이라며, 이는 "요(堯)임금 때문에 존재하는 것도 아니고, 걸(桀)왕 때문에 없어지는 것도 아니다"라고 말한다. 또한 "농사에 힘쓰고 쓰는 것을 절약하면 하늘도 그런 사람을 가난하게 할 수 없고, 자신을 잘 보양하며 제때에 움직이면 하늘도 그런 사람을 병들게 할 수 없으며, 올바른 도를 닦아 도리에 어긋나게 행하지 않으면 하늘도 그런 사람이 재난을 당하게 할 수 없다"고 말한다. 다시 말하면 성군인 요(堯)가 다스릴 때나 폭군인 걸(桀)이 다스릴 때나 하늘은 언제나 시종일관 자신의 운행법칙을 따라 운행할 뿐 사람에 의해 어떠한 영향도 받지 않으며, 재앙이나 길흉 또한 하늘의 운행에 대한 사람의 대응 여하에 따른 결과일 뿐이라는 것이다.

또한 순자는 사회의 안정과 혼란은 자연현상과 직접적 관련이 없음에도 당시 사람들이 우연히 나타난 이례적인 자연현상을 장차 맞닥뜨리게 될 재앙의 징조로 여기는 것은 잘못된 인식이라며 "일식과 월식이 생기고 철에 맞지 않는 비바람이 일어나고, 괴상한 별이 나타나는 것은 어느 시대에나 늘 있었던 일"이라고 말하고, "일식과 월식이 일어나면 그 재난을 막는 의식을 행하고, 가뭄이 들면 기우제를 지내며, 점을 친 뒤에 큰일들을 결정하는 것은 그렇게 함으로써 바라는 것이 얻어진다고 생각해서가 아니라 그런 형식을 갖춤으로써 마음의 위안을 얻게 되는 것"이라고 주장한다.

순자는 길흉이란 사실 각기 자신이 초래한 것임을 강조하며 "농사와 같은 근본적인 생업이 황폐함에도 비용을 절약하지 않고 사치하면 하늘도 그를 부유하게 할 수 없으며, 양생을 소홀히 하고 운동을 등한시하면 하늘도 그를 온전하게 할 수 없으며, 올바른 도를 어기고 함부로 행동하게 되면 하늘도 그를 길하게 할 수가 없다"고 말한다. 그러므로 그런 사람은 "장마와 가뭄이 오기도 전에 먼저 굶주리게 되고, 추위와 더위가 닥치지 않아도 병이 나게 되며, 요사스럽고 괴이한 일들이 있기 전에 불행하게 된다"고 말한다.

그리고 이어서 "타고난 세월(時)은 잘 다스려지던 시대와 같은데도 맞닥뜨린 재앙과 불행은 잘 다스려지던 시대와 다른 것을 가지고 하늘을 원망해서는 안 된다. 그것은 하늘이 그렇게 한 것이 아니라 그의 행동방식이 그렇게 만든 것이기 때문"이라고 말한다. 즉 하늘은 언제나 어느 한편에 치우침이 없이 절대 공평하게 운행하는 것이므로 하늘을 원망하거나 괴이하게 여겨서는 안 된다고 주장한다.

순자는 하늘과 사람은 각기 독립적으로 존재하는 것이므로 사람이 하늘의 일에 영향을 끼치지는 못하지만 그렇다고 해서 하늘의 일에 대해 소극적으로 임할 것을 주장하지 않는다.

그는 오히려 하늘의 운행법칙을 탐색하여 인류의 발전에 기여할 수 있도록 하늘을 활용하는 일에 적극적으로 임할 것을 주장한다. 그러기에 순자는 "하늘을 위대하게 여기며 이를 사모하는 것과 만물을 비축하여 하늘을 제어하는 것은 어느 쪽이 더 낫겠는가? 하늘에 순종하며 이를 찬양하는 것과 천명을 제어하여 자기에게 유리하게 응용하는 것은 어느 쪽이 더 낫겠는가? 때를 바라보며 그것을 기다리는 것과 때에 응대하여 그것을 활용하는 것은 어느 쪽이 더 낫겠는가?"라는 물음을 제기하며 당시 사람들의 하늘에 대한 잘못된 인식의 일대 전환을 촉구한다. 순자에 의하면 만물을 다스리는 일을 버리고 하늘을 사모하는 것은 자신의 책무는 방기하고 하늘의 소임을 가로채려는 잘못된 처사라는 것이다. 그러므로 순자는 "하늘과 땅과 나란히 설 수 있는 소지(參)를 버리고, 하늘과 땅과 나란히 서는 상태만을 원한다면 그것은 잘못된 환상(惑)"이라고 말한다.

사람의 도의실천(道義實踐)은 본성의 발현이 아니라 학습의 산물이다

순자는 사람의 본성이 악을 행하는 경향이 있음을 지적하며 맹자의 성선설과 상반된 성악설을 주장함으로써 후세의 유학자들로부터 많은 비판을 받게 되었다. 그러나 그의 주장은 사람의 본성을 교화하여 선을 행하도록 하려는 것이지 사람의 가치를 본질적으로 부정하려는 것이 아니었다. 순자는 특히 경험적 사실에 근거하여 사람의 본성을 논하고자 한다. 그러기에 그는 "사람의 본성은 악한 것이며, 선한 것은 인위적 노력의 결과이다. 지금 사람들의 본성은 나면서부터 이익을 좋아하는데, 이것을 따르기 때문에 쟁탈이 벌어지고 사양의 마음이 사라지게 된다. 사람은 나면서부터 남을 질투하고 미워하는데, 이를 따르기 때문에 남을 해치고 상하게 하는 일이 생기게 되며, 충성과 신의가 없어지게 된다. 사람은 나면서부터 귀와 눈의 욕망이 있어 아름다운 소리와 아름다운 색을 좋아하는데, 이를 따르기 때문에 음란이 생겨나고 예의와 아름다운 법도가 사라지게 된다"고 말한다.

순자는 사람다운 사람이 되고, 올바른 세상을 이루기 위해서는 반드시 본성의 교화를 위한 교육이 필요하다고 주장한다. 그는 "사람의 본성을 따르고 감정을 좇는다면 필시 서로 다투고 뺏게 되며, 분수를 어기고 이치를 어지럽히게 되어 결국 난폭한 상황으로 귀결될 것"이라고 말한다. 그러므로 반드시 "스승과 법도에 따른 교화와 예의에 따른 교도가 있어야 하며, 그런 뒤에야 서로 사양하게 되고 아름다운 법도에 합당한 행동을 하게 되어 안정되고 잘 다스려진 상태로 귀결될 것"이라고 주장한다. 그리고 "옛날 성왕께서는 사람들의 본성이 악하기 때문에 편벽되고 음험하여 바르지 않고, 이치에 어긋나는 어지러운 짓을 해 다스려지지 않는다고 생각하였다. 그는 이를 해결하고자 예의를 만들고 법도를 제정하여 사람들의 감정과 본성을 길들이고 교화함으로써 바르게 인도하였다. 이렇게 하여 비로소 모두 잘 다스려지고 도리에 맞는 행동을 하게 된 것"이라고 주장하였다.

순자는 사람의 본성에 대한 맹자의 주장을 비판하면서 맹자가 "사람이 배우게 되는 것은 그 본성이 선하기 때문"이라고 말한 것에 대해 "그것은 사람의 본성을 제대로 알지 못하여 본성과 인위의 구별을 잘 살피지 못하였기 때문이라며 본성이란 하늘로부터 타고난 것이어서 배워서 행하게 될 수 없는 것이요, 노력으로 이루어질 수 없는 것"이라고 말한다. 그는 또한 예의에 대해서도 "성인이 만들어낸 것으로 배우면 행할 수 있고, 노력하면 이룰 수 있는 것"이라고 주장한다. 그래서 순자는 "배워서 행할 수 없고 노력해서 이룰 수 없는 것으로 사람에게 주어져 있는 것을 본성(性)이라 하고, 배우면 행할 수 있고 노력하면 이룰 수 있는 것으로 사람에게 있는 것을 인위(僞)라고 하는 것이다. 이것이 본성과 인위의 구분"이라며 맹자가 본성과 인위의 구분을 혼동하여 본성의 선함을 주장하게 되었다고 말한다.

순자는 "예로부터 오늘에 이르기까지 소위 선이란 도리에 맞고 평화롭게 다스려짐을 말하는 것이요, 소위 악이란 한쪽으로 빗나가 위험하고 도리에 어긋나 혼란스러워짐을 말하는 것"이라며, 선과 악을 다스려짐과 혼란스러워짐(治亂)의 문제와 결부시켜 설명한다. 그러면서 "지금 맹자는 '사람의 본성은 선하다'고 말하는데, 그 변론이 경험적 사실과 부합되지 못하고, 앉아서 말한 것을 일어나 실천할 수가 없고, 그것을 펴도 바로 시행할 수가 없으니, 어찌 그 잘못이 심하다고 하지 않을 수 있겠느냐?"고 반문한다. 그리고서 "이제 사람의 본성이 도리에 맞고 평화롭게 다스려진다면 성왕이 왜 필요하고, 예의가 무슨 소용이 있겠느냐"며 본성의 선함을 주장하는 맹자의 견해가 잘못된 것임을 역설한다. 즉 순자는 사람의 생득적인 여러 가지 욕망을 사람의 본성으로 이해하고, 이러한 욕망을 조절하여 안정된 사회질서를 구축할 토대가 되는 예(禮)를 후천적 인위의 학습을 통해 획득하게 되는 하나의 사회적 질서규범으로 파악하여 이를 매우 중시하였다.

이처럼 순자는 사람의 본성에 대한 견해에 있어 맹자와 상반된 입장을 보이지만 순자 역시 원하기만 하면 누구나 다 성인이 될 가능성이 있다고 주장하는 점에 있어서는 맹자와 입장을 같이한다. 즉 맹자는 사람은 태어날 때부터 인의예지(仁義禮智)의 사단(四端)을 갖추고 있기 때문에 이 사단을 충실히 확충시켜나가면 누구나 다 성인이 될 수 있다고 생각하고, "사람이면 누구나 다 요순(堯舜)임금과 같이 될 수 있다"고 말하였다. 순자 역시 사람의 본성은 본래 악한 취향을 갖고 있지만 또한 지능도 갖추고 있어, 이로써 사람을 선하게 이끌 수 있다고 여기고, "거리에 있는 사람도 누구나 다 우(禹)임금 같은 성인이 될 수 있다"고 주장하였다.

경험적 사실에 근거한 인식이라야 참된 인식이다

순자는 경험적 사실에 근거하지 않는 인식은 잘못된 인식이며, 옳고 그름의 논의와 판단 또한 경험적 사실에 근거해서 이루어져야 한다고 주장한다. 그는 "사람으로 하여금 그 무엇을 알게 하는 능력을 지(知)라고 하고, 이 앎과 그 실제 대상이 합치된 것을 지식(智識)"이라고 설명한다. 즉 인간의 인식과정에는 두 측면의 인식능력이 작용하게 되는데, 하나는 눈·귀와 같은 감각기관(天官)의 감지능력 작용이고, 다른 하나는 마음의 식별능력 작용이라는 것이다. 감각기관이 외물의 인상을 받아들이면 마음이 그것을 식별하여 거기에 의미를 부여하여 지식이 이루어지게 된다.

따라서 지식의 형성은 외물에 대한 감각기관의 감지작용을 통해 지(知)가 이루어지고, 이 지(知)가 마음의 식별작용을 통해 동류의 경험적 인식과 합치될 때 지식이 이루어지게 된다는 것이다. 그래서 순자는 "마음에는 외물을 받아들일 수 있는 지각(知覺)이 있다. 이 외물을 받아들일 수 있는 지각이 있으므로 귀를 통해서 그 소리를 들을 수 있게 되고, 눈을 통해서 그 형상을 알 수 있게 된다. 그러나 외물을 받아들이는 지각이 생기게 하려면 반드시 먼저 귀와 눈 등의 감각기관이 감지한 지(知)가 주어져야 한다. 그리고 마음이 이를 종류별로 나누어 기존의 지식과 맞춰 본 후에야 비로소 지각이 가능하게 된다. 그러므로 오관(五官)이 감지했어도 모르거나 마음이 외물을 지각했어도 말할 수 없다면 사람들은 그것을 알지 못한다(不知)고 말하지 않을 수 없다"고 말한다.

순자는 또한 불확실한 근거를 토대로 형성된 인식 역시 잘못된 인식이라고 말한다. 사물에 대한 관찰이나 판단에 있어서도 확실하게 설정된 일정한 기준이 있어야 정확하게 관찰하고 판단할 수 있는데, 이는 마음의 맑고 밝음(淸明)에서 얻어진다고 한다. 그러기에 그는 "내 마음이 분명하지 않으면 곧 그렇고 그렇지 않음을 결정할 수가 없다"고 말하면서 "사람들은 무엇으로 도(道)를 알게 되는가? 그것은 마음으로 알게 되는 것이다. 마음은 어떻게 도를 아는 것인가? 그것은 마음이 텅비어 한결같고 고요해짐으로써 알게 되는 것"이라고 설명한다. 즉 지나친 욕심이나 잡념을 제거하고 마음을 텅 비워 한결같이 고요함의 상태를 유지해야 사물에 대한 정확한 관찰과 올바른 판단이 이루어지게 된다는 것이다. 다시 말하면 마음이 맑고 밝아야 사려작용이 제대로 이루어지게 되고 올바른 인식이 형성된다는 것이다.

순자는 또한 많은 사람이 잘못된 주장을 하게 되는 것은 각자 자신의 이해득실이나 욕망에 사로잡혀 마음이 가리어지고 막혀서 온전하게 작동되지 않기 때문이라고 한다. 따라서 그는 사람들의 마음을 가리거나 막고 있는 것을 제거해야 올바른 인식이 형성되고, 정확한 논리가 정립되어 세상이 올바르게 된다고 주장한다. 올바른 사회를 만들기 위해서는 정확하고 올바른 논리가 먼저 정립되어야 함을 주장한 것이다. 이러한 입장에서 순자는 명칭의 사용에 윤리적 기능과 논리적 기능이 동시에 복합적으로 작용하고 있음에 특별히 주목한다. 그러기에 그는 명칭의 기원과 기능에 대해 "명칭이란 사실을 지시하기 위해서 만들어졌다. 그리하여 위로는 귀천(貴賤)을 밝히고, 아래로는 동이(同異)를 가려낸다"라고 설명한다. 즉 명칭은 한편으로는 윤리적인 이유에서, 다른 한편에서는 논리적인 이유에서 만들어졌다는 것이다.

예(禮)는 법의 근본으로
사회질서와 국가통치의 준칙이다

건강미의 추구와 개성의 함양을 이상적 인격배양의 중요한 방법으로 보았던 고대 그리스인들과는 달리 순자는 이상적 인격실현을 위한 중요한 방법으로 예악(禮樂)교육을 매우 중시하였다. 이것은 사실 자기의 욕망을 채우고자 하는 사람의 본성을 교화하여 선을 행하도록 교육해야 함을 강조하는 그의 인성론의 논리적 연장에서 제기되는 주장이다. 순자는 먼저 악한 본성을 가진 사람이 어떻게 도덕적으로 선하게 될 수 있을까에 대한 답을 제시하면서 예악(禮) 정립의 당위성을 주장하게 된다.

순자는 예의 기원에 대해 "예(禮)는 어떻게 이루어지게 되었는가? 사람은 태어나면서부터 그 무엇인가를 하고자 하는 욕구를 가지고 있다. 이 욕구가 충족되지 않는다 하여 추구하지 않을 수는 없다. 그런데 추구하되 도량과 분계가 없으면 다투지 않을 수 없고, 다투면 혼란해지고, 혼란해지면 만사가 궁핍하게 된다. 선왕은 이 혼란을 싫어하였기 때문에 예의를 제정하여 그 한계를 분명히 하였다"라고 말한다. 그리고 이어서 "백성들은 같은 물건을 갖고 싶어 하기고 하고, 또 싫어하기도 한다. 욕구는 많고 물건은 적다. 물건이 적기 때문에 반드시 투쟁이 생기게 되는 것"이라고 말한다.

사람은 무리(사회)를 이루며 살아가게 되는데, 다투지 않고 모두 함께 공존하려면 최소한의 욕구를 충족시키는 상태에서 만인에게 제한이 부가되어야 한다. 예(禮)의 기능은 바로 모두가 공존할 수 있도록 최소한의 욕구를 충족시키는 그 한계를 수립하는 것이다. 그렇다면 사람들은 왜 무리를 지어 살아야 하는 것일까? 그 이유는 사람이 보다 나은 생활을 영위하기 위하여 상호 협력해야하기 때문이다. 그러기에 순자는 "한 사람을 양육시키기 위하여 여러 기술자들이 만들어 놓은 물건이 필요하다. 그리고 아무리 유능한 사람이라도 모든 기술을 다 겸할 수는 없으며, 또 한 사람이 모든 관직을 다 겸할 수도 없다. 그런데 백성들이 제각기 따로 떨어져 살면서 서로 돕지 않으면 빈궁해질 것"이라고 말한다. 그는 사람이 다른 동물에게 당하지 않으려면 단결할 필요가 있다며 "사람이 화목하면 단결하고, 단결하면 보다 큰 힘을 가지게 되고, 큰 힘을 가지면 강력해지고, 강력해지면 다른 동물을 이길 수 있다"고 말한다. 그런데 이러한 사회조직을 유지하기 위해서는 사람들의 본성적 욕구를 규제하는 행위규범으로서의 예(禮)가 반드시 필요하다. 예가 있어야 윤리도덕이 존재하고 사회질서가 유지된다.

또한 순자는 다른 측면에서 예의 기원에 대해 설명하기를 "사람이 사람 노릇할 수 있는 까닭은 단지 그가 두 다리가 있다는 것과 털이 나지 않았다는 것 때문이 아니라 인류을 가릴 줄 알았기 때문이다. 금수에게는 부자는 있어도 부자간의 친애는 없으며, 암수는 있으나 남녀의 구별은 없다. 따라서 인도(人道)에는 변별이 있지 않을 수 없고, 변별은 사회의 구분보다 더 훌륭한 것이 없으며, 또한 사회의 구분은 예(禮)보다 더 훌륭한 것이 없다"고 하였다. 여기에서 순자는 금수(禽獸)에게 어미와 새끼가 있고, 암컷과 수컷이 있다는 것은 자연세계에서의 상호관계인 반면에 인간세계에 있어 부자나 부부간의 인류관계는 인간의 문화적 소산임을 강조하며 자연세계와 인간세계의 상호관계를 구분하여 설명하고 있다. 그에 의하면 사람이 예를 갖추게 된 이유는 사람이라면 마땅히 그렇게 해야 하기 때문이라는 것이다.

순자는 예에 인간의 감정을 순화시키고 정화시켜 주는 문식(文飾) 기능이 있다고 말한다. 따라서 그는 "상례(喪禮)란 살아있는 사람이 죽은 사람을 꾸미는 일이다. 그래서 그가 마치 살았을 때 섬겼듯이 죽어서도 그렇게 떠나보내는 것이다. 그러므로 죽은 것 같으면서 산 것 같고,

없어진 것 같으면서 있는 것 같아, 끝이나 처음이나 모두 한결같이 한다. 그러므로 상례는 별다른 것이 아니라 생사의 의의를 밝히고 죽은 이를 슬픔과 존경으로서 보내고 마침내는 주밀하게 잘 묻어주는 것"이라고 말한다. 또한 제례(祭禮)에 대해서도 "제례는 죽은 사람을 마치 산 사람처럼 섬기며, 없는 것을 마치 있는 것처럼 섬기는 데 있다. 그들이 섬기는 대상은 모습도 그림자도 없으나 이는 사람의 정감을 아름답게 꾸며준다"고 하였다.

인간의 마음은 지성적인 면과 정서적인 면을 아울러 가지고 있다. 자기와 가까운 사람이 운명하였을 때 이것을 지성적으로 생각하면 죽은 자는 죽은 자일 뿐 죽은 자의 영혼이 존재함을 증명할 길은 없다. 따라서 지성적인 측면에서 보면 상례나 제례는 필요가 없다. 그러나 인간의 삶에는 지성적인 면과 정서적인 면이 함께 존재한다. 따라서 우리는 지성적인 만족만이 아닌 정서적인 만족도 아울러 필요로 한다. 순자에 의하면 상례나 제례도 종교적인 의식이라기보다는 음악처럼 사람의 정감을 아름답게 꾸며주는 정서순화의 방편인 것이다.

| 현대에서 이 저서의 의미와 가치 |

순자는 그가 활동했을 당시의 혼란스런 난국상황을 타개하고 안정되고 평화로운 새 세상을 열기 위해서는 잘못된 사고와 견해를 제거하고 올바른 판단과 인식을 정립하는 일이 무엇보다 먼저 이루어져야 한다고 생각하였다. 따라서 그는 당시의 많은 학파의 이론을 실제적 사실에 근거하여 비판적으로 검토한 후 그의 사상을 종합적으로 정립함으로써 그 이전의 유가와는 다른 혁신적 견해를 내놓게 되었다. 그러나 근본적으로는 순자 역시 맹자와 마찬가지로 "자기를 극복하고 예

(禮)를 실천하는 것이 바로 인(仁)"(克己復禮爲仁)이라는 공자의 학설을 충실하게 계승한 사람이었다. 다만 사람의 본성이 본래 악하기 때문에 예로써 이를 교화해야 인(仁)의 도(道)를 실천할 수 있다고 생각하여 예(禮)를 강조한 것이 맹자와 다른 점이다.

순자는 사람의 본성이 본래 악한 것이라고 말함으로써 피상적으로는 인간의 본질을 근본적으로 부정하는 것처럼 보이지만 사실 그야말로 인간은 누구나 예의 학습을 통해 본성의 악함을 교화하여 선을 행할 수 있으며, 따라서 사람은 누구나 모두 성인이 될 수 있는 위대한 존재임을 역설했던 적극적 인문주의 사상가였다. 또한 순자는 경험적 사실에 입각하여 옳고 그름을 판별하고, 당시의 여러 학설을 종합하여 실제적 인식의 토대 위에서 비판적으로 검토한 후 보편타당한 자신의 철학을 정립하고자 노력했던 객관적 합리주의 사상가였다.

순자의 그러한 객관적 합리주의 사상은 그의 제자였던 한비자(韓非子), 이사(李斯) 등의 법가에 전수되었고, 이 법가사상은 진시황제(秦始皇帝)에 의해 수용되어 혼란스러웠던 전국시대(戰國時代)를 마감하고 대일통의 제국시대의 서막을 여는 원동력이 되었다. 결국 순자의 철학은 춘추전국 시대의 긴 세월 동안 지속되었던 격동의 혼란기를 마감케 하는 사상적 원천이 된 것이다. 『순자』에는 그러한 순자의 실제적 합리주의 사상이 비교적 명료하게 잘 나타나 있다. 오늘날 우리가 당면하고 있는 여러 가지 현실적 문제를 해결함에 있어 『순자』의 실제적 인식, 실용적 견해, 합리주의적 비판 등은 그 시사하는 바가 클 것으로 생각된다.

책의 내용 가운데 중요한 구절 소개

"하늘을 위대하게 여기며 이를 사모하는 것과 만물을 비축하여 하늘을 제어하는 것은 어느 쪽이 더 낫겠는가? 하늘에 순종하며 이를 찬양하는 것과 천명을 제어하여 자기에게 유리하게 응용하는 것은 어느 쪽이 더 낫겠는가? 때를 바라보며 그것을 기다리는 것과 때에 응대하여 그것을 활용하는 것은 어느 쪽이 더 낫겠는가?"(491쪽)

"사람의 본성은 악한 것이며, 선한 것은 인위적 노력의 결과이다. 지금 사람들의 본성은 나면서부터 이익을 좋아하는데, 이것을 따르기 때문에 쟁탈이 벌어지고 사양의 마음이 사라지게 된다. 사람은 나면서부터 남을 질투하고 미워하는데, 이를 따르기 때문에 남을 해치고 상하게 하는 일이 생기게 되며, 충성과 신의가 없어지게 된다. 사람은 나면서부터 귀와 눈의 욕망이 있어 아름다운 소리와 아름다운 색을 좋아하는데, 이를 따르기 때문에 음란이 생겨나고 예의와 아름다운 법도가 사라지게 된다."(657-658쪽)

생각거리

1 순자는 공자의 학설을 어떻게 계승하고 어떻게 발전시켰는가?

2 "천명을 제어하여 유리하게 응용한다"(制天命而用之)라는 순자의 주장을 어떻게 생각하는가?

3 맹자 인성론과 순자 인성론의 같은 점과 다른 점은 무엇인가?

• 번역서

순황(荀況), 『순자』(荀子), 김학주 옮김, (주)을유문화사, 2001.

• 필자 소개: **김학권**

고려대학교 철학과를 졸업하고, 동대학원에서 동양철학을 전공했으며, 대만 문화대학 대학원 철학과에서 철학 박사학위를 취득하였다. 중국 북경대학 철학과 객원교수, 원광대학교 인문대학 학장, 원광대학교 대외협력처장을 지냈으며 한국주역학회 회장, 범한철학회 회장, 대한철학회 회장, 국제역학연합회 부회장, 한국공자학회 회장 등을 역임하였다. 현재 원광대학교 철학과 교수로 재직하고 있다. 저서로는 『주역의 현대적 조명』(공저), 『주역의 근본원리』(공저) 등이 있으며, 번역서로는 『주역산책』, 『주역의 건강철학』, 『역학철학사』 등이 있다. 연구논문으로는 「역경지천인관계연구」(易經之天人關係研究)를 비롯해 다수가 있다.

선과 악의 모순 속에서
인간성의 본질을 묻다

에리히 프롬, 『인간의 마음』

이 상 범

| 작가 소개 |

　에리히 프롬(Erich Fromm)은 1900년 3월 23일 프랑크푸르트의 한 유대인 가정의 외아들로 태어났다. 1918년에 김나지움을 졸업한 그는 프랑크푸르트 대학교에서 두 학기 동안 법학을 공부한 후 철학으로 전공을 바꾸며 하이델베르크 대학으로 옮긴다. 그곳에서 프롬은 심리학, 사회학, 철학을 함께 공부했고 1922년에 알프레드 베버(Alfred Weber) 교수의 지도 아래 사회학 박사 학위를 취득했다. 이때 프롬은 마르크스의 사회학에 관심이 있었지만 인간 심리의 변화를 오직 사회의 경제적 구조의 변화로부터 도출하고자 하는 마르크스주의에 의심을 품으며 프로이트주의로 전향

한다. 1926년부터 1929년까지 본격적으로 정신분석을 공부한 그는 1930년부터 프랑크푸르트 사회학 연구소에 부설된 정신분석연구소에서 활동한다. 이 시기에 마르크스의 사회학을 프로이트의 정신분석학의 관점에서 해석하는 그의 사상의 사회심리학적 특징은 보다 분명해진다.

1933년 프랑크푸르트 사회연구소는 나치에 의해 폐쇄된다. 이 시기 프롬은 시카고 정신분석연구소의 초청으로 미국에 가는 동시에 망명을 하며, 1934년부터는 뉴욕의 콜롬비아 대학의 사회연구소에서 연구를 지속한다. 이 대학에서 프랑크푸르트학파는 재개되지만 프롬은 동료들과의 불편한 감정으로 인해 더 이상 그들의 공동연구에 참여하지 않으며, 1939년에는 연구소를 탈퇴한다. 이후 그는 멕시코와 미국에서 다양한 연구 활동을 지속하며 『자유로부터의 도피』(*Die Furcht vor der Freiheit*, 1941), 『사랑의 기술』(*Die Kunst des Liebens*, 1956), 『인간의 마음』(*Die Seele des Menschen*, 1964), 『소유냐 존재냐』(*Haben oder Sein*, 1976) 등을 비롯한 많은 저서들을 발표한다. 프롬은 말년까지도 연구 활동을 계속하며 세계적으로 인정받는 철학자이자 저술가로서의 삶을 살아간다. 그러던 1980년 3월 18일 아침, 80세의 프롬은 심장마비로 스위스 무랄토(Muralto)의 자택에서 세상을 떠났다. 그의 모든 저작과 유고들은 1978년 자신의 지도 아래 박사 학위를 취득하고 이후 연구보조로 활동했던 정신분석가 풍크(Rainer Funk)에 의해 발간되었다.

| 책 내용 소개 |

인간은 양인가 늑대인가?

프롬은 자신의 저서 『인간의 마음. 선과 악을 향한 마음의 능력』(*Die*

Seele des Menschen. Ihre Fähigkeit zum Guten und zum Bösen, 1964)에서 선과 악의 모순, 다시 말해 '선'(Gut)과 '악'(Böse)의 경계에 선 인간에 대한 물음을 제기한다. 인간의 본성에 대한 프롬의 물음은 근본적으로 다음과 같은 의문으로부터 시작한다. "사람은 늑대인 동시에 양일까? 아니면 늑대도 아니고 양도 아닐까?" 여기서 늑대와 양은 인간의 마음 속에 존재하는 선함과 악함의 성향과 그 무의식적 동기, 즉 이러한 행동을 가능하게 하는 내면의 역동적 힘을 탐구하기 위한 일종의 비유이다. 그렇다면 프롬은 왜 이 책에서 선과 악에 대한 개념적 탐구가 아니라 양과 늑대라는 비유를 사용하는 것일까? 그 이유는 프롬에게 있어 선과 악은 그 자체로 존재하는 가치가 아니라 매 순간 인간의 내-외적 존재조건의 변화로부터 도출되는 인간적 성향이기 때문이다.

프롬의 인간이해를 담고 있는 이 비유를 이해하기 위한 열쇠는 책의 첫 페이지에 제시되어 있다. "사람을 양이라고 믿는 사람들이 많다. 한편 사람을 늑대라고 믿는 사람들도 있다. 쌍방은 자기 자신의 처지에 유리한 논거를 모을 수 있다." 그의 이 말은 사람은 양일 수도 있고 늑대일 수도 있다는 양가적인 관점을 함의하고 있다. 하지만 그가 짧은 이 글을 통해 전달하고자 하는 중요한 사실은 바로 선(양)과 악(늑대)은 인간의 잠재적 요인이라는 것과 더불어 '자기 자신의 처지'에 따라서, 즉 자신의 내-외적(심리적-사회적) 조건에 의해 변화될 수 있다는 것이다. 프롬이 사회와 인간의 유기적 관계를 증명하기 위해 제시하는 방식은 사회주의, 자본주의 등의 이데올로기와 같이 사회 역시 하나의 성격을 가지고 있으며, 사회의 이러한 성격은 곧 모든 인간에게 특정한 삶의 목표와 양식을 요구한다는 것이다. 하나의 예로 직업이 자기실현의 증표임과 더불어 사회가 요구하는 조건들의 수용이기도 하듯이, 사회는 인간에게 삶의 목표를 부여하기도 하지만 이를 위해 특정한 삶의 양식이나 인간성을 요구하기도 한다.

이렇듯 사회란 인간의 사회적 본성이 만들어 낸 규칙이기도 하지만 강력한 사회적 요구를 통해 인간의 마음을 가두는 범주이기도 하다. 사회와 인간의 이러한 내재적 관계를 읽어내기 위해 프롬은 '사회심리학'(Sozialpsychologie)이라는 새로운 방법론을 사용한다. 사회학(마르크스)을 심리학(프로이트)의 영역으로 확장시켜 바라보는 프롬의 사회심리학은 인간은 사회적 존재이기 이전에 하나의 '개체'일 수밖에 없다는 사실로부터 출발한다. 휴머니즘에 대한 그의 커다란 관심에서 알 수 있는 것처럼 프롬의 사상적 탐구의 시작은 사회 그 자체가 아니라 사회를 구성하는 개체로서의 '인간'이다. 이런 그에게 인간 본성에 대한 규명은 보다 건강한 사회의 건설을 위해 풀어야 할 사상적 과제일 수밖에 없었다.

사회심리학의 관점에서 인간은 선과 악을 동시에 품고 있는 모순존재이자 늑대와 양 사이에서 끊임없이 헤매는 갈등존재이다. 프롬은 늑대와 양의 경계에 선 인간의 근본적인 모순을 이해하기 위해 다음과 같은 물음을 제기한다. 만약 인간이 양이라면 왜 인간은 순진한 양의 모습으로 생활하지 못하는 것일까? 왜 인간은 비인간적 전쟁을 통해 피로 쓰인 자기 파괴의 역사를 만들어 온 것일까? 그렇다면 "히틀러 혼자 수백만 유대인을 전멸시켰을까?" 이 물음에 대한 프롬의 답은 명확하다. 히틀러는 혼자가 아니었으며 자신의 뜻을 받들어 행했던 양과 같은 수천 명의 추종자가 있었다. 이와 반대로 인간을 늑대로 가정하면 도대체 인간은 왜 늑대이면서 자신을 억압하는 지도자에게 늑대처럼 저항하지 않는가? 라는 의문이 남게 된다. 프롬의 이러한 견해가 중요한 이유는 인간을 절대적 선과 악의 형이상학적 이원론의 지평 위에서 이해하고 있지 않다는 것이다.

인간을 선과 악의 경계에 세우다

프롬의 인간이해는 선과 악, 그 어느 측면에도 기울어있지 않다. 이 말은 곧 인간은 선과 악의 경계에 서있다는 것을 의미한다. 프롬에게 있어 인간이 서있는 이러한 실존의 경계는 그 스스로 선과 악의 잠재적 모순을 극복함으로써 악을 지양하고 선을 행할 수 있는 선택의 경계, 즉 삶의 주체가 될 수 있는 실천적 변화 가능성의 경계이다. 이를 보증하기 위해 그는 '정위'(Orientierung)라는 개념을 사용한다. 정위란 하나의 방향을 설정하고 이를 지향하며 행하는 실천의 의미를 내포하고 있다. 여기서 중요한 것은 "생명 현상이 언제나 그렇듯이 어떤 경향이 더 강해서 그 사람의 행동을 결정짓는가 하는 점이지 두 가지 정위 가운데 하나가 전혀 없거나 완전하다는 것을 뜻하지는 않는다"는 것이다.

모순적 인간은 경계에 설 수밖에 없지만, 이때 경계는 가장 자유로운 선택의 장소이기도 하다. 이 경계에서 인간은 매 순간 자기 행동에 대한 방향을 선택해야만 하는 기로에 서게 된다. 이때 삶에 대한 사랑을 실천할 수 있는 심리학적 근거는 바로 삶에 대한 증오와 무관심이 아니라 사랑과 관심이다. 프롬이 전쟁 중에 핵무기를 발사하는 행위가 의식적으로는 명령에 대한 충실한 이행일 수도 있지만, 핵무기에 의해 사라질 수많은 생명에 대한 책임 이면에서 '삶에 대한 심각한 무관심'을 발견해야만 한다고 말하는 것은 이 때문이다. 이에 대한 하나의 예로 아이히만(Adolf Eichmann)이 명령에 의해 수천 명의 유대인을 태운 기차를 아우슈비츠로 보냈던 충실한 복종의 이면에는 더 이상 유대인을 자신과 동일한 사람과 삶으로 이해하지 않는 생명에 대한 무관심이 내재해 있다는 프롬의 심리학적 진단은 정당하다. 삶에 대한 증오와 무관심 속에서 인간은 늑대일 수밖에 없다. 하지만 증오와 사랑, 관심과 무관심이라는 변화 가능성의 경계에서 인간은 양일 수 있는 것이다.

선과 악의 경계는 성장과 쇠퇴의 경계이다

프롬이 탐구하고자 했던 것은 단순히 선한 인간과 악한 인간의 유형학적 구분이 아니라, '어떻게 인간은 선한 인간으로서 선한 행위를 하기도 하며 또한 철저하게 그 반대가 되기도 하는가?'라는 구체적인 물음에 대한 답이었다. 양이 선한 힘으로 규정될 수 있는 것은 그 이면에 선한 가치를 추구하고자 하는 힘이 작용하고 있기 때문이다. 역으로 선한 가치를 추구해왔음에도 불구하고 부정적인 힘의 역학으로 선에 적대적인 악의 힘으로 분출되기도 한다. 선과 악, 양과 늑대는 바로 내재적 힘의 역학에 의해 좌우된다. 각 개인의 삶은 삶을 사랑하는 힘과 삶을 사랑하는 힘을 저지하며 굴복시키려는 죽음의 힘이 끊임없이 싸우는 전쟁터인 것이다.

히틀러와 그를 숭배했던 수많은 추종자들, 다시 말해 악을 행했으며 또한 의심의 여지없이 그 악을 대신했던 그들의 삶의 태도들은 동일한 내재적 성향을 토대로 하고 있다. 프롬은 악을 행했던 자들의 공통적 성향들을 '쇠퇴의 증후군'(Verfallssyndrom)으로 총칭하며, '죽음에 대한 사랑', '악성 자아도취', '공생적–근친상간적 고착' 등과 같은 구체적인 증상들을 통해 설명한다. 이에 반해 '삶에 대한 사랑', '사람에 대한 사랑', '독립성'으로 대변되는 '성장의 증후군'(Wachstumssyndrom)은 인격의 성장을 대변하는 개념들로서 모든 인간의 실존적 건강을 위해 제시된다.

1) 죽음에 대한 사랑과 삶에 대한 사랑

프롬은 인간의 내적 본성과 외적 행위를 설명하기 위해 '죽음에 대한 사랑'(die Liebe zum Toten/necrophilia)과 '삶에 대한 사랑'(die Liebe zum Lebendigen/biophilia)이라는 개념을 제시한다. 그는 이 두 개념을 통해 사회적으로 표출된 인간의 파괴성과 폭력성을 드러내는 가학증의 증상을 다룬다. 프롬은 가학증을 파괴를 위해 파괴를 일삼는 행위로 규정한다. 하지만 그는 이 증상을 개인의 능동적 작용으로 여기지 않는다. 오히려 외적 작용에 의한 수동적 반작용으로 이해한다. 예를 들어 삶에 대한 실망과 상처 속에서 자신의 무력함을 느끼는 사람은 이에 대한 보상을 원하게 된다. 그리고 보상은 1) 힘을 가진 지도자나 집단에 복종하고 동화함으로써 해소되기도 한다. 마치 평화를 위해 전쟁을 허용하는 것처럼 말이다. 그리고 2) 자신이 지닌 파괴적 힘을 타자를 향해 사용하는 것이다. 이러한 보상적 폭력은 삶에 대한 사랑 안에서 자신만의 의미와 가치를 창조할 수 없는 내면의 무력함의 표출일 뿐이다.

찬란한 문명의 발전에도 불구하고 여전히 삶에 대한 절망감과 무력함 그리고 이 감정의 가학증적 표출은 사라지지 않았다. 오히려 현대의 가학증은 새로운 옷을 입은 듯 다른 모습을 취하고 있을 뿐이다. 프롬이 가학증을 문제시하는 이유는 바로 이 증상이 생명에 대한 지배와 우월감으로 대변되는 죽음에 대한 사랑의 토대가 되기 때문이다. 그가 가학증을 생명을 생명이 없는 무기물로 만듦으로써 지배하고 통제하고자 하는 질병으로 이해하는 것은 이 때문이다. 우리가 뉴스를 통해 자주 듣게 되는 폭력과 살인, 동물 학대 등의 사건들은 모두 생명을 사물로 간주하기 때문에 일어날 수 있는 것들이다. 이러한 현상의 이면에서 프롬은 '죽음에 대한 사랑'을 읽어낸다.

죽음을 사랑하는 자들은 자기 자신을 비롯하여 그 어떤 것과도 생명으로서 '관계'하지 못하고 죽은 사물들과 관계할 뿐이다. 중요한 것은 자신을 사물로 여기는 사람은 자신 역시도 차가운 사물의 통치를 받을 수밖에 없다는 것이다. 생명의 세계에 살고 있으면서 사물의 법칙에 순종하는 현대의 인간들을 프롬은 '기계적 인간'(Der homo mechanicus), '자동 인형적 인간'(Der Automatenmensch), '소비적 인간'(Der homo consumens)으로 표현한다. 스마트폰으로 긴 시간을 보내는 우리의 일상 역시 생명이 없는 사물에 탐닉하는 기계적 생활의 단면으로 볼 수 있다. 이에 반해 삶을 사랑하는 사람은 생명과 관계하며 삶을 살아간다. 그는 생명이 없는 사물에 의존하는 소비와 소유 중심의 삶 속에서 자신의 고유한 존재성을 상실하지 않는다.

2) 개인적 자아도취와 사회적 자아도취

'개인적 자아도취'(der individuelle Narzißmus)와 '사회적 자아도취'(der gesellschaftliche Narziß mus)의 문제에서도 프롬의 문제의식은 동일하게 유지된다. 나르시시즘 또는 자기애(自己愛)라는 정신분석학의 개념에서 유추할 수 있는 것처럼, 자아도취는 부분 혹은 전체(예를 들어 자신의 특정한 능력, 신체 부분, 자식에 대한 부모의 애착 혹은 자신이 속한 집단)에 대한 자기중심적 사고를 바탕으로 행해지는 타자에 대한 이해의 결여증상을 내포한다. 프롬의 표현처럼 자아도취적인 사람은 자신의 현실이 타인의 현실과 다를 수밖에 없다는 사실을 알지 못하는 관계불능의 병을 앓고 있는 자이다. 이 병의 증상은 강한 차별의식 속에서 타자에 대한 부정으로 드러난다. 자기 자신 혹은 자신의 집단만이 우월하며 그 외의 다른 개인과 집단들은 열등한 것으로 평가하는 자아도취는 죽음에 대한 사랑과 다르지 않다.

이와 관련하여 프롬은 '자아도취의 병리학'(Die Pathologie des Narziß mus)으로 명명한 자신의 방법론을 통해서 자기팽창, 과대망상, 민족주의, 인종차별과 같은 악의 행위 이면에 흐르는 심리적 동인으로서 자아도취의 개인적-집단적 특성에 대한 탐구를 시도한다. 그가 지적하는 자아도취의 위험성은 '합리적 판단의 왜곡'이다. 자아도취는 자신의 애착대상에 대하여 객관적인 가치 판단(좋다, 아름답다, 현명하다 등)을 하지 않는다. 단지 그것은 "나 이거나 나의 것이기 때문에 가치가 있다"는 편견과 과대망상에 바탕을 두고 있을 뿐이다. 프롬은 자신과 자신의 것을 제외한 모든 것들을 과소평가하는 이러한 '자기 팽창'(self-inflation)의 증상을 '이성과 객관성에 대한 손상'이라고 진단한다. 여기서 프롬은 히틀러를 이러한 증상으로 인해 파멸에 이른 인간으로 지적한다.

프롬이 두 번째로 시도하는 개인적 자아도취에 대한 탐구는 이를 양성과 악성으로 구분하는 것이다. 1) 양성은 말 그대로 자아도취의 긍정적인 측면을 의미한다. 프롬에 의하면 양성 형태의 자아도취는 애착의 대상을 자기 자신의 노력에 의한 결과로 이해한다. 예를 들어 목수, 과학자, 농부가 자신의 한 일에 대해 갖는 일종의 자부심 같은 것이다. 2) 악성 형태의 자아도취는 애착의 대상이 자신의 창조적 산물이 아니라 자신의 몸, 건강, 재산 등과 같은 소유물에 대한 도착증적 증상으로 드러난다. 중요한 것은 이 소유물들은 개인적 성취의 결과가 아니라 자신이 가진 어떤 성질에 의한 우월감이기 때문에 다른 사람들과 관계를 가지기 위해 노력할 필요가 없다는 것이다. 그는 단지 자신만의 자아도취적 세계 속에서 자신의 위대한 모습을 유지하기만 하면 된다. 하지만 문제는 자신의 위대함과 우월감을 유지하기 위해 그는 끊임없이 자아도취적 충전을 해야만 한다는 것이다.

개인적 자아도취에 내재된 위험성은 이미 히틀러와 같은 병적인 지도자와 추종자들의 예를 통해서 제시된 것처럼 집단적 자아도취로 변화하는 현상 속에서 보다 큰 위험이자 질병으로 드러난다. 프롬은 이러한 현상을 '집단적 자아도취의 사회학적 기능'이라고 표현한다. 자아도취적 집단은 집단의 생존을 위한 에너지를 필요로 한다. 이때 그

에너지는 집단의 우월감을 자신의 생명만큼이나 중요하게 여기거나 오직 자신의 집단만이 올바르고 우월하다는 자아도취로부터 발생하는 일종의 우상숭배와 같은 에너지인 것이다. 물론 집단적 자아도취 역시 개인적 자아도취와 마찬가지로 양성과 악성으로 구별된다. 양성의 경우는 집단적 자아도취의 대상이 구성원들과 집단의 노력과 성취에 따른 유기적 발전이다. 문제가 되는 것은 악성이다. 프롬은 집단적 자아도취의 악성 형태를 히틀러 시대에 존재했던 '인종적 자아도취'와 더불어 교회를 믿는 것만이 구원을 받는 유일한 기회로 여기는 '종교적 자아도취'를 예로 들어 설명한다.

그렇다면 프롬은 이토록 무서운 자아도취적인 증상으로부터의 해방을 위해 어떤 치유의 양식을 제시하는 것일까? 이에 대하여 프롬은 다음과 같이 말한다. "인간이 완전히 성숙하려면 개인적 자아도취든 집단적 자아도취든 간에 자아도취로부터 완전히 벗어나야 한다." 하지만 그의 이 말은 여전히 하나의 구체적인 방법을 요구하게 만든다. 프롬 역시 그 방법이 쉽지 않다는 것은 인정한다. 그래서 그는 이러한 실존의 재난을 피하기 위한 최선의 방법을 검토한다. 그것은 1) 각자의 자아도취적 에너지를 억압하지 않고 그 에너지의 대상을 바꾸는 것이다. 이 방법은 자신의 내적 에너지를 반영하는 관점의 변화와 확장을 의미한다. 즉 스스로를 한 인종으로서, 한 국가의 국민으로서가 아니라 세계의 시민으로서 경험하며 자신의 애착 대상을 한 민족, 인종, 정치체제로 국한하지 않고 인류를, 즉 모든 인간을 가족 대상으로 삼는 것이다. 2) 양성 자아도취의 특징에서 이미 살펴보았듯이 추구해야만 하는 성취를 한 집단, 한 계급, 한 종교가 아니라 모든 인류를 위한 공통된 과제를 위해 노력하는 것이다.

3) 근친상간적 공생

지금까지 삶에 대한 사랑과 성장을 저해하는 두 가지 극단적 성향을 살펴보았다. 마지막 세 번째 정위의 주제는 '근친상간적 공생'(die inzestuöse Symbiose)으로 이 증상 역시 악성 형태에 있어서는 위의 두 정위와 같은 결과를 초래한다. 우리는 이미 '공생'이라는 단어의 의미에 대하여 알고 있다. '서로 도우며 함께 산다'라는 의미를 지닌 공생(유대, 애착)이 삶의 사랑과 성장을 저해하는 악성형태의 성향이라는 사실이 가벼운 이해로 다가오지 않는다. 하지만 위에 논의된 죽음에 대한 사랑과 자아도취라는 두 가지 악성 성향과의 비교 아래 '근친상간적 고착'(die inzestuöse Bindung)이 가진 심각성은 분명하게 드러난다. 1) 죽음에 대한 사랑과 자아도취의 공통된 증상은 자신을 비롯한 다른 생명과의 관계가 단절되었다는 것이었다. 2) 또한 다른 생명과 관계를 맺는 것이 오히려 삶의 위협으로 인식되었다. 3) 하지만 근친상간적 고착은 바로 지나친 의존 관계, 다시 말해 단순히 어머니에 대한 강한 유대감을 넘어선 '고착'의 증상이라는 것이다.

그렇다면 어머니에 대한 근친상간적 고착이 문제가 되는 이유는, 이 증상은 스스로 자기 삶의 독립적 자유와 성장의 가능성 그리고 자신의 삶을 살며 마땅히 짊어져야 할 책임감을 거부하는 일종의 퇴행이기 때문이다. 인간은 퇴행하면 할수록, 다시 말해 의존하면 할수록 그의 삶은 더욱 공포로 가득 차고 그럴수록 그는 더욱 의존할 수밖에 없다. 프롬은 퇴행의 정도에 따라 다음과 같은 몇 가지 병리적 요소들을 도출한다. 1) 이성 및 객관성과의 갈등이다. 즉 자아도취의 대상이기도 한 어머니에 대한 관념이 가족, 민족, 인종으로 확장될 때에는 집단적 자아도취의 악성형태와 같은 결과가 유발된다. 2) 객관적 판단의 상실로 인해 근친상간적 고착의 인간은 오직 같은 민족, 종교, 인종을 공유한 사람만을 인정하기 때문에 다른 사람을 충분히 경험하거나 건강한 관계를 맺을 수 없다. 3) 독립성의 상실이다. 그는 언제나 어머니와 같은 고착 대상에 갇혀 있기 때문에 자유롭게 자기 자신을 인식할 수도, 성장할 수도 없다. 근친상간적 고착은 결국 인간의 사랑하는 능력을 손상시킨다.

깨어있는 사람이 깨어있는 사회를 만든다

모순에 대한 인정, 즉 모든 선택에 앞서 갈등하는 선과 악이라는 두 힘의 내적 모순이 오히려 인간 존재의 본질이다. 프롬이 인간의 모순을 오히려 균형 잡힌 상태라고 말하는 이유는 바로 이 때문이다. 그의 생각처럼 인간은 확정적인 규정 아래에서가 아니라, 오히려 모순의 경계에서 스스로 자신의 행위를 선택할 수 있을 때 비로소 자유로운 상태에 있다고 볼 수 있다. 모순이라는 단어가 자칫 부정적인 의미로 느껴질 수도 있지만 인간의 자유로운 의지에 대한 오랜 신학적-철학적 관점, 즉 결정론과 비결정론의 관점에서 본다면 모순은 오히려 긍정적인 의미를 담고 있다. 이를 프롬의 관점에서 다시 설명하면 인간은 내면의 무의식적 힘에 큰 영향을 받는 결정론적 존재이기도 하고, 그러한 무의식적 힘 혹은 사회적 힘의 영향에도 불구하고 그 힘을 인식하지 못한 채 자신의 의지와 행위가 자유롭다고 느끼는 비결정론적 존재이기도 하다. 그럼에도 불구하고 인간이 자기각성과 올바른 행위의 선택을 통해 이 경계를 초월할 수 있는 존재라는 사실만큼은 부정될 수 없다는 것이 프롬의 단호한 입장이다.

그렇다면 모순의 경계에 선 인간은 과연 무엇을 토대로 자신의 선택을 선 혹은 악이라고 판단하고 행동할 수 있는가? 프롬에 의하면 선과 악의 경계에서 모순의 균형은 오직 '자각'(Selbsterkenntnis)을 통해서 가능하다. 프롬에 의하면 사실 선과 악 그 자체는 존재하지 않는다. 선과 악은 인간의 심리적 상태를 반영하는 삶의 현실적 가치이자 수단일 뿐, 전통 윤리학의 문제가 아니다. 오히려 선과 악은 모순의 경계에서 악한 가치만을 추구함으로써 더 이상 선을 선택하고자 하지 않는 자유의 상실과 동시에 더 이상 선을 선택할 수 없는 심리적 거세의 문제이다. 선은 '나'라는 존재와 '너'라는 존재의 만남을 가능하게 하는 가치이다. (프롬은 독일의 유대인 사상가인 마르틴 부버(Martin Buber)의 책 『나와 너』(Ich und Du)로부터 개인들의 사회적 관계에 대한 영향을 받았다). 하지만 악은 '우리'의 관계를 죽어 있는 사물의 관계로 전락시킬 뿐이다. 다시 말해 악은 너의 상실 이전에 나(자기 자신)의 상실일 수밖에 없다.

인간이 '자각적 존재'라는 프롬의 평가는, 인간이란 근본적으로 매 순간 선택의 경계에서 인격적 성숙(선)을 위한 선택을 하고 이를 행할 수 있는 존재라는 것을 의미한다. 선과 악의 경계에서 매 순간 깨어있는 선택을 할 수 있는 자각적 인간만이 휴머니즘의 사회를 만들 수 있다. 하지만 만약 인간이 본질적으로 선하거나 혹은 악할 수밖에 없다면 또한 선과 악 중 어느 하나의 가치만을 완전하게 추구하고자 한다면, 그에게 선택의 자유는 의미가 없을 것이다. 그 이유는 단 하나의 가치만을 선택한다는 것은 결국 단 하나의 가능성만을 실현할 수밖에 없다는 것과 다르지 않기 때문이다. 이러한 의미에서 항상 자신의 '행동'에 대해 깨어있는 선택을 해야만 한다는 자각의 요구는 자신이 선택한 '행동의 결과'까지도, 즉 나를 넘어 너에 대해서도 깨어있는 자각을 할 수 있어야만 한다는 것을 의미한다. 삶이 지향하는 목적이 사랑이라면 수단은 선일 수밖에 없다. 하지만 그 목적이 죽음이라면 수단은 악일 수밖에 없다.

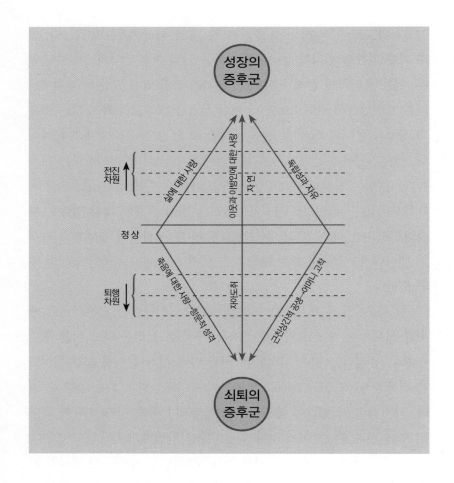

성장의
증후군

성장의 증후군

전진
차원

삶에 대한 사랑

인류애와 이웃에 대한 사랑

자 연

독립성과 자유

정상

퇴행
차원

죽음에 대한 사랑—항문적 성격

자아도취

근친상간적 공생—어머니 고착

쇠퇴의
증후군

| 현대에서 이 저서의 의미와 가치 |

인간 내면의 파괴적 성향에 대해 분석한 저서인『인간의 마음』은 사
랑이 고갈되어가는 현대 문명의 질병 속에서 참된 사랑의 가능성을 보
여는『사랑의 기술』과 한 쌍을 이루는 책이다. 이 두 책은 각각 선과
악, 사랑과 증오를 정신분석학적–사회학적 관점에서 집요하게 연구
한 결과물이다. 선과 악, 사랑과 증오를 현대사회의 비인간적 경향으로

부터 발생하는 하나의 인간적 성향으로 이해하는 프롬의 사회심리학은 현대사회에 만연한 사랑의 고갈과 결여증상을 드러내고, 이 증상에 대한 원인을 사회의 특정현상으로부터 찾기 위한 사상적 도구이다. 이 두 저서 모두 정신분석가이자 사회철학자로서의 그의 관점을 잘 담고 있다.

하지만 정신분석을 사회학의 영역으로 확장시킨 그의 사회심리학은 사회현상에 대한 정신분석학적 해명에 멈춰있지 않다. 인간과 사회, 즉 인간을 둘러싼 사회의 기능과 역할에 대한 프롬의 사상적 해석의 이면에는 병든 인간 실존에 대한 그의 철학적 건강과 치유의 시도가 흐르고 있다. 이를 위해 프롬은 인간의 삶의 양식을 '적응'이 아니라, 오히려 '자각'으로 규정함으로써 스스로 삶의 변화를 도출할 수 있는 존재로 이해한다. 여기서 그의 실존철학적 관점이 드러난다. 모든 인류가 하나의 공동체로 살고 있는 세계와 사회 속의 현실적인 삶을 문제시하고 보다 건강한 삶을 향해 깨어있는 정신을 강조하는 프롬의 실존철학적 관점은 그의 사회심리학적 진단으로부터 발견된 병든 실존에 대한 총체적 건강의 시도이다. 병든 사회의 이면에 존재하는 인간의 병든 심리를 읽어내고 이에 대한 치유를 통해 다시 건강한 인간과 사회를 꿈꾸는 프롬의 사회심리학은 오늘날 우리에게도 시사 하는 바가 많다.

| 책의 내용 가운데 중요한 구절 소개 |

"삶을 사랑하는 윤리는 스스로 선과 악의 원리를 갖고 있다. 선은 삶에 이바지하는 모든 것이고 악은 죽음에 이바지하는 모든 것이다. 선은 삶을 존중하는 것, 삶과 성장과 전개를 드높이는 모든 것이다. 악은 삶을 질식시키고 삶을 옹색하게 만들고 삶을 조각나게 하는 모든 것이다."(74쪽)

"오늘날 우리가 삶에 접근하는 방법은 점점 더 기계적인 것이 되어가고 있다. 우리의 주요 목표는 사물을 생산하는 것이고, 이처럼 사물을 우상시하는 과정에서 우리는 우리 자신을 상품으로 바꿔놓고 있다. 사람들은 단순히 숫자로 취급된다. 여기서 문제가 되는 것은 사람들이 제대로 대접받고 잘 먹고 잘 사는 것이 아니라(사물도 제대로 대접받을 수 있다), 사람들이 사물인가 생물인가 하는 것이다. 사람들은 생물보다는 기계 장치를 더 사랑한다. 사람들에 대한 접근법은 지적이고 추상적이다. 여기서는 대상으로서의 사람들, 그들의 공동 재산, 대중 행동의 통계적 규칙에만 관심을 가질 뿐 살아 있는 개인에게는 관심을 갖지 않는다."(91~92쪽)

"자유는 우리가 '갖거나' 또는 '갖지 않는' 항구적인 속성은 아니다. 사실상 말이나 개념 외에 '자유' 자체가 있는 것은 아니다. 오로지 한 가지 현실, 다시 말해 결정하는 과정에서 자신을 자유롭게 하는 행동만이 있을 뿐이다."(238~239쪽)

생각거리

1. 프롬이 선과 악을 양과 늑대의 비유로 제시하는 이유는 무엇일까? 그리고 인간을 양 혹은 늑대로 규정할 때 우리 사회의 모습은 어떠한 양상으로 드러날까?

2. 우리는 사람의 본질 또는 본성을 규정할 수 있을까? 만일 그럴 수 있다면 그것은 어떻게 정의될 수 있을까?

3. 죽음에 대한 사랑과 삶에 대한 사랑은 이미 우리의 삶 속에서 크고 작은 사건들로 일어나고 있다. 이는 과연 어떤 현상으로 드

러나고 있는 것일까? 이와 더불어 개인적–집단적 자아도취는 어떤 모습으로 드러나고 있는가?

4 각성하는 삶이 죽음에 대한 사랑에 대한 치유의 방법이 될 수 있는 이유를 우리의 일상적 삶을 예로 들어 이야기해보자.

• 번역서

에리히 프롬, 『인간의 마음』, 황문수 옮김, 문예출판사, 2014.

• 필자 소개: **이상범**

원광대학교 철학과와 동대학원에서 철학을 전공했고, 독일 베를린 훔볼트 대학교(HumboldtUniversität zu Berlin)에서 *Nietzsches Gesundheitsphilosophie. Versuch einer Interpretation der philosophischen Methodologie Friedrich Nietzsches* (니체의 건강철학. 프리드리히 니체의 철학적 방법론에 대한 해석의 시도)라 는 제목으로 철학 박사학위를 취득했다. 현재는 원광대학교에서 강의하고 있 으며, 건강과 병, 고통 개념에 대한 다양한 철학적 연구를 시도하고 있다. 연 구논문으로는 「니체의 개념 "미래의 의술"에 대한 연구」, 「니체의 "커다란 건강"에 대한 연구」를 비롯해 니체와 관련된 논문이 다수 있다.

인간의 모든 활동은
선(善)을 목적으로 한다
아리스토텔레스, 『니코마코스 윤리학』

이 동 훈

| 작가 소개 |

아리스토텔레스(Aristoteles, B.C. 384~
B.C. 322)는 B.C. 384년 그리스 북부 마
케도니아 지역 스타기라라는 작은 도시
에서 태어났다. 마케도니아 아민타스 왕
실 의사의 아들로 태어난 그는 플라톤
(Plato)의 이방인 수제자였다. 그는 17세
때 아테네에 있는 플라톤의 아카데미아
로 갔다. 그는 거기서 플라톤이 B.C. 347년에 죽기까지 20년간 플라톤
의 영향을 받으며 학문에 몰입했다. 그 후 아테네를 떠나 레스보스라
는 지방에서 2년 정도 지낸 적이 있었는데, 그때 피티아스와 결혼하여
딸 하나를 낳았다. 그러나 아내가 일찍 죽자 같은 고향 출신의 여인과
재혼하여 아들을 낳았는데, 그가 바로 니코마코스(Nikomachos)이다. 니

코마코스는 훗날 아리스토텔레스의 『니코마코스 윤리학』을 편찬하게 된다. 아리스토텔레스는 리케이온(Lykeion: 그리스 아테네에 있었던 아폴로 · 리케이우스 신전 근방의 교육기관의 명칭)에서 페리파토스학파(逍遙學派)를 창시하였는데, 여기에서 그는 스승인 플라톤과는 다른 철학사상을 가르치기도 하였다. 알렉산드로스 대왕의 개인적 스승이기도 했던 그는 알렉산드로스가 갑자기 세상을 떠나자 당시 마케도니아의 지배 아래 있던 아테네로부터 신성모독죄로 고소를 당하게 된다. 그리하여 그는 아테네 시민으로서 두 번 다시 철학에 죄를 짓지 않기 위해 아테네를 떠났으며, 다음 해인 B.C. 322년에 칼키스에서 사망했다. 그는 '니코마코스 윤리학', '형이상학', '오르가논', '자연학', '시학', '정치학' 등 그 외 다양한 영역의 거대한 작품들을 많이 남겼다.

| 책 내용 소개 |

니코마코스 윤리학의 구성

아리스토텔레스(Aristoteles)의 『니코마코스 윤리학』은 시종일관 "인간이 추구하는 최고선은 행복이며, 행복은 올바른 이성뿐만 아니라 행위가 담보되었을 때 나타난다"는 주제를 담보하고 있다. 이 책은 전 10권의 원고를 한 권으로 묶은 것으로서, 고대 그리스 문명이 내놓은 최초의 도덕적 · 실천적 세계관에 대한 윤리학서이다. 아리스토텔레스는 리케이온 학교장 시절에 학생들에게 "어떻게 살 것인가?"에 대한 여러 가지 생각을 강의한 적이 있었다. 『니코마코스 윤리학』은 강의 내용의 초고로서 아버지가 아들에게 들려주는 이야기 형식을 사용해 그의 원숙하고 윤리학적인 사색이 잘 나타나있다. 특히 아리스토텔레스는 이 글의 타당성을 확보하기 위해서 그 특유의 '형식 논리'를 사용하고 있다.

이 책이 『니코마코스 윤리학』이라고 이름 붙여진 까닭은 아리스토텔레스의 아들인 니코마코스가 원고를 정리, 편집하였기 때문이다. 제1권부터 제3권의 제5장까지는 '덕의 원리론'이고, 제3권의 제6장부터 제10권까지는 '덕의 현상론'이다.

표 1 니코마코스 윤리학의 형식 논리적 논증(A→B, B→C, A→C)

대전제(A): "우리의 활동들은 선을 목표로 한다."
소전제(B): 행복을 구성하는 내용들과 목적적 선에 다다르는 방법 제시(다양한 수단적 선들에 대한 평가, 행복관, 타 관점에 대한 재확인, 문제점 및 반론에 대한 수정 및 보완)
결　론(C): 최고의 깨달음으로서 '행복' – 관조적인 삶, 외적인 삶과 정관적(靜觀的) 삶의 조화

삶의 목적으로서의 선(善)과 행복

『니코마코스 윤리학』은 "모든 기술과 탐구, 그리고 유사한 모든 행동과 추구는 어떤 선을 목표로 삼고 있는 것으로 생각된다"(제1권 제1장)는 전제로 시작한다. 즉 모든 존재자의 활동 목표는 '선'의 실현이다. 이에 따르면 아리스토텔레스의 윤리학은 인간을 '목적 지향적 존재'로 설정해 실천적 신념을 가지고 출발한다.

'선'(good)이란 무엇인가? 선이란 '좋음'(agathon)이다. 또한 어떤 기능이나 도덕성이 완성되었다는 의미에서 선을 '탁월함'으로 뜻하기도 한다. 예를 들면, 좋은 연필은 사용하기 편하고 잘 써지며 심이 잘 부러지지 않아야 한다. 그것이 연필의 '좋음'(good)이다. 의술에서는 건강이 '좋음'이고, 군사학에서는 승리가 '좋음'이다. 경제는 부(富)가 '좋음'이고, 그리고 건축에서는 잘 지어진 집이 '좋음'이다. 이와 같이 모든 사

물에는 기능이 있고 그 기능에 충실한 것 혹은 탁월한 것이 '좋음'이고 바로 이것이 '선'(善)이다. 이와 마찬가지로 인간에게도 본질적이고 고유한 '선'(혹은 좋음)이 있다. 인간은 '이성(理性)의 능력'을 잘 개발하고, 탁월하게 발휘함으로써 '최고의 선'을 경험할 수 있다. 그 자체가 목적인 것, 그래서 우리가 하는 모든 일의 목적이 되는 것, 그것이 바로 '최고의 선' 혹은 '최고의 좋음'일 것이다. 즉 '최고의 선'은 궁극적이며 자족적이고 목적지향적인 것이다. 그러한 '선'은 이성적 원리를 덕에 일치시키면서 드러내는 정신적 활동이다. 또한 선은 인간으로서 수행해야 할 고유한 기능이나 본성을 지속적으로 잘 실현할 수 있는 완성된 품성의 상태이다. 그것은 행복한 상태이며, 행복한 상태는 영혼이 온전히 충족된 상태이다. 인간의 삶 중 덕(德)을 추구하는 것만큼 행복한 것은 없다.

아리스토텔레스는 인간이 도달할 수 있는 선 가운데 최고의 선을 '행복'이라고 했다. 행복이란, 인간 각자의 삶이 완전하고 자족적인 목적과 '궁극적인 선'을 실현하는 것이다. 최고의 선을 행복이라고 본 이유는 '행복'은 언제나 그 자체로서 선택되는 것이고, 결코 다른 요소에 의해 선택하는 것이 아니기 때문이다. 만약 신이 인간에게 무엇인가 가장 좋은 것을 내려주었다면 그것은 아마 행복일 것이다. 이러한 행복은 '실천적 지혜'(phronesis)를 탁월하게 따르고자 하는 의지에 의한 반복적 활동, 즉 습관이나 습성을 통해 성취된다. 그러므로 행복은 마음가짐뿐만 아니라 '활동'이 수반될 때 이루어진다. 다시 말해서, 행복은 계량화하기는 어렵지만 실천적 지혜를 따르고자 하는 의지로써 반복적인 행위로 인해 어떤 기능이나 도덕성이 완성된 아주 좋은 상태이다. 그러므로 행복은 하루아침에 또는 단기간에 이루어질 수 있는 것이 아니다. "하루아침에 여름이 되는 것이 아닌 것처럼, 제비 한 마리가 날아온다고 해서 하루아침에 봄이 온 것은 아니다."(One swallow does not make a summer, nor does one day) 봄이 하루아침에 오지 않듯이, 행복은 이를 이루기 위해서 지속적으로 노력해야 비로소 경험할 수 있다.

이론적 지혜와 신중한 지혜, 실천적 지혜

아리스토텔레스는 덕을 크게, 사유의 탁월성을 통한 '지적인 덕'과 성격적 탁월성을 통한 '도덕적 덕'으로 구분한다. 즉 철학적 지혜, 학문적 인식, 직관적 지성, 기예 혹은 기술을 통해서는 사유의 탁월성인 '지적인 덕'이 나타나며, 실천적 지혜를 통해서는 성격의 탁월성인 '도덕적 덕'(arete)이 만들어진다.

지적인 덕은 다시 두 부분으로 나눌 수 있는데, 그중 하나는 원리가 불변하는 존재를 성찰하는 덕이고, 다른 하나는 원리가 가변적인 존재를 성찰하는 덕이다. 전자는 인식의 부분인 이론적 지혜이고, 후자는 계산의 부분인 신중한 지혜이다.

먼저 인식의 부분으로서 불변의 원리를 성찰하는 이론이성들은 학문적 인식(Epistēmē), 직관(Nous), 철학적 지혜(Sophia)가 있다. '학문적 인식'은 필연적인 것, 영원한 것을 파악하며 가르치고 배울 수 있도록 한다. 모든 가르침은 원리 자체는 아니지만 '이미 알려진 것들'에 의한 전제나 가설로부터 출발한다. '직관'은 원리 자체를 인식할 수 있는 이성적 능력이며, '철학적 지혜'는 전체적인 지혜로서의 이성이다. '철학적 지혜'를 가진 사람은 학문의 원리뿐만 아니라 참된 원리를 파악할 수 있는 사람이다. 그러므로 '철학적 지혜'는 학문적 인식 중에서 가장 완성된 것이며 가장 높은 인식이다. 다음은 인식의 부분으로서 '가변의 원리'를 성찰하는 이론이성 중 기예 혹은 기술(Techne)이다. 이는 가변적 원리를 성찰할 수 있는 이성적 능력으로서 제작자의 사유에 있는 것들을 가변적으로 생겨나도록 궁리하고 고안한다.

끝으로 인식의 원리가 아닌 실천적 원리를 성찰하는 '실천적 지혜' (Phronesis)를 살펴보면, '실천적 지혜'는 일종의 실천적 덕을 만들어내는 지혜이지 기술은 아니다. 그러므로 '실천적 지혜'는 성격적 탁월성을 나타내는 실천적 이성이라고 볼 수 있다. '실천적 지혜'는 '인간적인 것들'과 '숙고가 가능한 것들'을 대상으로 한다. 따라서 '실천적 지혜'는 상황에 따라 실천하는 방법이 각각 달라질 수 있는 지혜를 제공한다. 그러므로 '실천적 지혜'는 행위와 관련된다. 이는 보편적인 측면과 개별적인 측면을 모두 알아야 하지만 개별적인 측면에 더 치중한다. 개별적인 것은 학문적으로 인식되는 대상이 아닌 지각의 대상이다. 무엇을 할 것인지 판단할 때 그 원인이 되는 것은 그 목적인데, 타락했거나 고통스러운 사람에게는 이러한 목적이 보이지 않는다. 그러므로 악덕은 인생의 목적을 파괴한다. 따라서 '실천적 지혜'는 필연적으로 인간의 선과 관련된다.

좋은 행위와 나쁜 행위는 지성과 품성이 결합하지 않고는 존재할 수 없다. 지성 자체로써는 아무것도 움직이지 못한다. 그러므로 행위는 '목적이 있는' 지성이어야만 가능하다. 좋은 행위는 목적이 있고, 욕구는 이러한 목적을 향하게 한다. 따라서 실천적 지혜에 의한 합리적 선택이란 '욕구와 관련된 지성'이거나 '사유와 관련된 욕구'이다. 이것은 인간이 행동하는 원리가 된다. 우리는 이러한 실천적 사유를 통해서 치우치지 않고 판단할 수 있으며, '실천적 이성'을 동반한 품성상태 (arete)인 중용의 덕을 체험할 수 있다.

아리스토텔레스는 말한다. "실천적 지혜가 없이는 엄밀한 의미에서의 좋은 사람이 될 수 없고, 도덕적 덕 없이는 실천적인 지혜를 갖춘 사람이 될 수 없다." 요컨대 실천적인 지혜는 인간다운 인간에게 없어서는 안 될 이성이다.

표 2 이성(reason)

知的 理性: (理論理性)	이론적 지혜(불변의 원리 성찰): Epistēmē, Nous, Sophia 신중한 지혜(가변적 원리 성찰): Techne	知的인 德 (사유의 탁월성)
理性		
道德 理性: (實踐理性)	실천적 지혜: Phronesis	道德的인 德 (성격의 탁월성)

중용에 따른 도덕적인 덕과 그와 유사한 것들

자연은 인간에게 이성이라는 잠재력을 주었고 그러한 이성을 탁월하게 발휘할 수 있는 능력도 주었다. 이 탁월한 능력의 실천적 결과가 덕(德)이다. 덕은 '교육을 통해 나타나는' 지적(知的)인 덕과 '반복적 습관(ethos)이나 습성(hexis)을 통해서 나타나는' 도덕적인 덕이 있다. 그런데 아리스토텔레스는 소크라테스와는 달리 지적인 덕만 가지고는 행복에 도달할 수 없기에 도덕적인 덕의 중요성을 강조했다. 도덕적인 덕에 있어서 실천의지에 따라 합리적으로 행하기 위해 만들어진 것이 '중용'(中庸)이다. '중용'은 너무 지나치거나(넘침) 부족하지(모자람) 않고, 가장 적절하게 만들어진 상태이다. 이는 '마땅한 때에, 마땅한 것에 대하여, 마땅한 사람들에게, 마땅한 목적을 위하여, 마땅한 방식으로' 행하는 덕이다. 인간은 실천적 이성의 발현을 통해 반복적 활동을 유지하게 되면 마침내 탁월한 상태인 덕(arete)에 이르게 되는데, 이것이 바로 '중용의 덕'이다. 아리스토텔레스는 '탁월성' 혹은 '선(善)함'의 본성을 '중용'으로서 규정하고 있다. '중용'은 이른바 인간 행위에 대한 '합리적 선택'의 모습이다. 그러므로 훌륭한 사람은 이러한 '중용'에 따르는 삶을 살아간다. 그는 극단적으로 행동하지 않고, 극단(less)과 극단(over) 사이에서 중립적으로 균형을 이루고자 애쓴다. 그의 심연 속에는 그러한 덕스러운 행동을 하고자 하는 욕구가 살아있다. 이러한 중립적인 것(the mean)은 행위자의 이성에 의해서 결정되거나 어떤 총명한 사람에 의해서 결정된다. 이렇듯 중용의 덕은 '선'에 도달한 것이며, 우리의 삶의 목표인 '행복'에 도달한 상태이다. 그러므로 행복과 덕은 동일한 작용에 의해서 나타난다.

결국 인격이란 오랜 세월에 걸쳐 일관되게 행해지는 도덕적 훈련과 그로 인한 습관에서 비롯된다. 그러나 중용은 만인에게 동일하지 않으며, 모든 행동에 대한 하나의 중용도 존재하지 않는다. 도덕적인 덕은 개별적 의지와 감정 그리고 행위와 관련되기 때문이다. 우리는 우리의 힘이 미칠 수 있고, 이루어질 수 있는 것들에 대해서만 사유한다. 그러므로 어떤 것을 선택하고자 할 때 우리는 자신의 힘이 미칠 수 있는 것에 한하여 선택하게 된다. 선택이란 우리 자신의 숙고된 욕구이다. 그러므로 인간은 정신적이든 육체적이든 자발적으로 행한 것에만 책임을 질 수 있다. 비자발적인 행위는 강요나 무지에 의한 행위이기 때문이다. 강요된 행위란 그 행위의 원인이 외부에 있고, 행위자가 그 원인에 조금도 관여하지 않는 행위이며, 무지(無知)한 행위란 자신이 행위의 상황과 그 목적을 모르는 행위이다.

관후(寬厚), 호탕함, 명예와 긍지, 온화함, 우애, 재치, 진실, 수치(羞恥) 그리고 '정의'는 중용의 덕 혹은 그와 유사한 덕들의 예(例)이다. 특히 '정의'(正義)는 사람들로 하여금 옳은 일을 하도록 이끌고 옳은 태도로 행동하게 하며, 옳은 것을 원하게 한다. 또한 '정의'는 '다른 사람을 위한 선'으로서 국가 공동체의 행복을 목적으로 한다는 점에서 사회 공동체에서의 가장 큰 덕이라고 할 수 있다. 그런데 정의로운 행동을 판단하는 기준에도 자발성과 비자발성이 있다. 비자발적 해악은 부정의(不正義)한 것으로 보아서는 안 된다. 왜냐하면 그것은 악덕(惡德)에 의해서 생긴 것이 아니기 때문이다. 자살이나 남을 해치는 경우는 자발적으로 부정의를 행하는 것이다. 이와 같이 우리가 피해야 할 세 가지 성품이 있다. 악덕, 자제력 없음 그리고 야만성이다. 이와 반대되는 것들은 덕, 자제력, 신적인 덕이다. 예를 들면, '자제력이 있는' 사람은 감정이나 욕망에 치우치지 않는다. 그러나 '자제력이 없는' 사람은 옳지 않음을 알면서도 감정이나 욕망의 지배를 받는다. 이는 인간이 목적지향적이며 합리적으로 생각하는 존재라는 전제와 상반되는 것이다. 또한 아리스토텔레스는 악덕(惡德)으로서의 '무절제'와 '자제력 없음'을 구분한다. 이를테면 올바른 판단을 내릴 수 있는 사람도 자제력 없는 행동을 하는 경우가 있다. 이에 소크라테스는 무지(無知)에 의해 그러한 행동이 일어난다고 말했는데 그것은 옳지 않은 것 같다. 왜냐하면 '자제력 없음'은 감정에 의해 지배는 받지만, 그러한 쾌락을 당연히 무한정으로 추구해야 한다고 설득 당하지는 않기 때문이다. 또한 보편적 이성과 개별적인 생각이 충돌되었을 때 개별적인 것에서는 개인적인 것이 주도하므로 여기에 이끌려서 자제력을 잠시 상실할 수도 있기 때문이다. 그러나 악덕에 속한 무절제한 사람들은 반성의 가능성이 없고, 치유될 수도 없다. 그러므로 '자제력 없음'은 합리적 선택이 불가능한 '무절제'의 상태와는 본질적으로 다르다. 자제력이 없는 사람은 앎은 가지고 있으되 실천으로 옮기지 못하는 사람이다.

친애

친애는 덕을 포함하고 있기 때문에 우리의 삶에 가장 필요한 것이다. 누군가 좋은 모든 것을 가졌다하더라도 결국 친구가 없는 삶은 아무도 원하지 않는 것과 같다. 선행은 친구를 향한 것일 때 가장 탁월하고 찬양받을 방식으로 이루어진다. 친구가 없어 선행을 베풀 기회를 얻지 못하는 사람에게 어떤 부귀영화가 있을지언정 무슨 소용이 있겠는가? 아리스토텔레스는 친애를 세 종류로 구분한다. 첫째, 유용성이나 쾌락을 목적으로 한 친애와 둘째, 유익함이나 즐거움을 이유로 성립한 친애 그리고 셋째, '탁월성'을 이유로 성립한 친애이다. 첫째와 둘째의 친애는 우연적 의미에 따른 친애로서 '그 자체'로서 사랑하는 것이 아니다. 다만 상대로부터 자신에게 유익함이나 즐거움 같은 어떤 좋음이 생겨나는 한에서 성립된다. 그렇다면, 탁월성의 친애(philia)는 '탁월성에 있어서 유사한 사람들 즉 덕스러운 사람들 사이에서 성립하는' 가장 완전한 친애이다. '덕스러운 사람들'은 상대방에게 좋은 것을 권한다. 그래서 같이 있기만 해도 즐겁다. 사실 친애란 선과 쾌락을 위해서 있는 것이다. 이러한 친애의 감정과 행동들은 자기애로부터 출발하여 다른 사람과 이웃에게 확대되어 간다. 아리스토텔레스는 이렇게 친애를 '자기애'와 연관지어 설명하며, 친애가 타인과의 관계에서가 아니라 오히려 자기 자신에 대해 가지는 태도로서 이해할 수 있다는 논변을 펼친다. 그러므로 '친구는 또 다른 자신'이라는 명제가 성립된다. 따라서 친애는 사랑을 받는 것보다는 차라리 사랑을 줌으로써 즐거움을 느끼게 한다. 또한 친애를 나눌 수 있는 사람은 가능한 많은 친구를 만나는 것보다는 함께 살아가기에 충분한 만큼의 친구를 만나는 것이 좋다. 친구가 곁에 있다는 것은 어떤 경우에도 그 자체로 좋다.

나아가 친애는 친구와의 관계뿐만 아니라 부모와 자식 간의 관계, 인류애 등 수평적인 공동체적 인간관계까지 영향을 미친다. 친애와 정의(正義)는 동일한 것에 관계하며, 동일한 사람들 사이에 존재한다. 왜냐하면 어느 공동체에서나 정의는 존재하고, 친애가 있고, 그것이 미치는 영향 또한 동일하기 때문이다. 그러므로 정의에 대한 요구도 친애의 정도에 따라서 달라질 수 있다. 완전한 친애란, 선하고 덕이 서로 닮은 사람들 사이에서 사랑의 관계로서 영속적이며, 항상 즐겁고 흔들리지 않는다. "고결한 행위들은 고결한 사람으로부터 나온다."(noble deeds from noble men)

행복한 삶과 쾌락

행복이란 인간의 궁극적 목적이다. 그런데 이러한 행복은 하나의 고정된 상태가 아니라 활동이다. 앞서 말했듯 '즐거움'이라는 것은 완성해가는 '하나의 전체로서 온전히 발휘되는 활동'이기 때문이다. 그러므로 행복은 덕스러운 활동이다. 그 덕은 최고의 선을 따르는 것이어야 한다. 그런데 이러한 최고의 선은 이성의 완전한 자기실현을 통해서 완성된다. 아리스토텔레스는 '이성의 자기실현'이 최고의 선이며, 그밖에 모든 것은 그것을 위해 실행되는 수단적 목표일 뿐이라고 했다. 곧 '이성의 자기실현'은 행복을 가져다준다. 이성의 활동은 관조적인 것이므로 그 자체 외에는 다른 목적을 가지지 않으며, 자족적이며 항상 행복하다. 이를테면 우리는 신이 그 어떤 존재보다도 축복을 받았고 행복하다고 생각한다. 그런데 그의 존재 형태는 영적 존재로서 스스로 존재하는 '不動의 動者'(unmoved mover)이다. 이러한 존재 형태를 가진 신은 피조물처럼 행동할 필요가 없으며, 무엇인가 제작할 필요도 없다. 그러므로 신의 활동은 '관조'(觀照)하는 것뿐이다. 따라서 인간의 삶 가운데 '관조적 활동'은 축복과 행복의 근원인 신의 활동을 가장 많이 닮은 것으로서 가장 행복한 활동이 아닐 수 없다. 그러므로 인간은 관조할 수 있는 이성에 따라 행동하는 것이 가장 좋고, 즐겁고, 행복할 수 있다. 그러나 인간은 이성뿐만 아니라 감정이나 욕망, 욕구도 가지고 있다. 따라서 이성이 감정과 욕망, 욕구를 제대로 다스리고 통제해야만 그는 조화롭게 살 수 있다. '선한 삶'이란 모든 요소의 완전한 조화를 통해서 실현되는 것이기 때문에 감성과 욕망, 욕구에 대한 이성적 태도는 그 무엇보다 중요하다. 아리스토텔레스는 그러한 이성적 태도를 '중용'이라고 본 것이다. '도덕 이성'은 스스로의 실천적 지혜가 발현되기를 원하고 있기 때문에 인간이 도덕적 지혜의 본성에 따라서 행동할 수 있다는 것은 당연하다. 그러나 도덕적 덕을 현실에서 완전히 구현한다는 것은 여전히 어렵다. 왜냐하면 실천적 지혜가 추구하는 것은 필연적인 것들이 아니기 때문이다. 그렇다고 도덕이성에 보편성이 깃들어 있지 않다는 것은 아니다. 도덕이성은 보편적인 것뿐만 아니라 개별적인 것에도 관계한다. 도덕이성은 보편을 특수에 적용할 수 있는 능력을 갖추고 있다. 그러므로 이성적 삶은 선한 의지와 더불어 좋은 습관과 습성을 발현하게 함으로써 마침내 가장 행복한 인간의 모습으로 거듭나게 할 것이다.

쾌락이라는 것도 별도로 존재하는 것이 아니라 이성의 실현과 함께한다. 다시 말해서, 쾌락 역시 이성실현의 자연스러운 결과이다. 이성의 완전한 실현은 자연스럽게 쾌락을 수반한다. 이성적 활동에 따르는 쾌락은 즐겁고 좋은 것이다. 그러한 쾌락은 윤리적 활동을 강화하며 증진시킨다. 그러므로 좋은 쾌락이란 '선한(good) 사람에게 쾌락으로 보이는' 쾌락이다. 그것은 실제적으로도 쾌락이다. 고로 쾌락도 최고의 선이 될 수 있다. 쾌락을 '활동'으로서 정의하는 아리스토텔레스는 쾌락을 '인간에게 속하는 쾌락'과 '이차적인 의미의 쾌락'으로 분류한다. 인간은 이성적 존재이면서 생물학적 본성을 가진 존재이기도 하다. 아리스토텔레스는 '인간은 이성적 동물'이라는 대전제를 통해서 쾌락에 대한 다양한 소전제를 나열하고 있다. 여러 가지 세속적 쾌락, 즉 '이차적 의미의 쾌락들'에 대한 비판, '인간에게 속하는 쾌락'을 통한 쾌락의 본질회복의 필요성 등, 그리고 마침내 행복과 선의 만남을 통한 '인간에게 속하는 쾌락'의 출현을 도모하고 있다. 쾌락에 대한 아리스토텔레스의 이러한 접근은 '쾌락'의 정확한 위치를 설정하는 데 목적이 있다. 첫째, 행복이란 쾌락을 동반한다. 그런 이유로, 즐거워한다는 말에서 축복받은 사람이라는 말이 생겨났다. 둘째, 실천적 지혜를 가진 사람은 평온한 자유를 추구한다. 셋째, 신은 언제나 하나의 단순한 쾌락을 즐기고 있다. 왜냐하면 신은 부동(不動)의 활동을 하며, 그러한 정적(靜寂) 속에 쾌락을 즐기고 있기 때문이다.

아리스토텔레스에 의하면 "실천적 지혜를 탁월하게 드러낸 결과가 최고의 선이요, 궁극적 목적인 행복"이기 때문에 항상 '행복'을 바라보며 살아가는 우리가 도덕적 삶을 피할 길은 없다.

| 현대에서 이 저서의 의미와 가치 |

오늘날 개인의 권리와 이익만을 소중히 여기는 이기적인 사회 속에서 우리는 가치관의 혼란으로 갈등하고 있다. 가치관의 혼란은 자타 간 의견의 불일치를 유발하여 개인의 사적 자의성과 공적 합리성의 충돌을 야기시킨다. 그리고 대중 사회의 익명성은 사회 구성원으로서 지켜야 할 여러 규범을 무의미하게 만들어 놓으며, 더욱이 우리의 양심은 마비되어 마땅히 해야 할 도리와 행위가 사라져 또 다른 도덕적 암흑시대를 예견케 한다. 따라서 행복한 삶을 추구하며 살아가고 있는 우리에게는 그 대안으로서 윤리 체계의 구상과 모색이 필요하다.

아리스토텔레스의 「덕 윤리」는 최고의 대안으로서 부족함이 없다. 덕 윤리의 실현은 오늘날 잊혀진 '선하고 올바르며 덕스러운 것'을 다시 회복시키는 도덕적 르네상스의 계기가 될 것이다. 아리스토텔레스는 『니코마코스 윤리학』에서 우리가 어떤 종류의 인간이 되어야 하며 또한 어떤 종류의 삶을 살아야 하는지를 묻고 있다. 즉, "나는 무엇을 해야 하는가?"가 아니라, "나는 어떤 인간이 되어야 하는가?"의 문제를 중시하고 있다. 결국 '마땅히 되어야 할 인간'이 되어 탁월한 방식대로 행동하도록 하는 것이다. 덕 윤리는 엄격한 규칙보다는 살아있는 실천적 행위를 중시한다. 행복한 사람은 덕이 있는 사람이며 또한 도덕이성의 뜻대로 탁월하게 행동하는 사람이다. 『니코마코스 윤리학』
은 우리 자신의 현재적 삶을 반성해볼 기회를 제공할 뿐만 아니라, 현
대인의 여위고 창백한 삶을 살찌울 수 있게 할 것이다. 아무리 좋은 학
벌과 우수한 능력을 가진 자라고 할지라도 그것이 곧 인간다움을 대신
할 수는 없다. 왜냐하면 인간은 필연적인 것에 대한 인과법칙을 이해
하지 못해도 살아갈 수는 있지만, 인간다움이 결여된 상태에서는 살아
남기 힘들기 때문이다. .

　　『니코마코스 윤리학』을 통하여 도덕적 담론의 유래와 특징을 이해
하며 덕의 의미를 밝히고 실현함으로써 마침내 행복에의 여정(旅程)이
끝마쳐지길 기대한다.

| 책의 내용 가운데 중요한 구절 소개 |

　"모든 기술과 탐구, 그리고 모든 행동과 추구는 마찬가지로 어떤 선
을 목적으로 삼고 있는 것으로 생각된다. 이러한 이유 때문에, 선이란
모든 것이 목적으로 삼는 것이라고 한 주장은 옳은 것이라 하겠다."(제
1권 제1장 중)

　"한 마리의 제비가 날아온다고 해서 봄이 오는 것도 아니요, 하루아
침에 여름이 되는 것도 아닌 것처럼, 인간이 복을 받고 행복하게 되는
것도 하루나 짧은 시일에 되는 것이 아니다."(제1권 제7장 중)

"세 가지 종류의 태도가 있다. 그 중의 둘은 악덕으로서 각자 과도(지나
침)와 부족(모자람)에서 성립하며, 다른 하나는 덕인 바 곧 중용이다. 어
떤 의미에서 이 세 가지의 것은 각기 서로 대립하고 있다. 즉 양극단은

모두 중간 것에 대립하며, 저희들끼리 또한 대립하고 있으며, 또 중간 것은 두 극단에 대립하고 있다."(제2권 제8장 중)

생각거리

① 한 개인이 추구해야 할 진정한 '선'(Good)이란 무엇인가?

② '기예'(Techne)와 '실천적 지혜'(Phronesis)의 공통점과 차이점은?

③ "품성이 좋다"라는 말과 "덕스럽다"라는 말의 공통점과 차이점은 무엇인가?

④ 당신의 '행복추구'의 방법에 대해서 이야기 해볼까요?

⑤ 『니코마코스 윤리학』에서 나타나는 '행복'과 현대인들의 삶을 비교해 본다면?

• 번역서

아리스토텔레스, 『니코마코스 윤리학』, 崔明官 譯·註, 서울: 서광사, 1986.

• 필자 소개: **이동훈**

숭실대학교 철학과 및 동대학원에서 철학을 전공했고, 연세대학교 교육대학원에서 도덕 및 종교교육학을 전공했다. 또한 연세대학교 대학원 철학과에서는 윤리학을 전공하고 박사과정을 수료했으며, 원광대학교 대학원 철학과에서 서양철학을 전공하고 철학 박사학위를 취득했다.

교육 경력으로는 EBS-TV(윤리), 서울특별시 교육청, 서울대학교사범대학연수원(윤리과 1정연수), 컨설팅장학지원단, 연세대학교 인문대학 및 간호대학, 중앙대학교 사범대학, 각종 신학교 등에서 강의했으며, 연세대학교 교육대학원

겸임교수, 고교 수석교사를 역임했다. 현재는 '만남지' 편집위원으로 활동하고 있고 원광대학교에서 강의하고 있다.

저서 및 역서로는 『아주 작은 것 그러나 소중한 것』, 로렌스 콜버그의 『도덕교육철학』, 토마스 아퀴나스의 『윤리학』 등이 있으며, 연구논문으로는 「개인의 道德性 發達이 社會的 道德性에 미치는 영향」, 「이타적 행위의 내적요인의 형이상학적 합리성」, 「고교 철학교육에 대한 실험적 고찰」, 「그리스도인의 윤리적 삶」을 비롯해 도덕성 및 이타주의 관련 논문들 그리고 교육 및 기독교 관련 소논문들이 다수 있다.

도덕적 확신의 근거는 인간 자유에 있다
임마누엘 칸트, 『윤리형이상학 정초』

염 승 준

| 작가 소개 |

임마누엘 칸트(Immanuel Kant)는 동프로이센의 국제적인 항구도시 쾨니히스베르크에서 가난한 마구제조업자의 아홉 남매 중 넷째로 태어났다. 경건주의 학교를 거쳐 쾨니히스베르크 대학교에 진학한 칸트는 논리학과 형이상학 담당 교수인 마르틴 크누첸(Martin Knutzen)에게서 뉴턴 물리학과 독일 계몽주의자 크리스티안 볼프(Christian Wolff)의 사상을 접한 후 이를 자신의 엄밀한 학문의 표본으로 삼았다. 그는 가정 형편상 더 이상 학교를 다닐 수 없게 되자 생계를 위해 9년 동안 가정교사로 일하다 1755년 대학으로 돌아와 교수자격논문 「형이상학적 인식의 제1원리에 관한 새로운 해명」을 발표한다. 이 논문으로 그는 교수자격을 얻긴 했으나, 쾨니히스베르크에서 교수직을 얻지는 못하고 15년간 사(私)강사로 활동하게 된다. 1770년 마침내 쾨니히스베르크 대학의 논리학·형이상학 교수로 임명된 칸트는 이때부터 독창적인 저술들을 써내기 시작한다. 57세가 되던 1781년, 철학사상 일대 혁명이라 할 만한 『순수이성 비판』(*Kritik der reinen Vernunft*)을 출간한 것을 시작으로 『윤리형이상학 정초』(*Grundlegung zur Metaphysik der Sitten*, 1785), 『실천이성 비판』(*Kritik der praktischen Vernunft*, 1788), 『판단력 비판』(*Kritik der Urteilskraft*, 1790) 등을 차례로 출간한다.

시인 하인리히 하이네(Heinrich Heine)가 칸트를 로베스피에르(Maximilien de Robespierre)에 빗대어 그가 모든 독단적 형이상학의 머리를 베었다고 칭송하는 것처럼 그는 자신의 도덕이론에서도 자신의 비판 철학 이전에 등장한 모든 도덕이론을 전면 부정한다. 그는 『윤리형이상학 정초』와 『실천이성 비판』에서 도덕법칙의 근원을 인간 밖의 선의 이데아(플라톤), 초재적 존재인 신(중세 신학), 인간 욕망의 절제와 통제(스토아 학파), 행복과 자기애(에피쿠로스 학파), 관습이나 경험에서 찾은 모든 이론을 비판한다는 점에서 그의 도덕이론은 서양 정신사에서 급진적이고 혁명적이다.

| 책 내용 소개 |

철학은 도덕적 확신의 근거를 탐색한다

우리는 일상적으로 도덕적 행위가 무엇인가를 전제해 놓고 "도덕적으로 행동해라"라고 말하기도 하고, "이 사람은 도덕적이다"라고 판단하기도 하며, "저 사람은 도덕적인가, 아닌가"를 논하기도 한다. 그러나 철학은 이러한 전제들을 그대로 따르지 않으며 오히려 도덕적인 것이나 비도덕적인 것에 대한 언급이나 판단에 앞서 그런 판단의 기준으로 "도덕적인 것은 무엇인가?" 또는 "도덕적 확신의 근거는 어디에 기초하는가?"라는 것을 되묻는다. 왜 철학은 일상적인 차원의 도덕적 전제를 있는 그대로 수용하지 못하고 다시 도덕의 판단기준에 대해서 되묻는 것일까? 그 이유는 만약 우리가 도덕적 판단의 근거를 더 이상 묻지 않을 때 도덕적 가치가 심각하게 훼손되기 때문이다. 하나의 예를 들어보자! 일제 식민지 시대 모든 교실에는 '정숙'(靜肅)이라는 한자가 붙어있었다. 정숙이라는 개념 그 자체는 학교에서 교훈이나 훈계로서 또는 공공장소에서 지켜야 할 예의로서 나름 타자 배려의 차원에서 도덕적 가치를 가질 수 있겠다. 그러나 이 개념은 당시 식민지 지배를 목적으로 학생들과 사람들에게 아무 생각도, 행동도 하지 말라는 강요를 위한 '수단'으로 사용된 것이다. 이처럼 외면상 도덕적 가치로 보이는 것들이 우리가 살아가는 일상적인 차원을 벗어나 사회·정치적 체계 안에서 특정한 목적을 위한 수단으로 전락할 수 있다는 점에서 우리는 도덕적 확신의 근거에 대해 철학적으로 질문하고 답해야 한다.

도덕의 근원은 '선의지'에 있다

도덕의 근원은 어디에 있는가? 칸트는 『윤리형이상학 정초』에서 도덕의 근원을 인간의 '선의지'에서 찾는다. "이 세계 안에서나 또는 밖에서나 우리가 제한 없이 선하다고 여길 수 있는 것은 오직 선한 의지뿐이다." 선의지야말로 제한 없이 선하다는 것이다. 제한 없이 선하다는 것은 무엇을 의미하는가? 지식이나 명예, 쾌락이나 부귀 등도 선한 것이다. 그러나 지식은 병을 고치는 데나 의료 활동에 쓰이면 좋을 수 있지만, 원자폭탄을 만드는 데 활용된다면 안 좋은 것이 된다. 돈도 남을 돕는 일에 쓰면 좋지만 투기에 쓰이면 개인뿐만 아니라 가족의 삶 전체를 파괴할 수 있다. 이처럼 부귀, 명예, 쾌락, 지혜 등은 그 자체로 선도 아니고 악도 아니며, 단지 인간의 의지에 따라 선도 될 수 있고 악도 될 수 있다. 좋은 것일지라도 어떻게 사용되는가에 따라 좋을 수도 있고 나쁠 수도 있다면 모두 상대적 가치만을 갖게 된다. 결국 이런 가치들이 인간의 의지에 따라 선도 될 수 있고 악도 될 수 있다면, 그런 가치들을 선으로도 악으로도 만들 수 있는 기준은 바로 인간 의지에 있게 된다. 이런 의미에서 칸트는 그 자체로 선한다고 말할 수 있는 것은 오직 선의지일 뿐이라고 말한 것이다. 도덕의 근원이 선의지라면, 도덕법칙은 인간의 선의지에서 나올 수 있다는 것이다. 그러나 인간의 의지가 선의지인 경우보다 자기만을 위한 이기심과 사적인 욕망에 따르는 경우가 더 많지 않은가?

'선의지'로부터 어떻게 도덕법칙이 가능한가?

내가 무엇인가를 소유하고 싶은 욕구가 있을 때 내 욕구를 지배하는 동인은 욕구의 대상이다. 이 경우는 비록 내 의지일지라도 이 의지는 나의 욕구 대상에 예속되어 있는 것이다. 칸트는 이처럼 욕구하는 대상이 인간의 의지를 규정할 때, 그 의지는 '내용'을 갖는다고 말한다. 의지의 내용이란 의지가 지향하는 바의 것, 즉 "그것의 현실적 존재가 욕구된 대상"이다. 이처럼 인간 의지가 내용을 가질 때, 그 의지는 '법칙'을 형성할 수 없다. 왜냐하면 인간의 의지가 욕구의 대상을 내용으로 삼을 때, 각자 의지의 내용은 각자가 원하는 대상에 따라 상이할 것이며 그 상이함에서 의지는 특수할 뿐이기 때문이다. 그런 특수하고 개별적인 의지의 내용을 의지의 규정근거로 삼을 경우, 그렇게 얻어진 의지규정의 규칙은 더 이상 규칙일 수 없다. 자연의 규칙이나 법칙이 그때그때 상황에 따라 달라진다면 더 이상 규칙이나 법칙일 수 없듯이, "거짓말 하지 말라", "살인하지 말라"와 같은 도덕법칙이 행위의 구체적 내용이나 상황에 따라 달라 질 수는 없다. 도덕법칙은 예외를 일절 허용하지 않아야 하며 그렇기 때문에 '보편적 법칙'이어야 한다.

칸트는 '자살'이 보편적 법칙이 될 수 없는 이유에 대해서 다음과 같이 설명하고 있다. 생(生)에 염증을 느껴 더 이상 살고자 하는 의지가 없는 어떤 사람이 있다고 생각해보자. 생의 연장이 그에게 더 이상 삶의 행복이나 쾌적함을 보장하지 못하기 때문에 그는 '자기사랑'의 '원리'에 따라 자살을 결심한다. 칸트는 그가 '원리'로 삼은 '자기사랑의 원리'가 자신의 생명을 해친다는 점에서 모순되기 때문에 그의 '원리'가 보편적 법칙이 될 수 없음을 강조한다. 애초에 생의 촉진의 원리였던 '자기사랑의 원리'가 어떤 개별적이고 특수한 이유로 인해서 자신의 삶을 파괴한다면, 그 원리는 모순된 것이고 모순된 원리를 '보편적 법칙'으로 삼을 수 없다는 것이다. 따라서 선의지가 도덕법칙의 근거일 수 있기 위해서는 일체의 의지의 내용이 선의지를 규정해서는 안되며 오직 형식상으로 의지를 규정해야 한다. 도덕적 가치를 지닌 행위는 의지에서 일체의 내용적인 것이 제거된 것이며 이때 의지는 형식적 원리에 의해서 규정될 수 있다. 의지를 형식상으로 규정한다는 것은 무엇을 의미하는가?

도덕법칙과 자유의 관계

인간 의지를 형식적으로 규정한다는 것은 인간 의지가 곧 자유의지일 수 있기 때문에 가능한 것이다. 인간은 자연적·필연적 법칙에 따라 식욕과 성욕을 갖는다. 배가 고프면 반드시 빵을 먹어야 한다. 배가 고플 때 나의 욕구 충족의 여부는 빵에 있는 만큼, 내 욕구는 빵에 의해 규정된다. 그러나 인간은 아무리 배고프다고 할지라도 그 빵을 덥석 먹기 전에 혹시 그 빵이 상한 것은 아닌지를 살피기도 하고 타인을 위해 양보하기도 한다. 성욕의 경우 동물은 생식 주기를 필연적으로 따라야 하지만 인간은 성적 흥분 자체를 상상력으로 통제하거나 지속시킬 수 있다. 이는 인간이 내적으로 성적 흥분뿐만 아니라 성적 흥분을 야기하는 대상으로부터 스스로 거리를 취함으로써 그 자신이 자유로운 선택권을 가진다는 것을 뜻한다. 이처럼 인간이 욕구의 대상에 의해 전적으로 규정되는 것이 아니라는 점은 인간의 의지가 의지의 대상이나 내용으로부터 자유로울 수 있다는 것이며, 내용으로부터 자유롭다는 점에서 의지를 형식으로 규정할 수 있다는 것이다. 이런 맥락에서 칸트는 "준칙의 법칙수립적인 순수 형식만을 법칙으로 삼을 수 있는 의지가 곧 자유의지이다"라고 말한다. 순수 형식만을 법칙으로 삼을 수 있는 의지는 의지의 대상인 내용에 의해 전적으로 규정되지 않은 채 의지로서 작용할 수 있다는 것이다. 인간이 자신의 사적인 욕구나 이기적인 관점으로부터 자유로울 수 있다는 것은 자신의 관점 너머 타자의 관점을 생각할 수 있다는 것이고, 그 타자의 범위를 계속해서 확대해 가면 결국 '모두'의 관점을 고려할 수 있다는 것이 된다. 이런 점에서 형식만을 법칙으로 삼을 수 있는 도덕적 원리는 '보편성'이 된다. 칸트는 도덕적 행동을 가능하게 하는 도덕적 원리를 다음과 같은 명령으로 표현한다. "마치 너의 행위의 준칙이 너의 의지에 의해 보편적 자연법칙이 되어야 하는 것처럼, 그렇게 행위하라." 이러한 명령이 가능할 수 있는 것은 인간의 의지가 개별적이고 주관적인 특수한 차원에 머물지 않고 보편적인 행위가 될 수 있기 때문이며, 이러한 행위의 가능성에 기반하여 인간의 의지가 '보편적 자연법칙'이 될 수 있다는 것이다.

인간 존엄성은 모든 교환 가능한 시장가격을 초월한다

인간의 의지나 행위가 정말로 내용이 아닌 오직 형식으로만 규정될 수 있는가? 인간은 자유로운 존재이기도 하지만 인간의 의지 가운데 과연 행위를 통해 결과할 수 있는 목적들과 무관한 의지가 가능할 수 있겠는가? 가령 지나는 길에 물에 빠진 아이를 발견했다고 하자. 만약 어떤 사람이 물에 빠진 아이를 구할 때, 아이를 구하지 않을 경우 그가 받을 사회적 비난이 무서워서, 보상을 기대해서 그리고 그 아이의 부모와의 교제를 목적으로 구했다면 그의 행위는 계산적이고 타산적인 행위에 불과하다. 그의 의지가 전적으로 교제, 보상, 이해관계를 내용으로 한 만큼 그의 의지의 규정은 형식적인 규정이 아닌 것이다. 따라서 칸트는 "인간이 도덕적 행위를 실천함에 있어서 나 또는 다른 사람에게 생길 이익과 손해를 고려하지 않을 경우에만 인간 행위는 도덕적 가치를 갖는다"고 말한다. 그러나 도덕적 행위에 대한 보상이 없는 것보다는 있는 것이 인간들로 하여금 도덕적 행위에 대한 동기를 유발할 수 있지 않을까? 사람들로 하여금 보상을 통해 도덕적 행동의 동기를 유발한다고 해보자. 이럴 경우에는 물에 빠진 아이의 생명이 교제나 돈과 같은 것으로 교환이 가능해지거나 또는 물에 빠진 아이를 구하고자 하는 행위가 교제나 돈을 목적으로 한 수단으로 전락하게 된다. 이에 대해 칸트는 모든 가격을 초월하는 인간의 존엄성을 가격과 비교하는 것은 인간 존엄의 신성성을 모독하는 것이라고 말한다. 이런 맥락에서 그는 "네가 너 자신의 인격에서나 다른 모든 사람의 인격에서 인간(성)을 항상 동시에 목적으로 대하고, 결코 한낱 수단으로 대하지 않도록, 그렇게 행위하라"고 주장한다.

인간의 이중성 – 의무와 명령의 관계

인간을 목적 자체로 생각할 수 있는 것은 인간의 본질이 자유이기 때문에 가능하다. 자유 외에 세계의 안과 밖에서 목적과 그 목적 달성을 위한 결과를 고려하지 않고 일어나는 생각과 행동은 존재하지 않는다. 자유가 자유일 수 있는 것은 자유가 그 어떤 다른 것에 종속되거나 예속되지 않기 때문이다. 인간이 존엄할 수 있는 것도 인간이 어떤 다른 목적을 위해 수단이 될 수 없기 때문인데, 그 이유는 바로 인간 본질이 자유이기 때문이다. 그러나 인간은 자유 의지만으로 일생을 살아가지 않는다. 사적 욕망과 감성적 충동에 의해 인간의 의지가 결정될 때, 칸트는 그러한 인간의 의지를 병리학적으로 결정되는 '동물적 의지'라고 말한다. 인간은 자유로운 의지의 주체일 수 있지만 동시에 '동물적 의지'에 지배되기도 한다. 동일한 인격 안에 도덕성과 경향성이 함께 공존한다. 그렇기 때문에 도덕적 존재로서의 인간은 도덕적 명령에 대한 숭고한 존경의 감정을 가질 수 있고 "우리 안에 도덕법칙에 대한 활발한 관심"을 불러일으킬 수 있으며 병리학적 충동에 예속되는 자신의 모습에 대해 인간은 스스로에 대한 자기 경멸과 내적 혐오의 감정을 느낄 수 있는 것이다. 이러한 인간의 이중성으로 인해 어떤 도덕적 결단의 상황에서 우리는 스스로가 명령하는 자이면서 동시에 그 명령을 받아들이는 자라는 것을 경험한다. 그러나 인간 의지를 '자유로운 의지'와 '동물적 의지'로 구분한다고 해서, 칸트가 그런 이원적 대립을 도덕의 궁극 지향점으로 놓고 있는 것은 아니다. 오히려 그는 도덕성과 경향성, '자유로운 의지'와 '동물적 의지'가 조화되는 신성한 의지를 도덕이 지향해야 할 궁극적인 목표로 간주한다. "의지의 이러한 신성성은 반드시 원형으로 간주되어야 할 실천적 이념이며, 이 원형에 끊임없이 접근하는 것은 모든 유한한 이성존재자에게 허용되는 일이다."

| 현대에서 이 저서의 의미와 가치 |

우리가 살고 있는 현대를 자본주의 시대로 규정하는 데 이의를 제기할 사람은 없을 것이다. 16세기에 탄생한 근대 자본주의는 계급주의, 인종주의, 식민주의와 결탁하여 인간을 사고 파는 노예제와 인종차별, 홀로코스트 등의 야만을 초래하였다. 마르크스(K. H. Marx)는 『공산당선언』(Manifest der Kommunistischen Partei)에서 자본주의가 인간과 인간 사이를 경쟁과 이해관계, 현금 지불의 관계로 전락시켰고, 사고파는 것이 불가능한 가치들마저 이기적 타산이라는 얼음같이 차가운 물속에 익사시켰으며, 의사, 법률가, 성직자, 시인, 학자 등의 직업을 돈을 받는 임금 노동자로 바꿔놓았다고 말하고 있다. 이처럼 우리 시대의 직업은 더 이상 삶의 자기실현의 장이 아니다. 노동 급여가 인간의 꿈과 희망마저 포섭했다.

칸트는 자본주의 시대에 인간을 포함한 모든 것이 교환 가능한 시장가격을 갖게 된다는 것을 예견했을까? 그는 그가 살았던 당대부터 이미 서유럽 국가들은 이미 수백만 명의 아프리카사람들을 노예로 삼아 착취하고 매매하였다는 사실을 알고 있었을까? 그는 "가격을 갖는 모든 것은 같은 가격을 갖는[同價의] 다른 것으로 대치될 수가 있다"고 말한다. 그러나 그는 모든 것이 시장가격을 가질지라도 존엄한 존재인 인간만은 모든 가격을 초월해 있으며 결코 다른 것으로 대치되거나 수단시 될 수 없음을 역설한다.

근대 자본주의 시대의 주인과 노예의 불평등한 관계는 현대에도 여전히 '흙수저 · 금수저', '갑을관계'로 지속되고 있다. 오늘날 한국사회에서 그 사람이 누구인지를 말해주는 것이 그 사람이 갖는 내적 가치가 아니라 그가 가진 차, 살고 있는 아파트, 연봉이라면 인격을 갖는 인간 개개인은 시장가격을 갖는 사물로 전락한 것이다. 인간을 수단시하여 수백만 수천만의 인간의 삶을 파괴한 노예제, 우생학, 인종주의, 계급주의, 홀로코스트, 야만적 '생체 실험' 등을 우리는 20세기에 경험했다. 이미 발생한 역사적 사건은 현재와 미래에도 반복될 수 있다. 우리는 이와 같은 일들을 반복하지 않기 위해서 모든 인간이 그 어떤 것으로 수단시 되거나 대치 될 수 없는 존엄함을 지닌 존재라는 사실을 각성해야 한다. 이것이 우리가 『윤리형이상학 정초』를 읽어야 하는 이유다.

| 책의 내용 가운데 중요한 구절 소개 |

"도덕적 가치는 …… 어디에 있을 수 있을까? 그것은 그러한 행위를 통해 결과 할 수 있는 목적들과는 무관한, 의지의 원리 외에 어떤 다른 곳에도 있을 수 없다. 무릇 의지는 형식적인, 그것의 선험적 원리와 질료적인, 그것의 후험적 동기 사이의 한가운데에, 말하자면 갈림길에 서 있는 것이다. 그럼에도 의지는 무엇인가에 의해 규정되어야만 하는 것이기 때문에, 만약 행위가 의무로부터 말미암아 일어난다면, 의지에서 모든 질료적 원리는 제거된 것이므로, 의지는 의욕 일반의 형식적 원리에 의해 규정되지 않을 수 없다."(133쪽)

"우리는 여기서 철학이 실제로는 하늘에서도 땅에서도 매달리고 의지할 곳이 없으면서도, 확고해야만 하는 미묘한 입장에 놓여 있음을 본다. 여기서 철학은 천성적 감각이나 누구도 알지 못하는 후견자적인 자연본성이 그에게 속삭이는 것들의 전령으로서가 아니라, 자기 법칙들의 자주적 수호자로서 자기의 순정성(純正性)을 증명해야 한다. …… 이 원칙들은 철두철미 그들의 원천을 온전히 선험적으로 가져야만 하고, 이와 함께 동시에 지시 명령하는 권위를 가져야만 한다. 이런 권위는 인간의 경향성으로부터는 아무것도 기대하지 않고, 모든 것을 법칙의 최고 권력과 법칙에 대한 당연한 존경에서 기대하며, 그렇지 않으면 인간에게 자기경멸과 내적 혐오를 선고하는 것이다."(171~172쪽)

"정언적으로 지시명령하는 실천적 명제들이 있다는 사실은 그 자체로 증명될 수 없겠고 그런 일은 이 절 어디서나 마찬가지로 여기서도 일어날 수가 없다. 그러나 그럼에도 한 가지는 일어날 수 있을 터이다. 곧, 의무로부터의 의욕[의무이기 때문에 하려고 함]에서 모든 관심의 포기는, 정언적 명령과 가언적 명령을 종적으로 구별 짓는 표지로서, 그 명령 자신 안에, 그 명령이 함유하고 있는 어떤 규정에 의해, 함께 암시되어 있을 것이라는 것 말이다. 이것은 …… 보편적-법칙수립의 의지로서의 각 이성적 존재자의 의지라는 이념에서 일어나고 있다."(181쪽)

" …… 목적의 나라에서 모든 것은 가격을 갖든지 존엄성을 갖는다. 가격을 갖는 것은 같은 가격을 갖는[同價]의 다른 것으로 대치될 수가 있다. 이에 반해 모든 가격을 초월해 있어 같은 가격을 갖는 것을 전혀 허용하지 않는 것은 존엄성을 갖는다. 보편적인 인간의 경향성 및 필요들과 관련되어 있는 것은 시장가격을 갖는다. 필요와 상관없이, 어떤 취미나 순전히 무목적적인 유희에서 우리 마음 능력의 흡족함을 따르는 것은 애호가격을 갖는다. 그러나 그 아래에서만 어떤 것이 목적 그 자체일 수 있는 그런 조건을 이루는 것은 한낱 상대적 가치, 다시 말해

가격을 갖는 것이 아니라 내적 가치, 즉 존엄성을 갖는다."(185쪽)

생각거리

1 우리가 살아가는 시대를 경쟁 또는 성과사회라고 규정할 만큼, 현대는 타인과의 경쟁이 불가피한 시대다. 한정된 재화로 인해 성과에 대한 보상이 모두에게 부여될 수도 없으며 취업 일자리도 한정되어 있다. 경쟁이 불가피하고 내가 상대를 이겨야만 살아 갈 수 있는 양육강식의 정치 및 경제상황에서 타인을 수단시하지 말고 존엄성을 갖는 목적 자체로 대하라는 도덕적 가치는 실현 가능성이 없는 공허하고 추상적인 가치로 전락할 수 있다. 도덕적 가치의 실현을 강조하기 보다는 오히려 법과 계약이 이시대 인간 개개인을 보호할 수 있는 것 아닐까? 도덕과 법 또는 계약의 관계에 대해 생각해 보시오.

2 칸트는 어떤 의도나 목적을 고려하지 않은 의지만이 자유로운 의지일 수 있다고 말한다. 그러나 우리가 살아가는 현실세계에서 발생하는 행위는 목적과 수단의 인과사슬을 떠나서 생각할수 없다. 가령 아침에 일찍 일어나는 것은 학교에서 공부하기 위한 것이고 공부를 열심히 하는 것은 좋은 대학가서 취업하기 위한 것이다. 그렇지 않을 경우의 행위는 아무런 의도나 목적이 없는 무의미한 행위에 불과할 수 있다. 과연 어떤 계산도 고려하지 않은 순수한 행위 자체가 가능할 수 있는지에 대해서 생각해 보시오.

3 칸트는 도덕적 가치를 갖는 행위는 인간의 사적인 행복과 이기심과 절대로 섞여서는 안 된다고 말한다. 그런데 만약 사회의 구조 자체가 선하게 사는 사람들이 더 손해를 볼 수밖에 없는 모순

된 구조라면 선한 사람들은 더욱 더 불행해질 수밖에 없으며 법과 제도적으로 선한 행위의 사람들에 대한 적합한 보상조차 기대할 수 없다. 이런 상황에서 도덕적 행위가 지속적으로 실천될 수 있겠는지에 대해 생각해 보시오.

• 번역서
임마누엘 칸트, 『윤리형이상학 정초』, 백종현 옮김, 아카넷, 2016.

• 필자 소개: **염승준**
원광대학교 원불교학과와 원불교대학원대학교에서 원불교학을 전공했고, 독일 베를린 홈볼트대학교에서 철학을 공부하고 철학 박사학위를 취득했다. 현재 원광대학교 원불교학과 교수로 재직하고 있으며, 원불교학의 학문적 방법론에 관한 연구, 동서양 종교와 철학의 비교 및 칸트 사상의 실천적 과제에 대한 연구를 진행하고 있다. 저서로는 *Der Lebensbegriff in Kants kritischen Philosophie*(Humboldt Universität zu Berlin)(칸트 비판철학에서의 생명 개념)이 있고, 번역서로는 『프롤레고메나』(임마누엘 칸트)가 있다. 연구논문으로는 「순수이성의 후성발생 체계와 순수 지성개념의 유기체적 성격」, "Self-knowlege of Reason as a vital pheomenon in Kant's transcendental dialectic"(칸트의 초월적 변증론에서 생명현상으로서의 이성의 자기인식, Immanuel Kant Baltic Federal University Press)을 비롯해 다수의 논문이 있다.

III 공동체에서 어떻게 살 것인가?
사회와 국가의 이해

- 사랑하는 마음과 의로운 길을 찾다 – 맹자, 『맹자』: 김양용
- 국가권력은 국민으로부터 나온다 – 토마스 홉스, 『리바이어던』: 진정일
- 자유와 진보를 방해하는 부당한 사회적 간섭은 배제되어야 한다!
  – 존 스튜어트 밀, 『자유론』: 홍성우

사랑하는 마음과 의로운 길을 찾다

맹자, 『맹자』

김 양 용

| 작가 소개 |

　　맹자(孟子)는 B.C. 372년 추(鄒)나라(지금의 산동성 추현(山東省鄒縣))에서 태어나 B.C. 289년까지 살다간 중국 전국시대 유교사상가로 이름은 가(軻)이다. 그는 어려서 어머니에게 가르침을 받아 맹모삼천지교(孟母三遷之敎)라는 고사를 남겼고, 자라서는 공자의 손자인 자사(子思) 계열의 문하에서 학업을 닦았다. 이런 인연으로 자사를 존경하였고, 자사의 스승인 증자(曾子)를 거쳐 그 학통이 공자에까지 거슬러 올라가 "유사 이래로 공자보다 더 훌륭한 사람은 없다"고 할 만큼 공자를 존경하고 숭배하였다. 후세의 평가에 따르면, 맹자는 공자의 사상과 학문을 발전시킨 학자로 유가학파를 공맹

(孔孟)학파라고 부를 정도로 공자를 계승하여 유가사상을 중국의 정통사상으로 확립한 위대한 사상가이자 교육가였다.

맹자는 40세 이전에는 교육에 전념하였고, 50세 이후에는 자신의 이상인 왕도정치를 펴기 위해 위(魏)나라를 시작으로 송(宋), 등(騰), 노(魯)나라 등 중국 천하를 두루 여행하였다. 공자가 유세 중 많은 고난을 겪었던 데 반해 맹자의 유세에는 그의 명성이 대단하여 보통 수십 승(乘)의 수레와 수백 명의 사람이 동행하였다. 70세 이후 말년에 그는 고향인 추나라에 돌아와 제자의 교육과 저술에 종사하다가 84세에 생을 마쳤다.

『맹자』(孟子) 7편을 통하여 발견되는 맹자의 제자는 모두 14명이다. 그 중 노(魯)나라의 악정자(樂正子), 제(齊)나라 공손추(公孫丑)와 만장(萬章)이 가장 두드러진 제자들이다. 맹자는 경전이 사라지고 예의제도가 무너짐을 걱정하여 말년에 이 제자들과 더불어『시경』(詩經),『서경』(書經)을 저술하였고, 특히 자신의 평생 이론을 모으고, 다시 도의에 합치되는 이론을 설득력 있고 기세 넘치는 최고의 문장으로 전개한 『맹자』7편을 저술하여 위대한 학술적 업적을 남겼다.

| 책 내용 소개 |

『맹자』(孟子)는 누가 지었고, 어떻게 전해졌는가?

『맹자』7편은 모두 261장과 34,685자로 이루어졌다. 그 저작에 대해서는 학자들에 따라 세 부류로 주장이 나뉜다. 첫째, 맹자 자신의 직접 저술이라는 주장이다. 『맹자』에 주석을 가장 먼저 쓴 조기(趙岐, 106-201)의 『맹자제사』(孟子題辭) 주장을 필두로 하여, 송(宋)대 주희(朱熹)와 청(淸)대 염약거(閻若璩) 등 학자들에 의해 그 논거가 심화되었다. 둘째,

그의 제자 만장과 공손추 무리의 기록이라는 주장이다. 이는 당(唐)대 한유(韓愈)와 장적(張籍), 그리고 송(宋)대 소철(蘇轍)이 앞서 주장하고, 조공무(晁公武)가 나서 맹자가 만났던 제후들의 호칭 등의 모순을 근거로 내세웠으며, 청(淸)대 최술(崔述)이 『맹자사실록』(孟子事實錄)에서 자세히 보충하였다. 셋째, 맹자가 주로 쓰고 제자들이 돕고, 제자들의 글도 섞여 있다는 주장이다. 그중 사마천의 『사기』(史記)의 기록 등이 후세의 가장 많은 학자들에게 합리적 견해로 인정받아 일반화되었다. 『사기』의 "물러나서 공손추·만장의 무리와 토론하고, 문답한 내용을 가리어 모으기도 하였다"는 내용이나 주희의 『주자어류』(朱子語類)에서 맹자 자신의 저술임을 강조하면서도 "맹자는 성선을 주장하고, 반드시 요순(堯舜)을 들어 말한 것은 그의 제자들이 기록한 것이기 때문"이라는 내용은 맹자가 직접 쓴 것으로 보기 어려운 글들이 섞여 있음을 말해준다.

그렇다면 『맹자』는 어떻게 전해져왔고, 중국 학술사에서 어떠한 위치에 있는가? 앞에서 말한 조기의 책에서 『맹자』는 한(漢)나라 문제(文帝, 기원전 179~157) 때에 최고 교육기관인 태학(太學)의 기본과목으로 『논어』(論語), 『효경』(孝經), 『이아』(爾雅)와 함께 가르칠 만큼 존중되었다. 맹자에 대한 존숭은 당(唐)에도 이어져 한유(韓愈, 768~824)의 도통론(道統論)에 이르렀고, 맹자를 유학의 계승자로서 공자와 짝 지우는 위치에 모시게 된다. 한유는 「원도」(原道)라는 글에서 "이 도(道)는 … 요(堯)가 순(舜)에게 전하여 주었고, 순은 이것을 우(禹)에게 전하여 주었고, 우는 이것을 탕(湯)에게 전하여 주었고, 탕은 이것을 문(文)·무(武)·주공(周公)에게 전하여 주었으며, 문·무·주공은 다시 공자에게 전하여 주고, 공자는 이것을 맹가(孟軻)에게 전하여 주었다. 그런데 맹자가 죽은 뒤로는 이것이 더는 전하여지지 않았다"고 하였다. 이 '도통론'으로 인하여 『맹자』의 위상이 경(經)의 위치로 격상된다.

한대의『맹자』에 대한 존숭은 송대 신유학(新儒學)의 이론적 기틀로 자리매김함으로써 성리학(性理學)의 기본이론이 된다. 주희의 스승인 정자(程子)는 "공자는 오로지 인(仁)만을 얘기했는데 맹자는 인의(仁義)를 얘기하였고, 공자는 지(志)만을 말했는데 맹자는 양기(養氣)도 논하였다. …… 맹자의 큰 공로는 그의 성선설(性善說)"이라고 함으로써, 맹자를 아성(亞聖)으로 높이고, 공맹(孔孟)으로 나란히 호칭하는 계기를 제공한다. 주희(朱熹)는『예기』(禮記)에서『대학』(大學)과『중용』(中庸)을 분리하여 독립시킨 뒤 주해(註解)하고, 여기에『논어』,『맹자』를 포함하여『사서집주』(四書集註)를 완성함으로써『맹자』를 유학의 '도통'을 드러내는 경전으로 격상시켰고, 그렇게『맹자』를 성리학의 이론적 근거로 자리매김하였다.

하늘이 부여한 본성은 악한가?

맹자 학설의 핵심은 성선설(性善說)이다. 공자 시대에는 인간 본성의 문제가 첨예하게 논의되지 않았지만 맹자 시대에 이르러서는 본격적으로 논의되기 시작했다. 그만큼 약육강식의 패권주의가 전국시대를 풍미하여 세상이 험악해지고 죄악이 횡횡했기 때문이다. 모든 철학이나 종교는 죄악의 근원에 대한 해명을 과제로 삼고, 그 원인을 해명함으로써 죄악을 씻어낼 해법을 구하고자 하였다. 악은 인간의 본성 속에 있는 것인가, 인간의 본성 밖에서 유래하는가?

맹자는 "사람으로 선(善)하지 않는 이가 없고, 물(水)로서 아래로 내려가지 않는 물은 없다"고 하여 인간의 본성이란 자연의 본성을 닮아 본래 선(善)한 것이라고 주장한다. 맹자의 성선설은 '인간의 본성이 선하다'는 인간의 선한 가능성에 대한 무한한 신뢰와 긍정을 내포하며, 이로부터 후세에 널리 수용되고 지지를 받는 요인이 되었다.『맹자』

(孟子) 7편을 일관하는 성선설은 「고자」(告子), 「진심」(盡心) 두 편에 성선의 취지가 집중되어 나타난다. 특히 성선에 대한 논란에 대해서 "자기의 성정(性情)에 따른다면 선해질 수 있다. 이것이 이른바 선(善)이다. 만약 선하지 않게 된다면 그것은 재성(才性)의 죄가 아니다"라며 확고한 성선설의 입장을 견지한다.

맹자는 주로 고자(告子)의 "식색의 욕망이 인간의 변하지 않는 유일한 본성"이라는 성무선악설(性無善惡說)을 비판하였다. 나아가 양주학파의 "성(性)은 생(生)이기에 생명을 해롭게 하는 것은 하늘의 뜻을 어기는 것이므로 그 어떤 것도 부정한다"는 극단적 개인주의에 대해서도 "나 자신만을 위하고 임금을 무시하는 것은 짐승이나 다름없는 태도"라고 반대하였다. 또한 묵가(墨家)의 "모두를 똑같이 사랑하면 모든 갈등과 해악이 사라진다"는 주장에 대해서도 "자신의 아버지를 부정하는 것"이라고 비판하였다. 이처럼 맹자의 성선설은 당시의 다양한 성론에 대한 객관적 추론을 통해 정립되고 차별화된 심성론으로서 후세에 유가의 대표적 이론으로 자리매김하게 된다.

맹자의 성선설에서 하늘이 인간의 마음속에 부여해준 선(善)한 마음은 본래부터 내 안에 자리한 것이지 밖에서부터 나를 녹여오는 것이 아니다. 즉 인간의 본성에서 인의예지(仁義禮智) 각각의 실마리에 해당하는 측은함과 부끄러움, 공경과 시비의 마음은 '몸에 사지(四肢)가 있는 것과 같이' 본래부터 갖추어 있다는 것이다. 따라서 인간으로서 잘 살아가려면 인간의 타고난 '착한 본성'이 자연스럽게 발현되도록 해야 한다.

그런데 인간의 '착한 본성'이란 자칫 잃어버리기 쉽고 타락하기 십상이다. 인간의 '착한 본성'의 상실과 타락이 바로 악의 근원이다. 따라서 맹자에게 인간의 악은 '구하면 얻고, 버려두면 잃어버리는' 이치에 따라 스스로 방심하여 본성을 잃었기 때문에 나타나게 된다. 맹자는 '우산(牛山)의 비유'를 들어 "자연 상태에서 산의 본성은 나무가 잘 자라지만 지나친 벌목이나 방목으로 숲이 망가지게 된다"고 보아 악의 근원이 착한 본성을 잃는 데서 온다고 하였다. 악(惡)의 유래가 인간 본성 밖의 원인으로부터 비롯되는 것임을 분명히 한 것이다.

인간에게 측은(惻隱), 수오(羞惡), 사양(辭讓), 시비(是非)의 마음이 있다는 주장에는 각 개인에 대한 도덕적 각성과 함께 부단한 수양을 요구하기 위해서다. 이는 궁극적으로 마음이 무엇인가에 관한 주장을 근거로 무질서와 혼란의 시기였던 전국시대를 살아가는 해법을 제시하고자 함이었다. 인간의 본성에 대한 해명은 그것이 "인간은 어떻게 살아야 하는가?", "어떻게 하는 것이 잘 사는 것인가?"에 관한 설명을 제시한다는 점에서 주목할 만하다. 맹자는 인간의 본성이 선(善)하다는 점에 착안하여 이로써 타락한 인륜과 사회질서를 회복할 수 있다고 본 것이다.

맹자에 따르면 사람은 누구나 남의 고통에 대해 '차마 보지 못하는 마음'(不忍之心)을 가지고 있다고 한다. 요순(堯舜) 이래로 옛날 선왕(先王)은 이 불인지심을 가지고 선정을 베풀어 백성들로부터 추앙을 받게 되었다. 따라서 통치자가 불인지심을 가지고 정치를 하면, 세상을 다스리는 일은 손바닥 위에 올려놓고 움직이는 것처럼 쉽게 된다는 것이다.

또한 인간은 하늘로부터 타고난 선한 인성을 발전시켜 나가면 인(仁), 의(義), 예(禮), 지(智)의 사덕(四德)에 이르게 된다. 맹자는 인간의 선한 인성의 능력이 선천적으로 부여되어 있기에 이것을 양지양능(良知良能)이라고 하였다. 그러나 타고난 선한 인성은 잠깐 방심하면 잃어버리기 일쑤이다. 그러므로 '착한 본성'이 자연스럽게 발로되려면 '착한 본성'의 부단한 확충이 요구된다. "사람이 자기에게 있는 사단을 확충시킬 줄 알면 이것은 마치 불이 타서 번져 나가고 샘물이 솟아서 흘

러가는 것과 같다. 정말 이것을 잘 확충시킬 줄 안다면 사해(四海)를 보존할 수 있을 것이요, 만약 이것을 확충시키지 못한다면 부모도 제대로 섬기지 못할 것이다." 따라서 인간은 사회에서 교육을 통하여 사단을 잘 확충해나가야 한다. 이것이 선천적으로 타고난 '착한 본성'을 따라 잘 사는 길이다. 이처럼 맹자는 올바른 삶의 근거를 인간의 착한 본성에서 찾고자하였다.

호연지기(浩然之氣)를 길러 선한 본성(善性)을 확충한다

맹자는 군자의 삼락(三樂) 가운데 하나로 '천하의 영재를 얻어 교육하는 것'을 거론할 정도로 교육을 중시하였다. 그는 사람의 본성이 선하다고 믿었기 때문에 교육에서도 바로 선성의 보존, 양육, 회복을 주장하였는데, 선한 본성의 자발적 확충을 유도하는 적극적 방향과 습성의 악화를 막는 소극적 방향을 제시하였다. 그러기에 맹자의 교육론은 인간이 본래 지닌 '착한 본성'의 확충이라는 점에서 수양론에 속하기도 한다. 그가 강조한 선한 본성의 점진적이고 자발적인 발전이란 자기 수양의 방책이며, 자기완성을 위한 엄중한 자기성찰이기 때문이다.

첫째, 맹자는 인간이 자연으로부터 타고난 인의예지(仁義禮智)의 사덕(四德)을 더욱 널리 '확충'(擴充)시켜 나갈 것을 강조하였다. 이는 성선설의 일관된 입장에서 나온 교육론으로 덕성은 인간의 밖에서 주어지는 것이 아니라 안으로부터 계발된다는 것이다. 『맹자』「공손추」(公孫丑) 상편에서 사람들 마음속의 '인의예지'의 네 가지 '발단'을 널리 확충시켜나가야 함을 강조하고 있고,「진심」(盡心) 하편에서 남을 동정하는 마음과 나쁜 짓은 하지 않겠다는 마음을 확충시켜 나가면 '인의'를 이루하게 된다고 하였다.

둘째, 양기(養氣) 즉 '기운'을 잘 길러야 한다는 것이다. 수양과 교육

을 통하여 기르고자 하는 '기운'이란 바로 '호연지기'(浩然之氣)를 가리
킨다. 수양의 인격적 모델은 요(堯)·순(舜) 같은 성인이며, 요순(堯舜)의
행적과 교훈에서 교육의 길을 모색하였다. 맹자는 "요 임금과 순 임금
을 본받아 임금을 섬기고 백성을 위하는 극진한 태도와 도리"를 바로
인간의 행위규범으로 삼았는데, 그 핵심 덕목은 바로 '효'(孝)와 '제'(弟)
이다. 맹자는「공손추」상편에서 사람이 "마음을 동요시키지 않기 위
해서는 자신의 뜻(志)을 잘 유지하고, 자신의 기운(氣)을 난폭하게 하
지 않아야 한다"고 하였다. 특히 그는 '호연지기'를 강조하며, "지극
히 크고 지극히 강하면서도 곧아서 잘 기르고 해치지 않는다면 곧 하
늘과 땅 사이에 가득 차게 되는 것"이라며 그 기운은 "'의'와 '도'에 배
합되는 것이어서 이것이 없으면 굶주림의 상태"가 되며, 그것은 "내부
에 '의'가 모여 생성되는 것이지, 외부의 '의'가 들어오면서 가져다주
는 것이 아니다"라고 말했다. 또한「고자」(告子) 상편에서는 마음속의
'인의'를 잘 보존하기 위해서는 고요한 밤에 퍼지는 청명한 기운인 '야
기'(夜氣)를 잘 보존해야 함을 강조하고 있다.

셋째, 잃어버린 마음, 즉 방심(放心)을 되찾을 줄 알아야 한다는 것이
다.「고자」상편에서 "'인'은 사람의 마음이요, '의'는 사람의 길"이라
고 말하고, "그 올바른 길은 버린 채 따르지 아니하고, 그 올바른 마음
은 방기한 채 되찾을 줄 모르니, 슬픈 일"이라며 방심(放心)을 경계하고
있다. 여기서 마음이란 사람이 타고난 착하고 올바른 마음인 양심(良
心)을 말하는 것이며, 이 양심을 확충시켜 나가는 존심양성(存心養性)의
중요성을 역설한 것이다. 이를 위해 학습자는 먼저 놓아버린 마음(放
心)을 거둬들여야 하는데, 이것이야 말로 학문의 요체임을 특별히 강조
하였다.

넷째, 존심양성(存心養性)을 위해 욕심을 줄여야 한다는 것이다. 맹자
는 마음의 수양에 욕망을 줄이는 과욕(寡慾)보다 더 좋은 방법은 없다

고 말한다. 「진심」(盡心) 하편에서 "마음을 잘 기르는 데 있어서는 욕심을 적게 갖는 것보다 더 좋은 것이 없다"고 하였다. 즉 과욕(寡慾)은 '방기한 마음을 되찾고', '양심을 회복하는 것'을 뜻한다. 그에 따르면 '인'(仁)의 마음을 지니고, '의'(義)의 길을 실현하는 길은 쓸데없는 욕심을 없애는 것에서부터 출발해야 한다.

맹자는 인간이 타고난 호연지기(浩然之氣)의 양기(養氣)를 통하여 양심(良心)을 확충하는 것이 교육과 수양의 요체임을 강조하였다. 이를 바탕으로 자신을 올바로 지켜나가고, 이(利)를 뒤로 돌려 의(義)를 존중하며, 한 가지에 고집하지 않고 정도에 따라 판단할 때 선한 본성을 실현할 수 있게 된다는 것이다. 군자에게 요청되는 자기수양의 실질적 목표인 호연지기(浩然之氣)는 인간의 선성이 만개한 경지이자 대장부(大丈夫)의 기개(氣槪)를 의미한다. 이러한 기(氣)는 지극히 크고 굳센 것이므로 곧 가꾸고 기르면 천지의 사이에 가득 찬다. 그러므로 '의'와 '도'가 합한 상태에서라야 호연지기는 제대로 함양된다. 호연지기가 크게 무르익은 경지에 이른 사람이 곧 이상적 인간으로서의 '대장부'이다. "천하의 넓은 집(仁)에 살며 천하의 올바른 자리(禮)에 서며 천하의 큰 도리(義)를 행하는 사람, 바른 도리를 펼치고자 하는 뜻(志)을 실행할 수 있는 기회를 얻으면 백성들과 더불어 이를 행하고 그런 뜻을 펼 기회를 얻지 못하면 혼자서라도 그 도리를 행하는 사람, 부귀의 유혹도 그 마음을 더럽히지 못하고 빈천의 어려움도 그 마음을 바꾸어 놓지 못하며 어떤 위세나 무력도 그를 굴복시키지 못하는 사람, 그런 사람이 곧 대장부인 것이다."

대장부의 큰 뜻을 실현하려면 온갖 시련과 유혹을 극복할 수 있는 굳은 신념이 요구된다. "순(舜)은 밭 가운데에서 일하는 과정을 거쳐 왕으로 기용되었으니, 하늘에서 큰일을 맡기고자 하는 사람에게는 반드시 먼저 그들의 심지(心志)를 힘들게 단련시키고, 근골(筋骨)을 수고롭게 하는데, 이는 마음을 단련시키고 참는 성질을 길러 그들이 해내지 못하던 일을 더 많이 할 수 있도록 해주기 위해서인 것이다." 이는 바꿔 말하면 큰일을 성취하기 위해서는 온갖 시련과 고통을 참고 견뎌내야 한다는 것이다. 이러한 대장부의 인간상은 유가의 선비들이 지향하는 이상적인 삶의 모습이었으며, 오늘날 우리에게 있어서도 하나의 숭고한 인간상으로 제시될 수 있을 것이다. 대장부는 천하의 넓은 보금자리인 '인'의 마음을 가지고, 천하의 올바른 자리인 '예'를 지키며, 천하의 대도인 '의'를 행한다. 대장부는 뜻을 얻어 도를 행할 수 있는 자리에 오르면 백성들과 함께 그 도를 따라 행하고, 뜻을 얻지 못하더라도 홀로 그 선을 행하는 사람이다. 이처럼 맹자의 호연지기 양성은 인간이 자기의 본성을 충분히 계발시킨다는 점에서 교육적 의의가 크다. 교육의 실질적 목표인 호연지기는 결코 한갓 이상적인 인간의 모습이 아니라 자기성찰과 수양을 통하여 누구나 실현할 수 있기 때문이다.

민생(民生)과 인의(仁義)로 왕도정치를 꿈꾸다

맹자의 사상은 인간 본성에 대한 논의에서 시작된 성선설이 정치적인 측면으로 확장되어 "무엇이 이상적인 정치인가" 하는 왕도(王道)정치로 귀결된다. 그의 왕도사상은 인의(仁義)에 근거를 두고 있다. 맹자는 공자의 인사상(仁思想)을 계승하여 '인의'(仁義)를 주창하였다. 맹자에게 '인(仁)은 사람의 마음이요, 의(義)는 사람의 길'로서 의는 '인의' 실천에서 지켜야 할 덕으로 간주된다. 공자도 '인의'를 말하였지만, 이를 특별히 강조하지 않았던 반면에 맹자는 '인의'를 특별히 중시하였다.

공자의 인(仁) 사상은 육친 사이에 생기는 자연스러운 친애(親愛)의

정을 널리 사회에 미치게 하려는 것이었다. 따라서 소원한 쪽보다 친근한 쪽으로 정이 더 가는 것은 당연시되었다. 이는 가족제도에 입각한 차별애(差別愛)를 따른 것인데, 맹자는 이를 받아들여 한편으로는 보편적인 인애(仁愛)의 덕(德)을 주장하고, 다른 한편으로는 그 인애가 현실에서 사회적으로 실천되어야 한다는 점에 입각하여 현실적 차별상(差別相)에 따라 정치적으로 실현되는 왕도(王道)정치를 주장하게 된다.

맹자에 따르면 "힘으로 인(仁)을 가장하는 것은 패도(霸道)이다. 패도를 칭하려면 반드시 큰 나라가 필요하다. 덕으로 인을 행하는 것은 왕도이다. 왕도를 펴는 데는 큰 나라여야 할 필요가 없다. 왜냐하면 힘으로 남을 복종시킨다면 그것은 진정으로 복종하는 것이 아니지만, 덕으로 남을 복종시킨다면 그것은 진정으로 기뻐서 정말로 복종하는 것이기 때문이다."(「공손추」(公孫丑) 상편) 즉 무력으로 남을 복종시키면 사람들이 마음속에서 진정으로 그에게 복종하는 것이 아니라, 다만 힘이 모자라기 때문에 따르는 것이다. 하지만 덕으로 복종시키는 사람은 사람들이 기뻐서 진정으로 그에게 복종한다. 따라서 덕으로 '인의'를 행하는 사람은 천하를 귀복시킬 수 있으며, 그렇게 하는 데 반드시 강대국일 필요는 없다. 그러나 맹자는 패자(霸者)란 '인의'의 이름만 빌리고 실제로는 무력에 의한 정벌을 추구하기 때문에 반드시 국력이 강대해야 한다고 주장한다. 이처럼 맹자는 그의 정치론의 근본을 '인의'에 두고 있으며, 그의 왕도정치(王道政治)는 '인의'의 정치적 실천을 통해 얻게 되는 것이다.

맹자는 왕도정치를 논하면서 민생과 경제의 중요성을 강조한다. 모든 인간은 "먹지 않으면 죽는다"는 점에서 기본적으로 최소한의 항산(恒産)은 가져야 한다. 기본적인 생계 수단인 항산(恒産)이 없다면 기본적인 양심인 항심(恒心)을 가질 수 없게 되고, 최소한의 도덕심마저 사라질 것이기 때문이다. 따라서 맹자의 왕도정치에서는 백성들을 우선 배부르게 할 것을 요구한다. 백성들의 의식주를 풍족하게 해주는 것이 왕도정치의 시작인 셈이다. 그리고 왕도정치의 완성은 인간을 인간답게 만드는 일, 즉 인간의 도덕성을 함양하는 데 두고 있다. 항산을 충족시키고, 도덕 교육을 시켜 인간이 인간답게 살 수 있도록 해야 한다는 것이다. 나아가 이상적으로 사는 것은 성인이 되는 것이며, 성인이 세상을 다스려 왕도정치를 펼치는 것이 바로 이상적인 정치라는 것이다.

끝으로 맹자 정치사상의 백미는 역시 왕도정치를 목표로 한 민본주의와 혁명사상에 있다. 맹자는 「양혜왕」(梁惠王) 하편에서 불인(不仁)하고 불의(不義)한 군주는 민심을 잃게 되는데, 민심이야말로 하늘이 맡긴 사명이자 소임으로서 천명(天命)의 근거라고 한다. 민심을 잃어 천명이 떠나간 군주는 더 이상 군주가 아니라 한 사람의 평민에 불과하다는 것이다. 그러므로 천명이 떠나버린 군주를 몰아내는 것은 정당한 것이다. 여기에서 우리는 맹자의 민본사상과 혁명사상을 엿볼 수 있다. 맹자는 "백성이 귀중하고 사직(社稷)은 그 다음이며, 임금은 대단치 않다"고 말함으로써 민본의 입장을 분명히 했다.

맹자의 왕도정치는 인심(仁心)에 입각한 정치를 말한다. 덕으로 사람들을 감화시켜 인의를 실천해야 한다는 것이다. 그래서 그는 왕도정치와 관련하여 군주가 민중에 대한 사랑을 바탕으로 정치를 해야 하며, 또 경제적으로 넉넉하게 한 다음 도덕교육을 해야 한다는 점을 강조한 것이다. 당시 제후들에게 왕도정치의 이상을 실현하기 위하여 불인(不仁)한 군주는 쫓아내어야 한다고 하였으니 과연 그의 호연지기를 엿볼 수가 있다. 이러한 이유로 당시의 제후들은 맹자의 왕도정치를 꺼려했겠지만 사실 맹자에 의하여 비로소 비교적 완정한 유가의 정치이론이 정립되었다고 할 수 있다.

| 현대에서 이 저서의 의미와 가치 |

현대인이 맹자를 배워야 하는 이유는 무엇일까? 맹자가 처했던 험난한 시대환경과 오늘날 혼탁한 시대상의 유사점에서 그 답을 찾을 수 있을 것이다.『맹자』(孟子) 7편을 통해 드러난 착취와 굶주림으로 핍박받는 민생, 부귀영화를 향한 탐욕으로 인한 민심의 타락과 사회질서의 문란, 약육강식의 혼란 속에 구조화된 불평등의 사회상은 오늘날 현실과 결코 멀지 않다. 우리는 이와 같은 세상에서 권력이나 이익보다 '사랑과 정의', 즉 '인의'가 중요하다고 외친 맹자의 용기와 신념을 되새겨볼 필요가 있다. 맹자의 사상이 오늘날 우리의 현실에 주는 시사점을 찾아보자면 다음과 같다.

첫째, 맹자의 인의와 성선설은 우리에게 무엇보다 도덕적 각성과 수양을 요구한다. 오늘날 물질문명이 중시되는 사회에서 도덕과 개인적 수양은 상대적으로 무시되고 있다. 의리보다 이익을 중시하는 현대인에게 "측은지심이 인간에게 진실로 있는가?"라는 의문을 제기한다. 맹자에 의하면 욕망을 절제하고, 흩어진 마음을 모으고, 호연지기(浩然之氣)를 기르면 측은(惻隱), 수오(羞惡), 사양(辭讓), 시비(是非)의 사단을 일으킬 수 있다고 한다. 특별히 교육과정을 통하여 양기(養氣)에 집중하고, 나아가 평생교육을 통하여 수양을 지속한다면 인간성 회복의 길이 열릴 것이다.

둘째, 현대사회 역시 패권주의(覇權主義)가 주류를 이룬다. 양심과 정의에 바탕을 둔 사회도덕이나 '주권재민'의 민주주의 정신을 좀처럼 찾아보기 힘든 현실이다. 국가의 경영이 인의에 의한 왕도정치를 지향한다면 광범위한 민중의 지지와 승인을 받아야 오래 지속할 수 있을 것이다. 반면에 힘에 의한 패권주의는 민중의 저항과 반발을 초래하여 오히려 정치적 혼란과 사회적 불안을 초래하기 쉽다.

셋째. 효율성을 중시하는 현대 경제에서 인성을 중시하는 맹자의 사상은 국민의 삶의 수준을 질적으로 고양시킬 수 있다. 오로지 효율성의 증대와 부가가치의 창출만을 목표로 삼는 이기적 시장자본주의는 빈부격차를 심화시키고 실업자를 증가하게 하며, 또 복지의 축소로 말미암아 국민의 삶의 질을 저하시키고 사회적 불안을 가중시킬 수 있다.

넷째, 현대는 절대적 진리나 교의(敎義)가 미약해진 가치관 혼란의 시대다. 맹자는 현대인들에게 온전한 가치관을 요구한다. 무엇이 선이고 무엇이 악이며 사람은 왜 선을 행하고 악을 멀리해야 하는지, 그렇게 했을 때 어떤 즐거움이 찾아오는지 등에 대해 맹자는 아주 분명하게 말하고 있다.

| 책의 내용 가운데 중요한 구절 소개 |

"자기의 성정(性情)에 따라서 한다면 선해질 수 있다. 그것이 곧 이른바 선(善)이다. 만약 선하지 않게 된다면 그것은 재성(才性)의 죄가 아니다. 측은해하는 마음은 사람이면 누구나 가지고 있다. 부끄러워하는 마음은 사람이면 누구나 가지고 있다. 공경하는 마음은 사람이면 누구나 가지고 있다. 시비를 가리는 마음은 사람이면 누구나 가지고 있다. 측은해하는 마음은 인(仁)이다. 부끄러워하는 마음은 의(義)이다. 공경하는 마음은 예(禮)이다. 시비를 가리는 마음은 지(智)이다. 인과 의와 예와 지는 밖에서부터 나를 녹여 오는 것이 아니라 내가 본래부터 지니고 있는 것이다. 생각하지 않는 것일 따름이다. 그래서 '구하면 얻고, 버려두면 잃어버린다'고 말한다."(「고자」(告子) 상(上))

"측은해하는 마음은 인(仁)의 단서이고, 부끄러워하는 마음은 의(義)의 단서이고, 공경하는 마음은 예(禮)의 단서이고, 시비를 가리는 마음은 지(智)의 단서이다. 사람들이 이 네 가지 단서를 지니고 있는 것은 그들이 사지(四肢)를 가진 것과도 같다. 이 네 가지 단서를 가지고 있으면서 선한 일을 행하지 못한다고 말하는 것은 자기 자신을 해치는 사람이고, 자기 임금을 선한 일을 못한다고 말하는 것은 자기 임금을 해치는 사람이다. 자기에게 이 네 가지 단서가 있는 사람이면 누구나 그것을 확충시킬 줄 알게 마련이다. 그것은 불이 처음 타오르고, 샘이 처음 솟아나는 것과 같아서 정녕 그것을 확충시킬 수 있기만 하면, 사해(四海)를 편안하기에도 충분하고, 정녕 그것을 확충시키지 않는다면 부모를 섬기기에도 부족하다."(「공손추」(公孫丑) 상(上))

"천하의 넓은 집(仁)에 살며 천하의 올바른 자리(禮)에 서며 천하의 큰 도리(義)를 행하는 사람, 바른 도리를 펼치고자 하는 뜻(志)을 실행할 수 있는 기회를 얻으면 백성들과 더불어 이를 행하고 그런 뜻을 펼 기회를 얻지 못하면 혼자서라도 그 도리를 행하는 사람, 부귀의 유혹도 그 마음을 더럽히지 못하고 빈천의 어려움도 그 마음을 바꾸어 놓지 못하며 어떤 위세나 무력도 그를 굴복시키지 못하는 사람, 그런 사람이 곧 대장부인 것이다."(「고자」(告子) 하(下))

생각거리

1 인간의 본성은 인생관과 세계관에 어떤 영향을 미칠까? 우리가 시장 자본주의 체제 아래 살아가면서 경제적 욕구보다 '인의'를 중시하며 살아나갈 현명한 방도는 무엇인가?

② "천하의 넓은 집(仁)에 살며 천하의 올바른 자리(禮)에 서며 천하의 큰 도리(義)를 행하는 사람, 바른 도리를 펼치고자 하는 뜻(志)을 실행할 수 있는 기회를 얻으면 백성들과 더불어 이를 행하고 그런 뜻을 펼 기회를 얻지 못하면 혼자서라도 그 도리를 행하는 사람"인 대장부의 삶을 가정과 직장에서 실현하는 방법은 무엇인가?

③ 맹자는 "도적 같은 왕은 갈아치워야 한다"는 혁명론을 주장하였다. 이를 바탕으로 권력자와 공직자는 왜 그리고 어떻게 공공적 도덕성을 확보해야 하는지 생각해보자. 맹자의 정치도덕에 대한 입장은 마이클 샌델(Michael Sandel)이 말한 정의(Justice)와 어떻게 다르며 어떤 면에서 공통점을 가지고 있는가?

④ 현대를 살아가는 우리에게 가장 가치 있는 덕목은 무엇일까? 맹자가 강조한 정의는 오늘날 우리에게 어떤 의미가 있는 것일까?

• 번역서

맹자,『맹자』(孟子), 김학주 역저, 명문당, 2002.

• 필자 소개: **김양용**

원광대학교 철학과와 동대학원에서 철학을 전공했고, 동양철학으로 철학 박사학위를 취득했다. 전북대학교, 동신대학교에서 강의했고 전라북도 자연환경연수원에서 환경교육을 총괄하는 원장 등을 역임하였으며, 현재 원광대학교에서 강의하고 있다. 저서로는『환경교육교재연구』(공저),『자연환경교육교재』(공저),『금강상류지역 생태도감』(공저),『우리지역 생태도감』(공저)이 있고, 연구논문으로는『장재역철학 연구』(박사학위논문),「율곡의 사회경장론 연구」(석사학위논문)를 비롯해 다수가 있다.

국가권력은 국민으로부터 나온다

토마스 홉스, 『리바이어던』

진 정 일

| 작가 소개 |

토마스 홉스(Thomas Hobbes, 1588~1679)
는 1588년 4월 5일 잉글랜드 월트셔 웨
스트포트에서 태어났다. 홉스의 어머니
는 스페인의 무적함대가 쳐들어온다는
소문에 놀라 예정보다 일찍 홉스를 출
산했고, 홉스는 자서전에서 이렇게 태어
난 자신을 공포와 쌍생아라고 했다. 그
는 옥스퍼드 대학을 졸업한 이후 당시 명문 귀족이었던 캐번디시 가
문의 가정교사로 일했다. 그리고 이것이 인연이 되어 캐번디시 가문
의 후원으로 유럽을 여행하며 데카르트(René Descartes)를 비롯한 많은
학자를 만나 사상의 틀을 형성했다. 종교개혁의 여파로 내란과 폭동
이 유럽을 휩쓸던 격변기에 삶의 대부분을 보낸 홉스는 대표적인 저서
『리바이어던』(*Leviathan, or The Matter, Forme, and Power of a Common-*

Wealth, Ecclesiasticall and Civil)의 출판으로 종교적·정치적으로 배척을 받아 프랑스로 망명하기도 했다. 국가권력의 절대적 권위를 강조한 그의 견해는 당대에는 많은 지지를 받지 못했고 오늘날에도 여전히 논란의 여지가 있는 것이 사실이다. 그러나 그가 완성한 사회계약론의 기본 구조는 근대 정치사상의 발전에 중요한 기여를 했으며 자유주의 정치이론에 지속적인 영향을 미쳤다. 주요 저서로 『시민론』(De Cive, 1642), 『물체론』(De Corpore, 1655), 『인간론』(De Homine, 1658)으로 이루어진 철학 3부작이 있다.

| 책 내용 소개 |

국가권력은 왜 리바이어던이 되어야 하는가?

리바이어던은 『구약성서』 〈욥기(41: 12~31)〉에 나오는 바다괴물의 이름이다. 여기에서는 얼마나 무서운지 누구든 그것의 모습을 보기만 해도 기가 꺾일 것이라고 서술하고 있다. 이에 따르면 리바이어던은 악어와 비슷한 이미지를 떠올리게 하는 괴물로, 강인한 비늘을 갖고 있으며, 입에서는 불을 뿜고, 껍질은 단단하여 칼이나 창으로도 뚫을 수 없고, 쇠를 지푸라기 다루듯 하고, 바다를 기름병 같이 다룬다고 한다. 또한 세상에는 그것과 대적할 것이 없는, 모든 교만한 자들에게 군림하는 왕이라고 묘사된다. 여기서 알 수 있는 것은 리바이어던을 만든 것은 인간이 아니라 신이며, 그래서 이를 다스릴 수 있는 것은 오직 신뿐이라는 점이다.

그런데 여기서 교만한 자들이 지시하는 것은 누구인가? 추론해보건대 그것은 바로 인간이다. 교만한 것은 이성적 존재인 인간에게서만 나타나는 특징이기 때문이다. 인간은 이성을 갖고 있으므로 합리적이고 비판적으로 사고하고 행동할 수 있지만, 똑같은 이유로 자신을 다른 존재들보다 높이 평가할 수 있으며, 이로 인해 교만해질 수 있다. 이때의 이성은 도구화되어 본질을 묻기보다 방법, 즉 유용성에 집착하기 때문에 도구화된 이성의 영향을 받는 인간은 자기중심적으로 행위 하게 된다. 성서에서도 신의 명령을 거역하거나, 우상을 숭배하거나, 바벨탑을 쌓는 등의 행위를 한 것이 모두 인간이었고, 이들은 모두 교활함을 이유로 처벌받는다. 따라서 신의 창조물로서 모든 교만한 자들 위에 군림하는 왕이라고 규정된 리바이어던은 인간과 적대적인 존재이며, 교만하거나 교만할 가능성이 있는 존재인 인간들이 감히 대적할 수 없는 괴물인 것이다.

홉스는 국가(코먼웰스, Commonwealths)를 이러한 리바이어던에 비유하고 있다. 홉스가 꿈꾸던 국가는 절대 권력을 갖고 있는 주권자가 통치하며, 다른 국가가 함부로 넘볼 수 없는 강력한 국가다. 왜냐하면 이러한 주권자와 국가만이 국민의 평화와 안전을 보장할 수 있기 때문이다. 그래서 홉스는 국가에 어느 누구도 대적할 수 없는 절대적인 권위를 부여한 것이다. 국가는 참여한 모든 사람이 똑같이 자신을 다스릴 권리를 한 사람이든 합의체든 주권자에게 완전히 양도한다는 신약(信約)을 맺음으로써 탄생한다. 성서의 리바이어던과는 달리 국가는 인간들이 자발적으로 서로를 믿고 맺는 약속에 의해서 만들어지는 것이다. 따라서 국가와 인간의 관계는 적대적인 관계가 아니라 상호의존적인 관계다. 그렇다고 해서 평등한 관계는 아니다. 홉스는 평등이 불신을 낳고 불신은 전쟁으로 이어진다고 생각했다. 따라서 국민이 다시 전쟁상태로 돌아가는 것을 막기 위해, 평등한 국민이 자발적으로 맺은 신약(信約)을 성실히 지키고 유지하도록 통제하기 위해 국가와 국민, 즉 주권자와 국민은 평등해서는 안 된다. 게다가 국민은 이성을 갖고 있으며 이로 인해 항상 교만해질 가능성을 갖고 있기 때문에 이 가능성이 실현되지 않도록 막기 위해 국가는 국민, 즉 인간들보다 더 강한 힘을 가져야 한다. 그러므로 국가는 리바이어던과 같은 강력한 괴물이 되어야 하는 것이다. 그런데 사람들은 왜 자신의 지배권을 양도하는 신약(信約)을 맺는가?

평등한 인간은 전쟁을 피할 수 없는가?

홉스가 국가를 리바이어던에 비유한 데에는 내전과 청교도혁명 등으로 혼란스러웠던 당시의 역사적 배경도 한몫했다고 할 수 있다. 그리고 여기서 또 한 가지 알 수 있는 것은 홉스가 기본적으로 인간을 신뢰하지 않았다는 것이다. 홉스는 인간이 신약(信約)을 맺어 국가를 형성하기 전의 상태를 자연상태라고 한다. 자연상태에서 인간은 태어날 때부터 평등하다. 물론 육체적·정신적인 면에서 차이가 있긴 하지만 육체적 약함은 심리를 이용하거나 다른 사람과 힘을 합치는 등의 방법으로 보완할 수 있다. 정신적인 능력은 간혹 특별히 뛰어난 능력을 발휘하는 사람도 있긴 하지만 관심과 재능에 따라 다양한 영역에서 발휘되는 것으로 비교가 쉽지 않다. 또한 이는 타고나는 자연적인 능력이라기보다는 후천적인 경험과 노력으로 만들어지는 것이므로 같은 경험과 노력이 전제된다면 그 차이는 생각만큼 크지 않을 것이다. 이처럼 자연상태에서 인간은 평등하다. 물론 홉스가 가정한 자연상태는 인류의 역사 속에 실재했던 어떤 시기를 일컫는 것은 아니다. 자연상태의 모델이 된 특정한 시기가 있긴 하지만 홉스 역시 자연상태가 실재했다고 주장하지 않는다. 따라서 자연상태는 홉스가 인간이 어떻게 사회를 이루게 되는지 설명하기 위해 사회상태와 대립되는 것으로 가정한 상태, 즉 사회가 없는 상태를 의미하는 것으로 이해하면 될 것이다.

자연상태에서 육체적·정신적으로 평등한 인간은 원하는 것도 같을 수 있다. 그런데 원하는 것마다 모두 실제로 이루어지거나 얻을 수 있는 것은 아니다. 따라서 원하는 것은 같지만 이것을 똑같이 누릴 수 없는 경우가 발생할 수 있다. 홉스는 이러한 경우에 인간은 서로가 적이 되어 상대를 무너뜨리거나 굴복시키려 할 것이라고 주장한다. 그리고 이러한 현상이 보편화되면 내 것은 단지 내가 가지고 있다는 것으로는 온전히 내 것임을 보장하지 못하게 된다. 왜냐하면 어느 순간 누군가 나타나 이것을 빼앗으려 할지도 모르기 때문이다. 이러한 상황에서 인간은 타인을 불신하게 된다.

또한 불신의 대상이 된 타인은 언제든 내 것을 빼앗으려 할 수 있기 때문에 모두가 잠재적인 적이라 할 수 있다. 그리고 적들로부터 내 것과 나 자신을 잘 지키기 위해 어쩔 수 없이 싸워야 한다면 기다리는 것보다 선제공격을 가하는 것이 더 효율적인 방법이 될 것이다. 그런데 이러한 방법을 선택할 경우 전쟁을 피할 수 있는 길은 없다. 그리고 전쟁의 상대는 어떤 특정한 타인이 아니라 타인이라 일컬어지는 모두가 될 수 있다. 이리하여 전쟁은 '만인의 만인에 대한 전쟁'(Bellum omnium contra omnes)으로 확대된다. 결국 자연상태에서 인간의 평등은 불가피하게 전쟁으로 귀결된다.

그러면 이러한 전쟁상태를 피할 수 있는 방법은 없을까? 평등은 일종의 균형 상태를 의미한다고 할 수 있다. 놀이터에서 시소를 탄다고 가정해 보자. 시소는 위아래로 올라갔다 내려갔다 하면서 재미를 느낄 수 있는 놀이기구이다. 그런데 시소를 탄 두 사람이 몸무게가 비슷할 경우 또는 몸무게가 다르다고 해도 위치를 잘 조정할 경우 평형상태로 균형을 맞출 수 있다. 그리고 어느 한쪽이 먼저 움직이지만 않는다면 이 균형은 계속 유지될 수 있다. 이것을 사람 사이의 관계에 적용할 수 있을까? 만일 그렇다면 전쟁상태를 피할 수 있을 것이다. 그런데 이를 위해서는 전제되어야 할 것이 있다. 바로 상대에 대한 믿음과 균형상태를 지키려는 노력이다.

그러나 홉스는 인간의 본성을 선하다고 생각하지 않았다. 그래서 분쟁을 일으키는 주된 원인을 인간의 본성에서 찾았다. 그것이 바로 경쟁, 불신, 공명심이다. 결국 이러한 본성 때문에 인간은 전쟁상태를 피할 수 없는 것이다. 이렇게 만인을 상대로 하는 전쟁상태 속에 놓인 인간은 항상 불안할 수밖에 없고, 이는 죽음에 대한 공포로 이어지게 된다. 이와 같은 불안과 공포가 지속되는 상태를 견딜 수 없기 때문에 인간은 자발적으로 신약(信約)을 맺고 전쟁상태로부터 벗어나 사회를 이루게 되는 것이다. 그런데 인간의 본성이 홉스가 생각한 대로라면 신약(信約)을 통해 얻은 평화는 유지될 수 있을까?

이성적 인간에게 통제가 반드시 필요한가?

인간이 신약(信約)을 맺어 자연상태에서 벗어날 수 있는 것은 이성 때문이다. 자연상태에서 평등한 인간은 자연권을 갖는다. 만인의 만인에 대한 전쟁상태에서 불안과 죽음에 대한 공포로 고통받는 인간에게는 자신의 생명을 지키기 위해 필요한 모든 것을 행할 수 있는 자유가 권리로서 주어지는데, 홉스는 이것을 '자연권'이라고 한다. 이것은 만인에게 타인을 포함한 모든 것들에 대해 무슨 일이든 할 수 있는 무제한의 권리가 주어지는 것을 의미한다. 실제로 이러한 권리가 보장된다면 아마도 누구나 이를 적극적으로 실천하려고 할 것이다. 그런데 이러한 권리가 만인에게 똑같이 보장되어 있는 경우에는 자연권의 적극적인 실천이 필연적으로 충돌과 전쟁으로 이어지는 불합리한 상황이 전개될 수밖에 없다. 이성은 이를 간파하고, 평화를 위해 무제한적 권리보다는 제한적 권리를 선택한다. 그리고 평화를 위해 무제한적 권리를 스스로 포기할 것을 권하는 일종의 명령체계를 만든다. 이것이 바로 '자연법'이다. 그리고 이에 따라 모든 것에 대한 권리를 자신의 생명과 몸에 대한 권리로 축소하고, 이를 이행하겠다는 신약(信約)을 맺는다. 그러나 신약(信約)을 맺은 후에도 불안감은 완전히 사라지지 않는다. 일반적으로 약속은 특별히 예외적인 상황이 아니면 지켜야 하는 것이지만, 약속의 당사자들이 자신의 이익을 앞세울 경우 이 약속은 얼마든지 파기될 수도 있기 때문이다. 이렇게 되면 또다시 고민에 빠진다. 약속을 계속 지키는 것이 좋을까, 아니면 파기하는 것이 좋을까?

　이 물음에 답하기 위해 고려할 만한 것이 '죄수의 딜레마'다. 왜냐하면 이 물음의 전제와 죄수의 딜레마가 가정하고 있는 상황이 일치하기 때문이다. 죄수의 딜레마에 따르면 타인이 어떻게 행동할지 알 수 없는 불확실한 상황에서는 발생 가능한 경우들을 모두 계산하여 자기에게 이익이 되는 쪽을 선택하는 것이 합리적이다. 만약 이것을 받아들인다면 앞의 물음의 경우 약속을 지키는 쪽보다 파기하는 쪽을 선택할 가능성이 커진다. 그리고 이것은 홉스가 이해하는 인간의 본성과 연결된다. 홉스는 인간의 본성상 그 믿음은 결국 깨질 수밖에 없기 때문에 자연법만으로는 신약(信約)을 지키게 할 수 없다고 주장한다. 그리고 동시에 신약(信約) 당사자들의 이해관계와 상관없이 그들의 신뢰관계가 지속되도록 통제할 수 있는 강한 힘의 필요성을 강조한다. 따라서 사람들은 한 사람 또는 협의체를 지목하고 그에게 자신의 지배권을 양도하는 신약(信約)을 체결하여 국가(코먼웰스, Commonwealths)를 탄생시키는 것이다. 그렇다면 이렇게 탄생한 국가에서 국민은 피지배자에 불과한 것인가?

국가권력의 원천은 국민인가?

홉스의 『리바이어던』의 표지를 보면 국가, 즉 주권자를 상징하는 거인의 이미지를 볼 수 있다. 산보다 높이 우뚝 솟아 있는 거인의 몸은 언뜻 보면 마치 갑옷을 입고 있는 것처럼 보이지만 자세히 보면 사람의 형상이고 그 숫자가 무수히 많다. 이는 국가를 탄생시키는 신약(信約)에 참여한 사람들을 상징하는 것이다. 그리고 양손에는 커다란 검과 주교장을 들고 있는데, 여기서 검은 정치적 권력을 상징하고 주교장은 자신이 다스리는 영역에 미치는 종교적 영향력을 상징한다. 따라서 이 거인의 이미지는 한 국가의 주권자가 갖고 있는, 적어도 이 국가 안에서는 그 누구도 대적할 수 없는 절대 권력을 상징하는 것이라 할 수 있다.

홉스의 설명대로라면 국민의 신약(信約)에 의해 국가가 탄생하고 이 국가의 통치를 맡는 것이 주권자이므로 국민과 국가, 주권자는 일치한다고 할 수 있다. '국민＝국가＝주권자'라는 등식이 성립하는 것이다. 이는 홉스의 국가 역시 "국가의 주권은 국민에게 있고, 모든 권력은 국민으로부터 나온다"는 민주주의 원리를 따르고 있음을 보여주는 것은 아닐까? 그러나 이것은 섣부른 판단이다.

다시 한 번 표지 그림을 보자. 거인의 이미지를 자세히 보면 국민은 거인의 몸통에만 그려져 있음을 알 수 있다. 손에도 그려져 있지만 얼굴, 즉 머리 부분에는 국민의 그림이 없다. 물론 미적인 면을 고려하여 얼굴에는 국민의 그림을 넣지 않았다고 할 수도 있겠지만, 이러한 설명은 설득력이 부족하다. 이보다는 몸은 국민의 신약(信約)을 통해서 받은 것이지만 머리는 국민과는 관련이 없는 것, 원래 주권자의 것임을 의미한다는 것이 더 설득력 있는 설명이 아닐까? 만일 머리까지 국민을 그려 넣으면 국민과 주권자가 일치하게 되고, 그렇게 되면 주권자는 국민이 신약(信約)을 지키고 유지하도록 통제하는 힘을 갖지 못하게 될 것이기 때문이다. 따라서 머리는 주권자가 국민에게 양도받은 것 이상의 힘을 갖고 있음을 상징한다고 볼 수 있다. 주권자는 자신의 머리를 이용하여 국가를 통치하는 데 필요한 것들을 만들어냄으로써 자신의 권력을 더욱 강화할 수 있는 것이다. 이렇게 볼 때 국가와 주권자는 일치하지만 이들과 국민은 일치하지 않음을 알 수 있다. 따라서 위의 등식은 잘못된 것이며 그것의 본래 형식은 다음과 같이 되어야 할 것이다: '국민≠국가=주권자'. 그렇다면 홉스의 국가는 민주국가보다는 전체주의 국가에 더 가깝다.

사실 홉스는 주권자에게 무소불위의 권력을 주었지만 그 권력의 기반이 국민인 것은 명확하다. 그리고 주권자는 그 권력을 자신을 위해 사사로이 사용해서는 안 되고 오직 국가와 국민의 평화와 방위를 위해 사용해야 한다는 것을 보면 홉스가 국민의 행복과 복지를 중요시하고 있다는 것도 분명하다. 그럼에도 불구하고 홉스는 주권자에게 우리가 정상적으로 부여하는 것 이상의 권한을 부여하고 있는 것 또한 명백하다. 그렇다면 이제 우리가 물어야 하는 것은 '어떤 사람이 주권자가 되어야 하는가?'의 문제일 것이다.

절대 권력을 갖는 주권자에게 필요한 덕목은 무엇인가?

홉스의 『리바이어던』을 보면 일단 국가가 설립되면 그 국가를 유지하는 데 가장 중요한 역할을 하는 것은 주권자라 할 수 있다. 국민은 신약(信約)을 통해 주권자를 지목할 수 있지만 주권자가 힘을 갖고 있는 동안에는 그에게 저항하거나 그를 쫓아낼 수 없기 때문이다. 또한 주권자는 국가 안에서 누구도 대적할 수 없는 절대 권력을 갖고 있기 때문이다. 그렇다면 이제 문제는 주권자에게로 향한다. 결국 권력은 그것을 휘두르는 사람에 따라 그 성격이 달라질 수 있기 때문이다. 칼은 의사에게 들리면 사람을 살리는 도구가 되지만, 살인자에게 들리면 사람을 죽이는 무기가 될 수 있는 것처럼 말이다.

그런데 『리바이어던』에서 홉스는 주권자의 권한과 역할에 대해서 자세히 언급하고 있지만 주권자가 갖추어야 할 자격조건에 대해서는 거의 언급하지 않고 있다. 물론 홉스는 모든 인간이 평등하게 태어난다고 생각하고 있기 때문에, 자격조건을 따지는 것을 중요하게 생각하지 않았을 수도 있다. 그러나 특별한 자리에는 그 자리의 무게를 감당할 수 있는 자격조건을 갖춘 사람이 필요하다. 특히 한 국가를 대표하는 주권자의 자리라면 더욱 그러할 것이다. 우리는 역사를 통해 자격조건을 갖추지 못한 사람이 그러한 자리에 나아갈 때 어떤 일이 벌어질 수 있는지를 분명히 보아 왔다. 그것은 한 나라의 문제로 그치지 않고 전 세계적인 문제로 확대될 수도 있기 때문에 매우 중요한 문제이다. 그런데 홉스는 이를 간과하고 있는 것이다. 홉스의 국가에서는 폭군이라 할지라도 국민들이 신약(信約)을 잘 지키도록 통제하고 국민을 외부의 적으로부터 보호할 힘을 갖춘다면 얼마든지 주권자의 자리에 계속 머무를 수 있다. 그리고 그 힘을 이용하여 자신의 권력을 더욱 강화할 수도 있다. 물론 홉스도 이러한 것을 경계하여 제한 장치를 마련하기도 했지만 그 제한이 너무나 미약하다. 이것이 『리바이어던』의 한계다. 그런데 선거로 대표자를 뽑는 제도가 정착되지 않은 당시의 시대적 특징을 감안한다면, 이것은 어쩌면 홉스가 해결해야 할 문제가 아니라 현대를 살고 있는 우리가 해결해야 할 문제일 것이다.

| 현대에서 이 저서의 의미와 가치 |

홉스는 흔히 전체주의자라고, 또는 독재정치를 옹호한다고 비판을 받는다. 물론 『리바이어던』을 보면 이렇게 비판을 받을 만한 내용이 많은 것이 사실이다. 주권자에게 너무나 큰 권한을 부여하는 반면에 국민이 가질 수 있는 권한은 상대적으로 너무 작다. 주권자가 선악을 판단하는 기준을 결정하면 국민은 이에 절대 복종해야 한다. 또한 주권자는 신약(信約)의 영향을 받지 않으므로 어느 누구의 감시도 받지 않는다. 오히려 조지 오웰의 『1984』에 등장하는 빅 브라더처럼 국민을 감시하고 검열하고 통제한다. 따라서 민주주의를 지지하는 사람들에게 『리바이어던』에서 홉스가 제시한 국가관은 절대로 받아들일 수 없는 것일지도 모른다. 그러나 이 책은 인간의 본성에 대한 예리한 통찰을 통해 사회 구성의 필요성을 간파하고, 사회계약의 기본구조를 완성했다는 점에서 의미를 갖는다.

또한 우리가 주목할 것은 국가가 무엇을 해야 하는가에 대한 홉스의 생각이다. 홉스는 국가의 가장 중요한 임무를 국민의 평화와 안정에 두고 있다. 다시 말하면 국민을 보호하는 것이 국가의 지상과제인 것이다. 오늘날 점차 글로벌화 되고 있는 세계는 국가의 경계를 허물고 있다. 점차 국민의 개념은 모호해지고, 주권국가의 틀은 약화되고 있다. 이와 함께 다양한 문화와 인종이 한 사회 안에서 공존하는 다문화 사회가 확산되고 있다. 그런가 하면 모든 나라가 자국의 이익을 가장 우선시하는 경향이 보편화되면서 갈등 요인이 크게 증가하고 있다. 따라서 국가의 국민에 대한 보호 문제가 새로운 국면을 맞고 있는 오늘날 홉스의 『리바어어던』은 여전히 참고할 만한 가치가 있다고 하겠다.

"우리는 인간의 본성 속에서 분쟁을 일으키는 세 가지 주된 원인을 찾을 수 있다. 첫째는 경쟁(competition)이며, 두 번째는 불신(diffidence)이고, 세 번째는 공명심(glory)이다."(131쪽)

"만인이 만인에 대한 적인 상태, 즉 전쟁상태에서 벌어지는 모든 일은 자기 자신의 힘과 노력 이외에는 어떤 안전대책도 존재하지 않는 상태에서도 똑같이 발생할 수 있다. 그런 상태에서는 노동에 대한 결과가 불확실하기 때문에 땀 흘려 일한 데 대한 보상이 불투명하다. …… 그리고 가장 나쁜 것은 끊임없는 두려움과 폭력에 의한 삶과 죽음의 갈림길에서 인간의 삶은 외롭고, 가난하고, 비참하고, 잔인하고, 그리고 짧다는 것이다."(131~132쪽)

"'모든 사람은 평화를 획득할 가망이 있는 한 그것을 얻기 위해 노력해야 한다. 평화 달성이 불가능할 경우에는 전쟁에서 이기기 위한 어떤 수단이라도 바라거나 사용해도 좋다.' 이 원칙의 앞부분은 1차적이고 기본적인 자연법을 나타나는 것으로서 '평화를 추구하고 그것을 따르라'는 것이고, 뒷부분은 자연권의 요지를 나타내는 것으로서 '할 수 있는 모든 수단을 다하여 자신을 방어할 권리'이다."(136쪽)

"정의·공평·겸손·자비 등 요컨대 '너희는 남에게서 바라는 대로 남에게 베풀어라'고 하는 자연법 자체는 어떤 권력의 위협 없이는 지켜지지 않는다. 이는 우리의 자연적 정념에 어긋나기 때문이며, 그 정념은 우리를 그 반대 방향, 즉 불공평·자만심·복수심으로 이끈다. 또한 칼 없는 신약(信約)은 다만 말에 불과하며, 인간의 생명을 보장할 힘이 전혀 없다. 따라서 자연법이 있음에도(사람들은 그것을 지키려는 의지가 있고, 안전하게 지킬 수 있을 때는 그것을 지켜 왔다) 어떤 권력이 세워져 있지 않으며, 인간은 모든 타인에 대한 경계심에서 자신의 힘과 기량에 의지하게 된다. 그것은 합법적인 일이다."(173쪽)

"공통 권력은 그들을 외적의 침입이나 서로의 침해로부터 방위함으로써 안전을 보장하고, 그들이 스스로의 노동과 대지의 산물로 일용할 양식을 마련하여 만족스런 삶을 살 수 있도록 하기 위한 것이다. 그런 능력이 있는 공통의 권력을 확고하게 세우는 유일한 길은 그들 모두의 의지를 다수결에 의해 하나의 의지로 결집하는 것, 즉 그들이 지닌 모든 권력과 힘을 '한 사람' 또는 '하나의 합의체'에 부여하는 것이다. 다시 말하면, 한 사람 또는 합의체를 임명하여 자신들의 인격을 위임하고, 그 위임받은 자가 공공의 평화와 안전을 위해 스스로 어떤 행위를 하든 또는 국민에게 어떤 행위를 하게 하든, 각자는 그 모든 행위의 당사자가 되고, 또한 당사자임을 인정함으로써 개개인의 의지를 그의 의지에, 개개인의 판단을 그의 단 하나의 판단에 맡기는 것이다. 이것은 동의나 화합 이상의 것이며, 사람이 사람과 서로 신약(信約)을 맺음으로써 인간이 단 하나의 동일 인격으로 결합되는 참된 통일이다. …… 그것을 코먼웰스(Commenwealth), 라틴어로는 키비타스(Civitas)라고 한다. 이리하여 위대한 리바이어던(Leviathan)이 탄생한다."(176~177쪽)

"인간은 평화를 획득하고 자신의 생명을 지키기 위해 코먼웰스라는 인공(人工) 인간을 만들었으며, 또한 '시민법'이라는 인공적 사슬도 만들었다. 그리고 그들 스스로 상호 신약(信約)을 통해, 사슬의 한쪽 끝은 주권을 부여한 사람 또는 합의체의 입에 연결하고, 다른 한쪽 끝은 자기들의 귀에 연결하였다. 이 족쇄는 그 자체로는 약하지만 그럼에도 사

슬을 끊었을 때 생기는 위험 때문에 지속된다."(215쪽)

"나는 통치자를 리바이어던(Leviathan)에 비유했는데, 이 용어는 〈욥기〉 제41장의 마지막 2개 절(33~34)에서 따 왔다. 하나님은 '리바이어던'의 강대한 힘을 일컬어, 교만한 자들의 왕이라고 하였다. "세상에는 그것과 비할 것이 없으니 그것은 두려움이 없는 것으로 지음받았구나. 그것은 모든 높은 자를 내려다보며 모든 교만한 자들에게 군림하는 왕이니라." 그러나 다른 모든 지상의 피조물들처럼 그 역시 죽게 마련이고 쇠퇴하게 마련이라서, 또한 하늘에는 (지상에선 아니지만) 그가 두려워해야 할 분이 존재하고, 그가 따라야 할 법이 존재한다."(311쪽)

생각거리

1 홉스는 국가 및 주권자(통치자)를 리바이어던에 비유했는데, 그 이유는 무엇인가?

2 『리바이어던』에서 홉스는 근대국가의 탄생을 논하기 위한 출발점으로 인간 본성을 분석한다. 그 내용을 토대로 할 때 홉스에게 인간은 어떤 존재인가?

3 리바이어던과 같은 강력한 통치자가 없어도 국가를 잘 이끌어갈 수 있을까? 만일 그렇다면 그 방법은 무엇인가?

4 홉스는 사회계약의 기본구조를 완성했다는 평가를 받는다. 루소와 로크 역시 대표적인 사회계약론자들이다. 홉스와 루소, 로크의 사회계약론의 공통점과 차이점은 무엇인가?

5 한 국가를 대표하는 통치자에게 능력과 도덕성은 꼭 필요한 덕목들이다. 만일 이 중에서 한 가지만을 선택해야 한다면 무엇을

선택할 것이며, 그 이유는 무엇인가? 또한 이 두 가지 외에 통치자에 요구되는 덕목으로 어떤 것들이 있는가?

• 번역서

토마스 홉스, 『리바이어던』, 최공웅, 최진원 옮김, 동서문화사, 2016.

• 필자 소개: **진정일**

고려대학교 철학과와 동대학원에서 철학을 전공했고, 원광대학교 철학과 대학원에서 미학을 공부하고 철학 박사학위를 취득했다. 현재 원광대학교와 군산대학교, 전주교육대학교에서 철학과 미학, 논리학 등을 강의하고 있다. 연구논문으로는 「칸트의 무관심성에 관한 한 연구」, 「인문학 대중화에 대한 비판적 고찰 - '시민인문강좌'를 중심으로」를 비롯해 다수가 있다.

자유와 진보를 방해하는 부당한 사회적 간섭은 배제되어야 한다!

존 스튜어트 밀,『자유론』

홍 성 우

| 작가 소개 |

존 스튜어트 밀(John Stuart Mill, 1806~
1873)은 제레미 벤담(Jeremy Bentham) 등
과 함께 철학적 급진주의에 속하는 제
임스 밀(James Mill)의 아들로 태어났다.
존 스튜어트 밀은 아버지에게서 연상심
리학과 공리주의를 배웠으며, 벤담주의
에 관한 탐구와 전파에 진력했다. 그러
나 밀이 단순히 벤담주의자로 그친 것

은 아니다. 그는 청년기에 시작된 벤담주의에 대한 회의를 거쳐, 오랜
세월의 숙고 끝에 벤담의 양적 공리주의를 질적 공리주의로 발전시켜
공리주의 윤리학의 수준을 원숙한 경지로 올려놓았다. 밀은 영국의 공
리주의 외에도 당대를 풍미했던 프랑스의 사회주의와 실증주의, 독일

의 낭만주의 등을 비롯한 여러 사상을 흡수하여 자신의 독자적인 사상 체계를 구축하였다.

밀의 주요 저서로는 『논리학 체계』(1843), 『정치경제학 원리』(1848), 『자유론』(1859), 『대의제 정부에 대한 고찰』(1861), 『공리주의』(1863), 『여성의 종속』(1869), 『종교에 관한 에세이 3편』(1874), 그리고 사후 유작인 『사회주의론』(1879) 등이 있다. 이 중에서 『자유론』은 현대 자유주의의 원류들 가운데 하나인 공리주의적 자유주의에 대한 철학적 정초로서의 위상을 갖고 있다.

| 책 내용 소개 |

개인의 자유와 사회적 권위는 갈등 관계에 있다

밀은 『자유론』에서 시민적 자유 혹은 사회적 자유를 주제로 권위나 공권력을 제한하려는 개인의 자유와 개인의 자유를 제한하려는 권위 사이에서 벌어지는 갈등과 한계에 대해서 탐구한다.

밀에 따르면 자유란 정치적 지배자가 휘두른 폭압으로부터 피지배자가 자신을 보호하는 것을 의미하므로 지배자의 권력은 마땅히 제한되어야 한다. 지배자의 권력은 시민의 정치적 자유 혹은 권리에 대한 인정과 공동체적 동의에 의한 헌법적 제약의 확립을 통해서 제한할 수 있다. 선거를 통해서 선출되고 교체되는 지배자들은 국민의 대리인 혹은 위탁 관리자이며, 지배자의 권력은 행사하기에 편리하도록 한곳에 집중된 국민 자신의 권력에 불과하다. 그러므로 지배자와 국민 간의 이익과 의사가 서로 일치하지 않을 경우, 지배자는 신속하게 파면될 수 있다.

그런데 사실상 국민 혹은 대중의 의사란 국민이나 대중 전체의 의

사가 아니라 다수자의 의사일 뿐이며, 다수자는 가끔 일부의 사회 구성원들을 억압하는 횡포를 자행하기도 한다. 다수의 횡포에는 대중적 정부 아래에 있는 공무원에 의한 '정치적 폭압'과 여론과 감정에 의하여 자행되는 폭압인 '사회적 폭압'이 있다. 이 중 '사회적 폭압'은 정치적 탄압처럼 극심한 처벌을 동반하지는 않지만, 일상생활의 구체적인 부분까지 개입하여 개인의 '개별성'의 발전을 저해하고 봉쇄하여 인간성의 획일화를 가져온다. 이를 막는 방법은 자기방어의 목적 이외에는 어떠한 간섭도 허용하지 않는 것이다. 자기방어의 원칙은 정부나 사회가 타인에게 가해지는 해악을 방지하기 위하여 어떤 개인에게 특정한 제재를 가할 수 있으며, 이러한 제재는 정당하다는 의미를 함축한다.

그러나 타인에게 가해지는 해악의 방지를 위한 사회적 제재 이외에도 개인들에게 부과된 타인의 복지를 위한 사회적 의무들, 예컨대 법정 증언, 국방, 사회적 공동 사업에서의 의무 수행, 동료 시민의 생명 구조, 약자의 보호 등이 수행되지 않았을 경우, 사회는 그 당사자들에게 마땅히 책임을 물어야 할 것이다.

밀은 자유의 영역을 양심의 자유, 사상과 감정의 자유, 모든 주제에 대한 의견과 감정의 자유, 의견을 발표하고 출판하는 자유 등을 포함하는 의식의 내면적 영역과 우리가 좋아하는 것을 행할 수 있는 자유, 개인 간 결사의 자유 등 세 가지 영역으로 구분한다.

표현의 자유에 대한 탄압은 진리의 상실을 가져온다

정부나 사회가 개인이든 집단이든 그들이 가지고 있는 의견을 발표하지 못하게 침묵을 강요하면, 그 의견이 옳을 경우 인류는 오류를 진리로 바꿀 수 있는 기회를 상실하게 될 것이고, 그 의견이 틀릴 경우에는 진리와 오류 간의 충돌을 통한 진리에 대한 명백한 인식과 선명한 인상을 상실하게 된다.

어떤 의견이 오류라고 해서 그것을 침묵케 하려는 시도는 해악을 가져온다. 토론을 침묵시키려는 모든 행동의 저변에는 무오류성(infallibility)의 가정이 깔려있다. 무오류성이란 타인들이 반대 의견을 표현하거나 경청하는 것을 용납하지 않고서 자신의 생각대로 어떤 문제를 결정하려는 시도를 말한다.

소크라테스(Socrates)와 예수(Jesus Christ)는 무오류성의 가정에 의하여 역사적으로 희생된 사례에 해당한다. 의견 혹은 의견의 발표를 법적으로 처벌하거나 무오류성의 가정에 근거한 사회적 불관용은 사람들로 하여금 자신의 의견을 감추거나 위장하게 하고, 그것을 확산시키려는 노력을 원천적으로 봉쇄한다. 이런 상태에서는 개방적이고 두려움 없는 인물과 논리적이고 언행이 일치하는 지성인이 배출될 수 없다.

토론되지 않는 진리는 살아있는 진리가 아니라 죽은 독단이다. 이러한 진리는 생생한 개념이나 살아있는 신념이 없는, 그래서 겉껍데기만 남고 섬세한 본질은 잃어버린 반쪽 진리가 된다. 또한 의견의 다양성이라는 관점에서 볼 때, 기득권을 가진 정통적 견해이든 이단적 견해이든 모두 온전한 진리는 아니며, 다만 진리의 한 부분일 뿐이다. 그럼에도 이들은 자신의 견해를 전체적 진리로 설정하여 자신들에게 대항하는 세력을 적으로 간주하는 배타적인 태도를 취한다. 이러한 배타성은 인간 정신의 다면성(여러 특성들)을 예외로 두고, 정신의 일면성(한 특성)만을 규칙으로 삼게 한다. 이것은 잘못된 것이다. 대중적 진리가 일면적인 것이라면, 일면적인 비대중적 진리 역시 존재해야 옳은 것이다.

밀은 진리의 모든 측면에 대한 공정한 대우를 의견의 다양성에서 찾는다. 그의 이런 입장은 정치와 일상생활의 영역에도 그대로 적용된다. 그래서 밀은 질서와 안정을 추구하는 정당 대 진보와 개혁을 지향하는 정당, 민주주의 대 귀족주의, 재산 대 평등, 협동 대 경쟁, 사치 대 절제, 사회성 대 개별성, 자유 대 규율 등의 대립적인 의견들과 실천적인 생활에서 발생하는 모든 대립적인 의견들이 동등하게 표현될 수 있는 자유가 필요하다고 주장한다. 물론 서로 다른 의견들이 동등하게 옹호되고 이행되려면 각자가 거기에 걸맞은 재능과 힘을 가지고 있어야 할 것이며, 아울러 다수자는 소수자의 의견에도 귀를 기울일 줄 아는 열린 태도를 지니고 있어야 할 것이다.

개별성을 상실하는 순간 인류의 진보는 멈춘다

타인과 관련이 없는 일에서 제기되는 개별성(individuality)은 인간의 행복이나 복지의 중요한 요소이자, 개인과 사회의 진보를 위한 핵심적인 요소이다. 또한 이 개별성은 자신의 행동에 대한 위험과 모험의 부담을 안고서, 자신에게 관련된 일들을 자신의 의향과 판단에 따라서 행동할 자유와 밀접한 관련을 맺는다.

개별성이 자유롭게 발달하려면 어떤 본질적 가치를 가진 것으로 간주되는 개인의 자발성이 그 자체로 존중되어야 한다. 그런데 단지 관습이라는 이유로 아무런 생각 없이 그것을 행하는 사람은 지각, 판단, 감정적 식별, 정신적 활동, 도덕적 선호 등의 인간적 능력 중에서 그것을 작동시키기 위해 자발적인 선택을 전혀 하지 않고 있는 것이다.

밀은 개별성의 배양을 통해서 잘 발달한 인간이 길러질 수 있고, 배양된 그 개별성은 선의 증진을 가져온다고 확신한다. 바꿔 말해서 인간의 존재 가치는 각자 개별성의 발달 정도에 달린 것이다. 그러므로 자신의 존재는 자신의 방식대로 설계해야 한다. 인간을 한 가지 모형으로만, 즉 동일한 환경에 따라서 성형하려는 시도는 멈추어야 한다. 사람 사이에는 쾌락의 원천, 고통에 대한 감수성 그리고 서로 다른 물리적·도덕적 작인이 작동하는 방식의 차이점이 존재한다. 이런 이유로 사람들은 각각의 환경에 상응하는 다양성을 가져야 하며, 그럴 경우에 인간은 공정한 몫의 행복을 얻게 되고, 인간 각자의 본성상 가능한 수준까지의 정신적·도덕적·미적 성장을 할 수 있게 된다.

그러나 오늘날은 점차 서로 다른 계급과 개인을 둘러싼 여건들이 동일화되면서 환경의 다양성 또한 감소하고 있다. 환경의 동일화를 촉진하는 요인으로는 정치적 변화, 교육의 확장, 통신 수단의 개선, 통상과 제조업의 발달, 여론의 완전한 우위 확립 등을 들 수 있다. 따라서 우리는 이제 모든 생활이 동일한 유형으로 굳어져 인류의 진보를 방해하기 전에 다양성을 꽃피울 수 있는 차이(differences)의 존재와 개별성의 침해에 대한 저항을 시작해야 한다.

사회적 간섭에는 한계가 있다

사회가 계약에 기초한 것은 아니지만, 사회의 보호를 받는 모든 사람은 그 혜택에 대한 보답의 의무를 지니며, 각 개인이 사회에서 살고 있다는 사실로부터 그들 각자에게는 타인을 대할 때 준수해야 할 일정한 행동 지침들이 주어진다. 서로 간의 이익이나 권리로서 간주되는 것을 침해하지 말 것이며, 어떤 해악이나 방해로부터 사회나 그것의 구성원들을 보호하는 데 필요한 자기 몫의 노동과 희생을 감수해야 한다는 지침들이 그것이다.

타인에게 해를 끼치는 행위는 도덕적 질책이 따르거나, 심한 경우에는 도덕적 보복이나 처벌을 받아야 한다. 그런 행위들로는, 타인의 권리를 침해하는 행위, 부당하게 권리를 행사하여 타인에게 손해나 손상을 끼치는 행위, 타인을 거짓이나 표리부동의 태도로 대하는 행위, 불공정하고 관대하지 못한 방법으로 타인에게서 이득을 취하는 행위 그리고 다른 사람들이 손해를 보는 것을 뻔히 알면서도 자신의 이기심 때문에 그들을 모른척하는 행위 등이 있다. 이런 행위들뿐만 아니라 그런 행위를 일으키는 기질도 마찬가지로 도덕적 비난의 대상이 된다. 그런 기질들로는 잔인한 기질, 악의적이고 나쁜 성격, 반사회적이고 가증스러운 질투, 위선과 불성실, 화낼 만한 일이 아닌데도 화를 내는 것, 누군가 도발하면 주체하지 못하고 분노하는 것, 다른 사람에게 위세 부리기를 좋아하는 것, 자기의 몫 이상을 얻고자 하는 욕심, 남에게는 굴욕을 주고 자신은 희열을 만끽하는 자만심 그리고 모든 문제를 자신의 이익에 맞게 결정하는 이기주의 등의 도덕적 악덕이 있다.

한 개인이 자신이 좋아하는 개인적인 일을 하기 위해 자신에게 부과된 공중에 대한 의무를 방기했다면, 그것은 사회적 범죄가 된다. 예를 들면, 단순히 술에 취한 것이 처벌 사유가 되지는 않지만, 군인이나 경찰이 근무 시간에 술에 취하면 처벌을 받게 되는 것과 같다. 요컨대 한 사람이 자신이 좋아하는 개인적인 일로 타인이나 공중에게 손해를 입히거나 손해의 위험이 있을 경우, 그 사람의 개인적인 일은 자유의 영역이 아니라 도덕이나 법률의 영역에 속하게 된다.

그렇다고 해서 타인과는 아무런 관계가 없는 자기 개인의 문제인데도 개인이 내린 판단과 그가 가진 목적을 무효화하는 사회적 간섭 또한 완전히 잘못된 것이다. 오로지 개인에 관련된 생활 영역과 타인이 관련된 생활 영역은 구분되어야 한다. 이러한 구분은 사회적 간섭의 한계를 명확하게 보여줄 것이다. 개인의 정당한 자유에 대한 사회의 부당한 간섭의 실례로는, 이슬람교도들이 술과 돼지고기를 먹는 기독교도들에게 가지는 감정, 성직자가 결혼하는 개신교 및 그 개신교도들에 대해 스페인 가톨릭교도들이 가지는 감정, 청교도에 의한 음악·무용·대중문화 등의 모든 공적·사적 오락을 목적으로 하는 집회와 연극의 탄압, 민주주의적 헌법을 수립한 나라에서 제정한 사치 금지법,

육체노동을 하지 않고 벌어들인 소득이나 다른 사람보다 더 많이 소유한 것에 대해서 사람들이 보내는 곱지 않은 시선, 주류 판매 금지, 안식일 준수법, 몰몬교의 교리나 그들의 일부다처제 관습에 대해 언론이 행하는 언어적 박해 등을 들 수 있다.

개인 자유의 원칙과 사회 복지의 원칙은 사회 진보의 원칙이다

밀은 『자유론』의 전체 학설을 구성하는 두 가지 규칙을 토론의 기초로 수용하여 정치와 도덕의 모든 다양한 부문에 일관되게 적용할 것을 주장한다. 그가 말한 두 가지 규칙이란 첫째, 자신의 행동이 다른 사람의 이익과 아무런 관계가 없다면 어떤 책임도 질 필요가 없다는 '개인 자유의 원칙'과 둘째, 사회의 보호를 위해서는 다른 사람의 이익을 침해한 사람을 처벌할 수 있다는 '사회 복지의 원칙'을 말한다.

밀은 '개인 자유의 원칙'과 '사회 복지의 원칙'이 현실에 적용되는 몇 가지 실례를 제시한다. 국가가 술, 아편, 독극물 등의 특정한 상품의 구입을 어렵게 하거나 불가능하게 만드는 것을 목적으로 자유교역에 간섭을 하는 것은 소비자의 자유에 대한 침해를 초래하기 때문에 부당하다. 범죄의 수단에 악용될 수 있는 독극물은 판매자가 상품의 거래 시간, 소비자의 인적 사항 등 필요한 사항을 장부에 기재하는 식으로 예방책을 마련하면 된다. 또한 술을 마시고 타인에게 폭력을 행사하는 사람에게는 사법적 제재를 가하면 된다. 간음, 도박, 포주 노릇, 도박장 경영 등은 행위자 자신에게만 직접적인 피해가 돌아가기 때문에 사법적 처리의 대상에서 배제된다. 그러나 그것들이 공개적으로 행해질 경우에는 미풍양속을 해치게 되고, 타인에게 해악을 끼치게 되므로 그것들을 금지하는 것은 정당하다. 국가가 사람들이 주류를 구입하는 것을 힘들게 하려는 목적으로 주류에 세금을 부과하는 것은 정당화되지 않는다. 반면에 소비자가 과음할 경우에 해악을 가져올 것이 확실하다는 이유로 주류에 과세한다면, 그것은 정당한 과세가 된다. 사회적 간섭은 일반적인 이익에 반하는 사기, 배신, 폭력 등을 성공의 수단으로 사용한 경우에 한해서 요청된다. 이외에도 이익을 위해서 개인 간에 벌어지는 경쟁과 대립에 사회가 간섭을 해서는 안 된다.

사람들은 제3자의 권리를 침해하는 계약을 준수할 의무가 없으며, 계약을 했어도 그것이 자기에게 해로운 것이면 그 계약을 파기할 수 있다. 결혼 등과 같은 개인적 관계나 봉사에 관련된 합의도 일정 기간 이상으로 법적 구속력을 가질 수 없다. 아내는 남편과 동등한 권리를 지니며, 다른 사람과 동일한 방식으로 법의 보호를 받을 수 있다.

아버지는 어린이를 자기 마음대로 다룰 수 없다. 부모의 가장 신성한 의무 가운데 하나는 자식이 자기 역할을 제대로 수행할 수 있도록 적합한 교육을 하는 것이다. 아이에게 교육과 훈련을 제공하지 못하면서 아이를 낳는 것은 그 아이와 사회에 대한 도덕적 범죄이다.

과잉 인구의 국가에서 다산은 노동 임금으로 살아가는 모든 사람에게 돌아갈 노동의 대가가 훨씬 적어지게 하는 심각한 범죄이다. 가족의 생계를 유지할 수단이 없는 사람들이 결혼을 하려고 한다면, 국가는 그 결혼을 법적으로 금지할 수 있다. 그러한 결혼금지법은 국가가 해로운 행위를 금지하는 정당한 간섭이다.

자유를 침해하지 않는 경우일지라도 정부의 간섭은 배제되어야 한다. 예컨대 산업의 통상적 활동, 비정치적인 사건에 배심원으로서 재판에 참여하는 것, 자유롭고 대중적인 지방자치제도에 참여하는 것, 자율단체에서 하는 산업적·자선적 활동에 참여하는 것 등에 정부가 간섭해서는 안 된다. 그리고 도로, 철도, 은행, 보험회사, 대기업, 대학, 공공 자선 단체가 정부 기관이 되고, 도시와 지방자치 단체들이 중앙 정부의 부처가 되고, 다양한 기업체의 직원들을 정부가 임명하고 급여를 주는 등 정부의 권력에 불필요한 권력을 덧붙여 주는 것은 큰 해악이 되므로 정부가 간섭할 여지를 주어서는 안 된다.

밀은 정부의 간섭 없이 사회적 진보를 이루어 내려면 몇 가지 사항이 지켜져야 한다고 생각한다. 예컨대 최고의 지성과 교육을 갖춘 사람들이 모두 경쟁적으로 공무원 선발 시험에 몰려서는 안 된다. 사회는 능력 있고 효율적인 관리 집단을 영구히 소유해야 한다. 국가가 국민을 억압하거나 그들이 할 일을 대신해주어 국민이 무능해지면 개인들의 가치가 훼손되어 종국에는 국민이 왜소하게 되므로 이런 일이 없게 해야 한다.

│ 현대에서 이 저서의 의미와 가치 │

밀이 『자유론』에서 개진하는 자유에 관한 논의들은 대체로 개인의 자유에 대한 사회적 간섭을 배제하는 '소극적 자유'에 그치고, 모든 개인이 사회적 권력에 참여할 수 있는 권리로서의 자유인 '적극적 자유'에는 미치지 못한다는 점에서 한계를 갖는다. 그러나 밀의 『자유론』은 자유와 진보의 문제에 관련한 현대의 사회·정치를 중심으로 경제, 교육, 종교, 도덕 등의 여러 영역에서 제기되는 가장 근원적이고 핵심적인 논의들에 직접 맞닿아 있다. 몇 가지 특징적인 것들에 한하여 밀의 자유론이 갖고 있는 현대적 의미와 가치를 살펴본다.

정치·사회 영역에서 밀은 자유와 진보를 침해하는 사회적 간섭의 예 가운데 하나로서 '다수의 횡포'를 지적한다. 다수자는 이른바 여론에 근거하여 소수자를 억압하고자 하는 욕망을 표출하기도 한다. 밀이 볼 때, 다수자의 권력은 제한되어야 하며, 소수자의 권리는 옹호되어야 한다. 그러므로 사회는 소수 의견일지라도 그것을 고무하고, 격려하고, 관용할 의무를 지니게 된다. '다수의 횡포'에 대한 밀의 지적은 우리 시대가 특정한 사안들에 대하여 소수자를 마녀사냥과 같은 여론몰이로 그들에게 정치적 · 사회적으로 폭압을 가하지는 않았는지 뒤돌아보게 한다.

'다수의 횡포'가 가능한 이유는 근본적으로 대중이 가지고 있는 성향에 기인한다고 밀은 주장한다. 대중은 자신들과 대단히 유사한 삶을 사는 사람들의 의견에만 서로 귀를 기울인다. 따라서 대중들이 구성한 정부는 평범한 정부가 될 수밖에 없다. 이러한 평범함에서 벗어나는 방법은 다수의 주권자가 대단한 재능과 교육을 받은 소수나 천재들의 충고와 지도 그리고 그 영향력을 자발적으로 받아들이는 것이다. 이러한 밀의 언급은 대중 민주주의를 폄하하는 정치적 엘리트주의로 비칠수 있고, 실제로 그런 점에서 비판을 받는다. 그러나 밀의 주장은 현대적 관점에서 볼 때, 천재의 부류가 직접 정부에 참여하여 활동해야 한다는 주장이 아니라, 정부가 정부의 바깥에 있는 해당 전문가 집단의 의견을 자발적으로 청취하여 그것을 정치나 정책에 반영할 것을 촉구하는 주장으로 해석할 수 있다. 밀이 대중적 정부와 전문가 집단 간의 공조를 통한 조화로운 민주주의의 존속을 추구했던 것처럼 정부의 정책수립과 실행을 위한 의사결정 과정에 수많은 전문가 집단이 참여하는 현대 민주주의를 위한 밀의 선구적 주장을 찾을 수 있다.

이외에도 밀은 도시와 지방자치 단체들이 중앙 정부의 부처가 되는 것에 반대하고, 효율성에 따른 권력의 분산을 주장한다. 이것은 현대적인 의미의 지방분권적인 작은 정부의 개념과 상통하는 주장이라고 할 수 있다. 그리고 밀은 자유의 관점에서 남편과 아내의 권리는 동등하며, 부모는 어린이를 자의적으로 다룰 수 없다고 주장한다. 이런 점에서 그에게는 현대적인 의미의 인권 개념에 대한 기본적인 숙고가 있었다고 말할 수 있다.

또한 도덕·종교의 영역에서 밀은 기독교 교리에 대해 최고 의지에는 복종하나 그리스적 최고선의 개념에는 공감하지 못하는 인간을 양산할 뿐이라고 지적한다. 밀의 관점에서 볼 때, 이것은 기독교 도덕이 부분적인 진리라는 사실을 알려준다. 인류가 도덕적으로 재생하려면 기독교 도덕 말고도 다른 윤리가 있어야 한다. 이는 진리에도 의견의 다양성이 필요하다는 점을 보여준다. 이러한 논의는 서로 온전한 전체적 진리임을 앞세우면서 갈등과 마찰을 일으키는 몇몇 세계종교에 대해서도 적용할 수 있다. 즉, 의견의 다양성을 통해 진리가 확장되고 확충된다는 밀의 통찰로부터 우리는 종교 각자의 믿음 체계가 온전한 진리가 아닌 단지 부분적인 진리라는 것과 이러한 부분적인 진리들이 서로 화합할 때 비로소 하나의 온전한 진리가 형성된다는 사실에 대한 자각을 이끌어 낼 수 있다. 밀의 통찰로부터 제공된 이러한 자각은 종교적 갈등을 종식시키는 데 일조할 수 있는 훌륭한 지혜 유산이 될 것이다.

또 경제 영역에서 밀은 생산자와 판매자가 좋은 상품을 저렴한 가격으로 제공할 자유와 이들의 독과점을 막을 수 있도록 소비자가 다른 곳에서도 상품을 살 수 있는 교역 형태인 '자유 교역론'을 주장한다. 그리고 그는 도로, 철도, 은행, 보험회사, 대기업, 대학, 공공 자선 단체 등이 정부의 산하 기관에 들어가는 것을 반대한다. 이른바 공공 서비스 부문의 민영화를 주장하고 있는 셈이다. 자유교역이나 공공 서비스 부문의 민영화라는 관점에서 볼 때 비록 밀의 『자유론』은 논리적 일관성의 결과에 그치겠지만, 그의 견해는 현대의 신자유주의적 입장과 많은 부분에서 중첩되고 있다.

교육의 영역에서 밀은 국가란 교육을 실시하는 기관이지 교육의 방향을 결정하는 기관은 아니라는 주장을 한다. 국가가 설립하고 통제하는 교육이 존재한다면, 그것의 존재 이유는 여러 유형의 교육들이 일정한 수준에 도달하도록 필요한 사례와 자극, 교육 경험 등을 전달 · 보급하는 데 있지 "어떻게 교육을 하고, 무엇을 가르칠 것인가"와 같은 문제, 즉 교육의 방향성과 내용까지도 간섭하는 데 있는 것이 아니다. 교육의 방향성과 내용까지 국가가 간섭하는 것은 교육의 다양성을 파괴하고 교육의 획일화 현상을 가져온다. 밀의 이러한 견해는 우리나라 국사 교과서를 둘러싸고 벌어진 '국사 교과서 국정화 논쟁'에 시사하는 바가 크다.

| 책의 내용 가운데 중요한 구절 소개 |

"인류가 개인적으로나 집단적으로 어느 한 개인의 자유에 정당하게 간섭을 하는 유일한 목적은 자기 방어라는 것이다. 권력이 문명사회의 한 구성원에게 본인의 의사에 반해서 정당한 제재를 가할 수 있는 유일한 목적은 타인에게 가해지는 해악을 방지하는 것이다."(29쪽)

"비록 한 사람을 제외한 전 인류가 동일한 의견을 갖고 있고 오직 한 사람만이 반대 의견을 가진다고 하더라도, 그 한 사람이 권력을 가지고 있어서 전 인류를 침묵시키는 것이 부당한 것과 마찬가지로, 인류가 그 한 사람을 침묵시키는 것도 부당하다."(42~43쪽)

"개별성을 파괴하는 것은, 그것이 무슨 이름으로 불리든지 간에, 모두가 독재이고, 그것은 신의 의지를 시행한다고 공언하거나 인간의 명령을 시행한다고 주장하거나 상관없이 독재이다."(115~116쪽)

"이 논문의 전체 학설을 구성하는 두 격률 … 첫째 격률은 한 개인은 자신의 행동에 대하여, 자신 이외의 타인의 이익에 영향을 미치지 않는 한 사회에 책임을 지지 않는다는 것이다. …… 둘째 격률은 한 개인은 다른 사람의 이익에 대하여 편파적인 유의 행동에 대해서 책임을 지고, 만일 사회가 사회적 혹은 법적 처벌이 사회 보호를 위하여 필수적이라고 생각한다면, 개인은 그러한 처벌을 감수해야 한다는 것이다."(167~168쪽)

생각거리

1 자기 좋을 대로 혹은 자기 취향이나 자기 방식에 따라서 자신의 삶을 살아가는 데 개인의 개별성은 존재한다. 개별성의 원리에 근거한 행동은 전통이나 관습의 원리에 따른 행동에 비하여 개인에게 행복을 가져다줄 가능성이 높다고 밀은 주장한다. 밀의 개별성의 관점에서 '동성혼'(同性婚)이 하나의 결혼 형태로서 허용될 수 있는가?

2 밀에 따르면, 모든 선한 것들은 기존의 관행에 어떤 진보를 가져다준 독창성의 결실이다. 현대 문명의 상징 가운데 하나인 원자력의 발견과 사용 역시 인간의 독창성에 기인하는 결과물일 것이다. 그런데 체르노빌이나 후쿠시마 등의 원자력발전소에서 누출된 방사능에 의한 피해에도 불구하고 우리나라를 포함한 많은 나라가 그것의 현실적인 유용성 때문에 원자력 발전소를 유지하려고 한다. 모든 독창성의 산물이 인류에게 진보를 가져다주거나 유용하기만 하면 그것들은 선한 것이 되는가?

3 다양한 계급과 개인들이 같은 것을 읽고, 듣고, 보며, 같은 장소에 가고, 같은 것에 희망을 걸거나 공포를 느끼고, 같은 권리와

자유를 누리고, 그것들을 같은 방법으로 주장하면서 살아간다. 밀은 이러한 현상을 환경의 다양성을 해치는 '동일화 작용'이라고 부른다. 한마디로 말해서 민주주의의 획일성이 사람들 간의 개별적인 차이를 무시함으로써 다양성을 약화시키게 되고, 그 결과는 자유의 억압으로 나타날 수도 있다는 것이다. 과연 대중 민주주의는 자유와 양립 불가능한가?

4 밀에 따르면 상행위에서 발생하는 사기, 배신, 폭력 등에 대한 사회적 간섭을 제외하고서는, 가격을 고정시키고 생산 과정을 규제하는 것은 정부의 의무가 아니다. 생산자와 판매자에게 완벽한 자유를 부여하고, 소비자에게도 다른 곳에서 상품을 구매할 수 있는 동등한 자유를 부여함으로써 생산자와 판매자를 견제하는 '자유 교역론'의 관점에서 볼 때, 상행위를 규제하는 것은 속박이며, 모든 속박은 그 자체로 악이다. 그렇다면 모든 상거래는 정부의 규제가 없는 시장 질서에 일임되어야 하는가?

• 번역서

존 스튜어트 밀, 『자유론』, 김형철 옮김, 서광사, 2012.

• 필자 소개: **홍성우**

원광대학교 철학과를 졸업하고 동대학원에서 철학 박사학위를 받았다. UCLA 객원 연구원을 역임했으며, 원광대학교에서 강의하고 있다. 저서로는 『존 롤즈의 정의론 읽기』, 『자유주의와 공동체주의 윤리학』, 『사회계약론 연구』(공저), 『자기표현과 글쓰기』(공저), 『현대 정치철학의 테제들』(공저) 등이 있고, 연구논문으로는 「재산 소유적 민주주의의 이념: 미드와 롤즈의 비교」를 비롯해 다수가 있다.

IV

현대문명, 어떻게 이해해야 하는가?
서양 현대문명의 이해

- 서양 근대문명의 빛과 그림자 – M. 호르크하이머 · Th. W. 아도르노, 『계몽의 변증법』: 김정현
- 자본주의에는 삶의 윤리가 있다! – 막스 베버, 『프로테스탄티즘의 윤리와 자본주의 정신』: 김정현
- 차별화를 위한 소비는 소외로 귀결된다! – 장 보드리야르, 『소비의 사회』: 진정일

서양 근대문명의 빛과 그림자

M. 호르크하이머 · Th. W. 아도르노,
『계몽의 변증법』

김 정 현

| 작가 소개 |

막스 호르크하이머(Max Horkheimer, 1895~1973)는 1930년부터 독일 프랑크 푸르트 대학의 사회철학 교수이자 〈사회연구소〉의 소장으로 활동했다. 그는 나치의 박해를 받아 1933년 미국의 뉴욕으로 망명을 떠나 아도르노, 마르쿠제 등의 학자와 공동으로 연구 활동을 했다. 50년대와 60년대 그는 프랑크푸르트에서 다시 교수를 했으며, 그의 주

저인 『도구이성 비판』(*Zur Kritik der instrumentellen Vernunft*, 1967)을 출판했고, 후일 『막스 호르크하이머 전집』(Max Horkheimer, *Gesammelte Schriften*)이 출간되었다.

아도르노(Theodor W. Adorno, 1903~1969)
는 독일 프랑크푸르트에서 활동했던 철
학자, 사회학자, 음악이론가이며 나치를
피해 미국으로 갔다가 다시 프랑크푸르
트로 되돌아와 활동했고, 1958년에는
〈사회연구소〉를 이끌었다. 『최소한의
도덕』(*Minima Moralia*, 1951), 『부정 변증
법』(*Negative Dialektik*, 1967), 『미학이론』
(*Ästhetische Theorie*) 등 저서들을 출간했

고, 이후 『아도르노 전집』(Theodor W. Adorno, *Gesammelte Ausgabe in 20 Bänden*)이 출간되었다. 서양의 근대문명, 계몽, 자연지배, 문화산업 등을 비판적으로 논의한 이 두 사람의 가장 저명한 공저가 바로 『계몽의 변증법』(*Dialektik der Aufklärung*, 1947)이다. 호르크하이머, 아도르노, 마르쿠제, 프롬 등 독일 프랑크푸르트를 중심으로 사회비판적 연구를 한 일련의 학자들을 '프랑크푸르트학파'라고 부르며, 그들의 이론은 '비판이론'(Kritische Theorie)이라고 불린다.

| 책 내용 소개 |

서양의 근대성(modernity), 근대사회 혹은 근대문명은 합리성, 산업화, 자본주의, 시민사회, 민주주의 등과 밀접하게 연관되어 있다. 이러한 서양의 근대를 형성하는 주요한 이념적 틀은 합리주의나 계몽주의에서 발원되고 있다. 헤겔(G.W.F. Hegel)의 욕구체계로서의 시민사회이론이나 니체(F. Nietzsche)의 서양 근대성 비판, 마르크스(K. Marx)의 정치·경제적 관점에서의 자본주의 비판, 근대 자본주의 정신의 형성과

정을 '경제적 합리주의'(der ökonomische Rationalismus) 개념 위에서 설명하는 베버(M. Weber)의 종교사회학적 분석, 근대 자본주의적 시민사회와 합리화의 역설을 고발하는 루카치(G. Lukács)의 사물화(Verdinglichung) 비판 등도 모두 서양 근대를 형성한 합리주의와 계몽주의 및 근대사회의 문제점들과 논쟁하며 나온 논의들이다. 여기에는 서양의 근대사회, 즉 자본주의, 시민사회, 민주주의의 형성 과정을 발전이라고 보며 긍정적으로 평가하는 시각도 있고, 인간이 비인간화되고 자기 자신을 잃어가는 주체 상실의 과정으로 보며 비판하는 시각도 있다. 호르크하이머와 아도르노의 공저 『계몽의 변증법』은 서양 근대가 발전의 유토피아적 이념을 가지고 있지만 세계전쟁이나 나치즘의 대두, 유대인 학살에서 볼 수 있듯이 인간성을 잃어가는 역사과정이라는 비판적 시각을 대표한다.

계몽주의, 이성, 합리성의 개념 위에서 주조된 서양 근대사회가 자연과학의 발전과 민주주의의 확산, 풍요로운 물질문명의 형성에도 불구하고 제국주의, 두 차례의 세계전쟁, 전체주의, 파시즘을 겪게 되고 자연파괴, 약탈, 착취, 죽임 등 문명의 광기에 빠지게 되는 현상을 목도하면서 그들은 "역사의 발전이란 무엇인가?", "근대문명은 진정 발전한 것일까?"라는 근본적인 물음을 통해 서양 근대문명에 대해 회의하게 된다. 이 책의 첫머리에 나오는 물음, 즉 "왜 인류는 진정한 인간적인 상태에 들어서기보다는 새로운 종류의 야만상태에 빠졌는가?"라는 물음은 이 책의 전체 성격과 그들의 문제의식을 잘 반영하고 있다. 하버마스(J. Habermas)의 말처럼 이 책은 "세계에서 가장 어두운 책들 가운데 하나"로 여겨질 수 있다. 이 책은 인류의 가장 잔혹사 가운데 하나이며, 아우슈비츠로 대변되는 유대인 학살을 경험한 그들의 시대 증언이자 그 시대의 사회 · 문화적 문제들을 철학적으로 분석하는 내용을 담고 있다. "아우슈비츠 이후 시를 쓴다는 것은 야만적이다"는 아도르노의 절규는 서양 근대문명의 이상과 현실, 전략과 광기를 동시에 고발하고 있을 뿐만 아니라 서양 근대성의 이념에 대한 통렬한 비판을 담고 있다.

이 책은 계몽의 개념, 문화산업, 반유대적 요소들, 여러 단상들 등 네 부분으로 구성되어 있다. 하지만 여기에서 중요한 것은 계몽의 자기파괴성과 현대에 점증하고 있는 문화산업에 대한 분석이다. 이 논의의 기저에는 서양 근대사회 및 문명에 대한 그들의 비판이 놓여있으며, 그 밖의 것은 사회적 현상이나 역사적 문제들에 대한 에세이 형식의 부가적 글들이다. 이 책에서 다루는 내용은 근대적 사유, 이성, 합리성, 계몽, 사회적 진보, 역사의 발전, 유럽 문명, 인간의 자기보존, 주체의 상실, 휴머니즘, 대량생산의 시대, 대중문화, 예술과 오락, 문화산업 등 매우 다양하다. 이 책은 두 가지 문제의식, 즉 계몽의 자기파괴, 자연지배와 인간의 억압, 근대문명 속에서 진행되는 주체성의 상실 등 계몽과 관련된 문제, 그리고 예술이 상품화되며 드러나는 문화산업과 대중문화 등의 문제를 중심으로 정리될 수 있을 것이다.

계몽은 하나의 또 다른 신화인가?

호르크하이머와 아도르노에 따르면 계몽이란 인간에게서 공포를 몰아내고 인간을 주인으로 세우는 것, 즉 애니미즘의 형식으로 자연을 파악했던 신화나 미신을 정복하고 자연을 합리적으로 이해하며 지배하는 것이었다. 계몽은 세계를 주술적·미신적인 방식으로 이해하는 방식으로부터 합리적·과학적으로 이해하는 방식으로의 전환, 즉 세계의 '탈신화화'(die Entmythologisierung der Welt) 혹은 '세계의 탈마법화'(die Entzauberung der Welt)로 이해될 수 있다. 계몽의 목표는 합리적 세계인식과 자연과학적 지식을 통해 인간이 자연을 설명하고 지배하며 세계 속에서 인간을 주인으로 내세우는 것이었다. "아는 것이 힘이다"(scientia est potentia)라고 주창한 베이컨(F. Bacon)은 자연과학적 방식의 자연이해가 바로 새로운 형식의 권력이 될 수 있음을 간파했고, 그 이후 계몽주의에서 세계를 합리적으로 이해하기 위해 설정한 체계, 통일성, 계산 가능성, 유용성의 도식은 모든 것을 숫자로 환원할 수 있게 만들어 사물(자연)을 지배할 수 있는 가능성을 열어놓았다는 것이다. 근대의 합리적 이성은 수학적 언어를 과학의 절대적 심급으로 자리 잡게 했고, 자연의 수학화, 즉 자연을 인간 이성의 언어로 환원함으로써 체계적이고 통일적인 방식으로 자연지배를 가능하게 했으며 이후 인간과 사회를 이해하는 데도 과학적 언어에 의존하는 실증주의적 사유가 나오게 된 것이다. 인간의 자기보존을 위한 투쟁에서 서양 근대정신은 보편성과 통일성의 이념, 동일성의 사유, 개념적 인식, 과학적 지식을 사용했고, 이러한 개념틀로 자연을 지배하며 기술의 진보와 문명의 발전이라는 이상을 추구한 것이다.

그러나 호르크하이머와 아도르노는 신화가 계몽으로 넘어가면서 자연이 단순한 객체(물질적 대상)의 지위로 떨어지게 되고 그 대가로 인간이 자연으로부터 소외되었다고 지적한다. 그들에 따르면 "신화가 죽은 것을 산 것과 동일시한다면, 계몽은 산 것을 죽은 것과 동일시"하는 것이다. 서양 근대의 계몽은 살아있는 유기체로서의 자연세계를 수학적 양화된 기호로 바꿈으로써 단순한 물리적 대상으로 여기게 되는데, 이는 인간중심적 세계관에 의해 세계를 이해하고자 하는 근대적 불안에 불과하다는 것이다. 자연을 인간 밖에 존재하는 단순한 물질적 대상으로 여기고, 이를 과학적 언어로 설명하며 자연을 지배함으로써 인간 삶의 물질적 풍요와 문명의 발전을 추구하는 것은 또 하나의 신화적 믿음에 불과하다는 것이다. "사유를 사유하라"는 고전적인 계몽의 요청이 무시되면서 진행된 서양 근대는 물화(物化)된 사유가 지배하며 자연과 인간관계, 인간의 자신에 대한 관계마저 사물화하고 소외시킨다. 즉 인간의 물질적 풍요와 자기보전을 위한 근대적 투쟁에서 자연을 지배하는 대가는 인간이 자연으로부터 소외되는 것뿐만 아니라 물화된 사유가 사람들 간의 관계나 자기 자신에 대한 관계마저도 지배하며 인간마저 물건처럼 만드는 '사물화'(Verdinglichung) 현상을 낳게 된다는 것이다.

오늘날 인간이 자연으로부터 이탈된 상태는 결코 사회적 진보와 분리해서 생각될 수 없다. 경제적 생산성의 증가, 재화의 양적 증가는 생활수준의 향상을 가져오지만 동시에 물화를 부정하는 비판적 능력인 정신의 소멸뿐만 아니라 사회적 위선과 천박성을 낳게 된다. 그들은 서양 근대에서 산업주의가 영혼을 물화하게 되고, 경제적 가치나 상품 가치가 인간 행위의 규범이나 양식으로 자리 잡게 되면서 정신의 물화 현상이나 인간의 자기 상실이 나타난다고 고발한다. 그들에 따르면 시민적 상품경제가 확대되면서 신화의 어두운 지평은 이성의 태양에 의해 환하게 밝혀졌지만, 이성의 차가운 빛 아래서 새로운 야만의 싹이 자라났다는 것이다. 도구 이성에 의해 자연을 정복하고 파괴하며 물질 문명의 발전을 도모했으나 다른 한편 인간 역시 물화되고 소외되는 역설적 과정을 겪게 되었다는 것이다.

그들은 자연지배를 통한 문명의 발전은 동시에 인간의 자기 억압을 포함하고 있다고 통렬하게 비판한다. 인간 밖에 존재하는 자연(Natur, 환경)을 파괴하는 것은 인간의 내면에 있는 또 다른 자연(Natur, 본성)으로서의 인간성의 파괴로 귀결된다는 것이 그들의 통찰이다. 서양 근대 문명이 움직이며 그려내는 이러한 역설적 과정을 그들은 '계몽의 자기 파괴'(die Selbstzerstörung der Aufklärung) 혹은 '계몽의 신화'(der Mythos der Aufklärung)라고 말한다.

유럽문명의 근본텍스트로서의 오디세우스

서양 근대문명에는 이성, 합리성, 계몽, 과학적 사유, 자연지배, 산업화, 자본주의, 물질문명 등 인류의 삶을 경제적으로 풍요롭게 만들어 놓은 새로운 개념적 장치와 제도가 다양하게 설치되고 운영되었다. 그러나 동시에 그 안에는 도구이성(물화된 사유), 자연지배와 파괴, 영혼의 물화, 주체성의 상실, 대중의 등장과 조정 가능성 등의 문제도 내장되어 있다. 이러한 근대문명의 빛과 그림자에 대해 성찰하며 호르크하이머와 아도르노는 유럽문명의 텍스트를 분석하는데, 이를 호메로스의 작품『오디세이아』(Odysseia)에 나오는 사이렌(Siren) 이야기에서 유비적으로 시작한다. 호메로스의『오디세이아』는 영웅 오디세우스(Odysseus)가 트로이전쟁을 마치고 자신의 고향인 이타카(Ithaca)로 귀향하는 과정에서 겪는 고난과 모험을 묘사한 것으로, 이는 희생, 고난, 불안, 투쟁, 지혜 등을 통해 자기의 고향으로 귀환하는 과정, 즉 삶의 투쟁과 내면적 고통을 겪으며 정신적 성숙을 이루는 과정이나 본래의 자기 자신을 찾는 과정을 그린 영웅 신화로 읽히기도 한다.

그들은 노래를 통해 그 누구도 벗어날 수 없는 유혹을 하는 요정 사이렌과 오디세우스가 만나는 과정을 '서양 근대문명의 근본텍스트'로 읽는다. 오디세우스는 자신의 부하이자 선원들에게 귀를 밀납(蜜蠟)으로 봉하고 온 힘을 다해 노를 저어갈 것을 명령한다. 선원들은 살아남기 위해 이 노래의 유혹에 빠지거나 노래를 들어서는 안 되기에, 오로지 앞만 바라보며 노를 저어야만 하는 것(노동)이다. 그러나 오디세우스는 타인으로 하여금 자신을 위해 일하게 하면서 그 자신은 배의 기둥에 묶인 채 사이렌의 노랫소리를 듣는다. 스스로 노래를 들을 수 없는 선원들은 노래의 위험만 알 뿐 그 아름다움은 알지 못하며, 한편 배의 기둥에 묶인 채 노래를 듣는 오디세우스는 고된 노동의 가치를 알지 못한 채 무기력하게 그것을 향유할 뿐이다. 여기에서 호르크하이머와 아도르노는 사이렌의 노랫소리를 들으며 그 아름다움을 향유하지 못하고 오직 생존을 위해 노동만 해야 하는 선원들을 근대 시민사회의 희생자인 노동자로, 오디세우스를 간지(奸智)로 살아가며 무기력하게 삶을 향유하는 근대의 경제적 인간의 원형으로 본다. 전자는 노동할 뿐 삶과 예술을 향유할 수 없으며, 후자는 향유할 뿐 노동의 가치를 모르는 불구가 된다는 것이다. 삶(예술)의 향유와 노동의 분리, 이는 기술 발전에 의해 삶의 편리가 증대되면서 일어나는 근대문명의 불구화 과정이자 노동자와 자본가의 내적 분열이라고 본 것이다.

호르크하이머와 아도르노가 언급하는 또 하나의 이야기는 오디세우스가 눈이 하나밖에 없는 거인 키클로펜 폴리펨(Kyklop Polyphem)과 만나면서 일어나는 이야기다. 오디세우스는 폴리펨에게 자신의 이름을 '아무도 아니다'(nobody, niemand)라고 소개한 후 폴리펨에게 술을 마시게 한 뒤 그의 눈을 찌르며 탈출하는 술책을 사용한다. 폴리펨이 비명을 지르자 그의 부족들이 달려왔지만 나를 이렇게 만든 것은 '아무도 아니다'는 그의 외침은 그들의 도움을 이끌어낼 수 없었기에 오디세우스와 그 부하들은 무사히 탈출할 수 있었던 것이다.

여기에서 호르크하이머와 아도르노는 주체인 오디세우스가 자신을 주체로 만들어주는 자신의 동일성을 부인하고 자신의 삶을 구하게 되는 것을 언급하면서, 자기의 삶을 보존하기 위해 스스로를 부정하는 서양 문명사를 설명한다. 자신의 고유명사를 부정하고 아무도 아닌 사람이 되는 것, 즉 고유명사가 없는 대중이 되거나 주체성이 없는 자아가 되어가는 것은 풍요로운 생존을 위해 지불해야 했던 서양 근대문명 과정에서 나타나는 역설이었던 것이다. 삶의 향유와 노동의 분열, 물질적 풍요와 주체성의 상실이라는 역설이 서양 근대문명에 담겨져 있다는 것이 그들의 통찰이다.

문화산업과 대중문화

호르크하이머와 아도르노는 서양 근대문명의 역설뿐만 아니라 동질화, 획일화로 특징지을 수 있는 서양 근대문화의 문제들도 다룬다. 그들에 따르면 도시에서 고층건물은 다국적 기업의 치밀한 계획성을 과시하고, 영화나 라디오, 잡지는 획일화된 체계를 만들어내며 대중문화를 생산한다. 문화는 대중매체와 시장적 수요가 결합하며 대중문화를 만들어가는데, 여기에서는 예술과 예술작품의 자율적 독자성 대신에 규격화된 소비재로 예술작품들이 소비된다. 대중사회에서 문화산업은 예술의 창의적 가치가 아니라 그 포장 정도나 이목을 이끌어내는 정도에 따라 새롭게 평가되며, 소비될 수 있는 경제적 이해관계에서 그 가치가 결정된다. 생산과 소비가 경제적 이해관계에 의해 운영되는 문화산업은 문화소비자들의 자발성이나 상상력을 위축시킴으로써 적극적으로 사유하는 것을 불가능하게 만들 뿐만 아니라 개인의 여가생활도 장악함으로써 인간들의 통제 가능성이나 재생산 가능성을 증대시킨다.

특히 문화산업은 대중의 욕구를 교환하는 유흥산업으로 재설정된다. 영화나 대중음악, 복제품으로서의 예술은 대중에게 재미와 쾌락을 제공하지만 현실과의 진정한 화해를 불구화시킴으로써 소비자를 기만한다. 문화산업은 소비자의 욕구를 만들어내고 조정하며 재미를 부여하거나 몰수할 수도 있다. 대중의 욕구를 생산하고 재미와 오락을 부여하며 그 욕구를 소비하도록 만드는 유흥산업은 실은 대중을 지배하며 그것을 의식하지 못하도록 만드는 기만에 불과하다는 것이다.

또한 예술작품이 소비자의 세속적 욕구에 맞추어 만들어지고 시장에서 팔려가기 위해 생산되는 경제적 상품으로 전환될 때, 예술작품은 더 이상 사회를 비판하고 삶의 진리를 드러내는 작품이 아니라 고객을 유치하고 대중에게 자극을 주는 소비재로서의 문화상품이 되는 것이다. 정교한 기술적 합리성과 기업의 상품생산체제의 결합에 의해 만들어지는 문화산업은 대중의 욕구를 조정하고 문화상품을 소비하게 하며 비판적 저항 없이 체제에 순응하게 만듦으로써 개인의 비판의식이나 부정성의 의식을 무력하게 만드는 것이다. 예술이 자율성을 포기하고 상품이 될 때, 대중의 욕구를 생산하고 소비하는 유흥산업이나 대중문화산업으로 전환될 때, 획일화된 욕구를 포장하며 상품화하며 소비하도록 할 때, 예술은 대중을 기만하게 되고 개인을 무력하게 만들며 사회를 조정 가능하도록 하는 데 일조할 수 있다는 것이다. 드라마나 음악, 영화 등 대중예술의 자극과 재미를 소비하며 아무런 비판 의식을 갖지 못할 때 개인은 조정 당하며 무력한 존재가 될 수 있다는 것이다.

| 현대에서 이 저서의 의미와 가치 |

오늘날 우리는 정보화 사회, 후기 자본주의, 세계화의 물결 속에 있지만, 다른 한편 산업사회, 자본주의, 시민사회, 민주주의, 대중문화 등 여전히 근대 서양문명의 궤도 위에서도 움직이고 있다. 우리 사회 역시 근대화, 산업화, 자본주의, 시민사회 형성, 민주주의의 발전과정을 겪으며 서양 근대문명에 접속하며 현대를 만들어간 것도 사실이다. 호르크하이머와 아도르노의 공저『계몽의 변증법』은 서양의 근대문명이 갖는 빛과 그림자를 조명하며, 특히 그 유토피아적 기대와 희망 속에 담긴 또 다른 면을 어둡게 성찰한다.

서양의 근대문명은 자연과학과 기술공학의 발달로 인해 물질적 풍요를 이루는 많은 발전을 이루어냈지만, 다른 한편 자연 및 환경의 파괴, 인간소외 및 인간성의 상실이 수반된 것도 사실이다. 즉 계몽이 함축하는 물질적 풍요와 문명의 발전이라는 희망적이고 낙관적인 기대와는 달리 자연파괴와 인간성의 파괴를 동시에 가져다준 것이다. 니체의 마지막 인간 비판, 프롬의 소유형 인간에 대한 논의, 마르쿠제의 일차원적 사유에 대한 비판은 호르크하이머나 아도르노와 함께 근대문명이나 근대사회가 지닌 근대성의 역설을 잘 보여주고 있다.

베버의 「자본주의 정신과 프로테스탄티즘의 윤리」가 서양 자본주의의 형성과정과 종교적 정신의 연관성을 분석하고 있다면, 『계몽의 변증법』은 서양 근대문명의 빛과 그림자를 통찰하는 데 중요한 틀을 제공해 주고 있다. 서양 근대의 이념(근대성)이나 근대사회, 근대문명을 이해하고 그 문제점을 성찰하는 일은 인류의 미래문명이 어디로 나아가야 하는지, 이를 어떻게 이끌어가야 하는지의 문제와도 연관되는 일이다. 이 저서는 서양의 근대성을 이해하는 데, 그리고 앞으로 현대문명이 나아가야 할 좌표를 설정하는 데도 참조될 수 있는 서양정신사의 가장 중요한 저서 가운데 하나이다.

| 책의 내용 가운데 중요한 구절 소개 |

"지나치게 상세한 정보와 유치한 오락의 범람은 인간을 영리하게도 만들지만 동시에 바보도 만든다."(19쪽)

"오늘날 대중의 퇴행은 들을 수 없는 것을 자신의 귀로 듣고 붙잡을 수 없는 것을 자신의 손으로 만질 수 있는 능력의 결핍을 의미한다."(68쪽)

"수많은 사람들은 스스로 더 이상 이해하지 못하거나 조건반사에 불과한 말이나 표현들을 사용한다."(226쪽)

"인간 내부에 있는 자연을 부인함으로써 외적인 자연지배의 목표뿐만 아니라 자신의 삶의 목표 또한 혼란스러워지고 불투명해진다. 인간 자신이 자연이라는 인식을 포기하는 순간, 그 자신의 삶을 유지해야 하는 목적, 사회적인 진보, 인간의 물질적·정신적 힘의 강화, 심지어는 의식(意識) 자체마저 아무것도 아닌 것이 되어버린다."(91쪽)

"문화산업의 위치가 확고해지면 확고해질수록 문화산업은 소비자의 욕구를 더욱더 능란하게 다룰 수 있게 된다. 문화산업은 소비자의 욕구를 만들어내고 조정하고 교육시키며 심지어는 재미를 몰수할 수도 있다."(200쪽)

생각거리

1 서양의 근대문명은 계몽이나 합리성의 정신에 기초해 이루어졌다고 할 수 있는데, 우리는 이 서양의 근대성을 앞으로도 지속적으로 추구해야만 하는 것일까 아니면 그것을 해체하며 새로운 탈근대적 이념을 찾아야만 하는 것일까?

2 서양의 근대 물질문명은 역사와 인류 사회에 진정한 발전을 가져온 것일까?

3 호르크하이머와 아도르노가 진단하는 대중문화와 문화산업은 매우 어두운 색조를 띠고 있다. 그러나 오늘날 우리는 대중문화

속에 살고 있고 현대는 문화산업을 경제적 생산의 주요한 동력
으로 삼고 있다. 대중문화 혹은 문화산업의 빛과 그림자는 무엇
일까?

- 번역서

M. 호르크하이머 · Th. W. 아도르노, 『계몽의 변증법』, 김유동 · 주경식 · 이
상훈 옮김, 문예출판사, 1995.

- 필자 소개: **김정현**

고려대학교 철학과와 동대학원에서 철학을 전공했고, 독일 뷔르츠부르크
(Würzburg)대학교에서 철학, 사회학, 종교학을 공부하고 철학 박사학위를 취
득했다. 현재 원광대학교 철학과 교수로 재직하고 있으며, 『니체비평전집』
(책세상)의 편집위원으로 활동하며 전집을 출간했다.

저서로는 *Nietzsches Sozialphilosophie*(K&N), 『니체, 생명과 치유의 철학』,
『철학과 마음의 치유』외 다수가 있고, 번역서로는 『프로이트와 현대철학』
(알프레트 쉐프), 『선악의 저편 · 도덕의 계보』(니체), 『유고(1884년 가을-1885년 가
을)』(니체), 『기술시대의 의사』(야스퍼스) 외 다수가 있다. 연구논문으로는 "Die
Philosophie der Willenstherapie Otto Ranks und Nietzsches Gedanke"
(*Psychoanalyse. Texte zur Sozialforschung*), "Die Nietzsche-Rezeption in
Korea. Ihre Bedeutung in der Geistesgeschichte Koreas"(*Nietzsche-Studien*),
"Nietzsche und die koreanische Geistesgeschichte am Anfang des 20. Jahr
hunderts"(*Nietzscheforschung*)을 비롯해 다수가 있다.

자본주의에는 삶의 윤리가 있다!

막스 베버, 『프로테스탄티즘의 윤리와 자본주의 정신』

김 정 현

| 작가 소개 |

막스 베버(Max Weber, 1864~1920)는 독일 에어푸르트에서 태어나 하이델베르크, 슈트라스부르크, 베를린, 괴팅겐 등의 대학에서 법학, 경제학, 철학, 역사학을 공부했고, 1889년 베를린대학에서 중세 이탈리아의 상사(商社)에 관한 연구로 법학박사 학위를, 1892년 고대 로마 농업사에 관한 연구로 하빌리타치온(독일 대학교수 자격)을 취득했다. 그는 1894년 프라이부르크대학에서 경제학 및 재정학 교수로 초빙되었고, 1897년 하이델베르크 대학에서 초빙되었으나 정신질환으로 물러났다. 1919년에는 뮌헨대학의 사회과학, 경제사 및 경제학 교수로 초빙되었으나 그 다음 해 폐렴으로 쉰여섯의 나이로 사망해 하이델베르크에 안장되었다.

그는 저명한 사회학자이자 경제학자로 문화과학과 사회과학에 관한 담론, 즉 그 이론, 방법론, 경험적 연구, 역사적 접근, 비교 연구 등의 영역에서 거대한 학문적 업적을 남겼다. 기독교, 유교, 도교, 힌두교, 불교와 자본주의의 관계를 연구하는 그의 『종교사회학 논총』(*Gesammelte Aufsätze zur Religionssoziologie*)은 그의 주저 가운데 하나이다. 「프로테스탄티즘의 윤리와 자본주의 정신」(Die protestantische Ethik und der Geist des Kapitalismus)은 위 책에 수록된 글이다.

| 책 내용 소개 |

우리는 영혼이 없는 자본주의에서 살고 있는 것인가?

"정신 없는 전문인, 가슴 없는 향락인 – 이 무가치한 인간들은 그들이 인류가 지금껏 도달하지 못한 단계에 올랐다고 공상한다." 서양 지성사에서 자본주의와 그 정신세계에 대해 최고의 분석을 한 독일의 사회사상가 막스 베버는 그의 유명한 논저 「프로테스탄티즘의 윤리와 자본주의 정신」의 말미에서 점차 영혼이 화석화되고 가슴이 황량해지는 자본주의 세계 속에서 살고 있는 현대인의 모습을 이렇게 고발하고 있다. 베버의 말처럼 오늘날 현대사회에서는 삶에 대한 성찰이나 고뇌가 없는 지식기능인이나 전문가집단이 늘어가고, 심미적 감성이 없이 오직 육체적 향락에만 몰두하는 인간들이 점점 많아지고 있는 듯하다.

자본주의란 진정 무엇이며, 과연 자본주의가 인간의 삶을 풍요롭게 만들고 인간성을 향상시키고 있는지 우리는 베버의 논의를 통해 진지하게 물어볼 필요가 있다. 자본주의는 생산수단의 사유화를 통해 상품을 생산하고 경제적 이윤을 추구하며 그것을 소비하는 단순한 경제 시스템인가? 세계화 시대에 투기자본이 세계를 돌아다니며 기업을 사냥하고 국가를 부도로 몰아넣는 등 세계경제위기를 촉발한 신자유주의적 금융자본주의는 자본주의의 변형이자 발전된 체계일까? 신자유주의적 세계화로 인해 시장에서의 불확실성이 커지고 세계경제의 위기가 심화되고 빈부의 양극화 현상이 극단화되는 등 자본주의는 더 큰 모순을 드러내고 있는 것은 아닐까? 자본주의란 본래 영리적 이해관계나 화폐취득을 추구하고 그 부를 마음대로 소비하는 근대의 경제 질서일 뿐, 그 어떤 윤리적 에토스나 정신을 담고 있지 않은 것일까? 영혼이나 삶의 가치정립 없이 직장에서 돈만을 추구하며 살아가는 전문가집단도, 따뜻한 인간적 행위나 휴머니즘 없이 돈만 소비하는 사치적 소비주의도 본래 자본주의와는 거리가 멀다는 것이 베버의 생각이다. 그는 종교적·윤리적 의미가 들어가 있지 않으며 스포츠처럼 경쟁적 열정과 결합된 채 영리 추구행위를 하는 현대 미국의 자본주의의 진행과정을 비판하며, 진정한 자본주의가 어떻게 형성되었는지, 그 형성과정에 어떤 정신이 영향을 끼쳤는지를 묻는다.

자본주의는 어떤 정신에서 탄생한 것일까?

자본주의란 어떤 정신에서 탄생한 것일까? 자본주의에는 과연 윤리나 삶의 에토스가 있는 것일까? 자본주의는 서양의 근대문화를 구성하는 합리성과 어떤 연관성이 있는 것일까? 자본주의와 직업관념 혹은 노동의식은 어떤 연관성이 있는 것일까? 자본주의가 오늘날 우리가 이해하는 이윤추구활동이나 소비주의와 거리가 먼 것이라면, 이는 서양 근대 시민계층의 에토스, 즉 금욕주의와 어떤 연관성을 가지고 있는 것일까? 자본주의 형성과정에 서양 프로테스탄티즘의 교리 및 종교적 정신세계는 어떤 영향을 미친 것일까?

이러한 물음에 대해 가장 명철하게 대답을 주는 논저가 바로 막스 베버의 「프로테스탄티즘의 윤리와 자본주의 정신」이다. 이 글은 근대 자본주의 정신과 금욕주의의 상관성을 밝히고 있다. 그는 경제체제로서의 자본주의가 인간의 문화적 삶, 근대 합리성의 삶의 태도, 종교윤리와 밀접한 연관성 위에서 형성되고 발전되어 나왔다고 말한다. 즉 물질문화로서의 경제문화는 서양 근대 합리성의 정신세계나 기독교 프로테스탄티즘의 정신문화와 밀접한 연관성이 있다는 것이다.

우리는 자신의 노동을 통해 경제적 이익을 추구하고 그렇게 획득한 재화를 마음대로 소비하며 삶을 사는 것을 일반적으로 자본주의라고 이해하고 있다. 그러나 자신의 금전욕을 충족시키고 이를 자신의 욕망대로 소비하는 것이 과연 자본주의라 할 수 있을까? 베버는 경제체제로서의 자본주의에는 '자본주의 정신'이 있으며, 따라서 경제활동을 할 때 자기 이익만을 추구하는 파렴치 현상은 바로 자본주의적 발전이 뒤처진 나라의 특징이라고 말한다. 그는 더 나아가 금전욕에 거리낌 없이 매달리는 것은 실은 근대 자본주의 정신과 거리가 먼 '천민자본주의'적 속성이라고 고발한다. 무조건적인 영리욕이나 이윤추구, 화폐 취득, 소비주의, 영혼과 가슴 없는 향락주의, 경제적 과시 등의 속성이 결합되어 나타나는 현상을 그는 니체의 용어를 빌어 '마지막 인간'(der letzte Mensch)의 태도라고 표현하며 이를 천민자본주의적 속성으로 여긴다. 즉 오로지 돈을 벌기 위해 삶을 살아가고 돈을 통해서만 행복과 쾌락, 사회적 관계를 영위하며 또한 이를 통해 자신의 존재를 확인하고 과시하는 소유지향적 태도는 본래 자본주의 정신과는 거리가 먼 것이었다.

베버에 따르면 자본주의 정신은 이와는 반대로 벼락부자의 과시, 불필요한 낭비나 권력의 자의적 사용을 경계하는 금욕주의적 요소를 담고 있었다. 경제생활에서 새로운 정신을 관철시키는 데 결정적 전환을 이룬 사람들은 무모하고 파렴치한 투기업자나 경제적 모험가들 또는 단순한 '부자'가 아니라 대체로 엄격한 시민적 관점과 '원칙'을 갖고 신중하고도 과감하게 특히 '공정하고 성실하게' 일에 몰두하는 사람들이었다. 자본주의에는 단순히 경제적 이윤추구뿐만 아니라 성실하게 일하고 자신의 삶을 합리적으로 관리하는 금욕주의적·윤리적 태도(경제적 합리주의)가 함장(含藏)되어 있는 것이다. 베버는 자본주의 정신이 직업적으로 체계적이고 합리적으로 정당한 이윤을 추구하려는 정신적 태도와 연관되어 있다고 말한다. 따라서 거짓과 사기, 책략과 속임수를 통해 정당하지 못하게 돈을 벌고 이익을 추구하는 태도는 가장 반(反)자본주의 정신인 것이다.

자본주의 정신과 직업, 이웃사랑, 금욕주의

자본주의 정신과 프로테스탄티즘은 어떤 연관성이 있는 것일까? 왜 베버는 중국이나 인도, 바빌로니아뿐만 아니라 고대나 중세에도 영리활동이나 이윤추구와 같은 경제활동이 있었음에도 서양 근대에 이르러 자본주의가 형성되었다고 보았던 것일까? 베버는 근대의 직업과 종파의 통계에서 출발해 자본주의가 프로테스탄티즘의 성격과 밀접한 연관성이 있다고 보았다. 그는 자본가와 기업가, 고급의 숙련노동자층, 특히 기술적으로 또는 상업적으로 훈련받은 근대 기업의 종업원이 현저하게 프로테스탄트적 성격을 가지고 있다는 것을 발견하고 이를 근대경제의 기본 동기인 '경제적 합리주의'로의 특별한 경향이라고 진단했다.

그는 자본주의 정신을 잘 보여주는 하나의 사례로 미국의 정치가이자 계몽사상가인 벤자민 프랭클린(Benjamin Franklin)의 생활윤리를 든다. "시간이 돈임을 명심하라", "신용이 돈임을 명심하라", "돈은 그 본성상 번식력과 생산력이 있다는 것을 명심하라", "돈을 잘 갚는 사람은 모든 사람의 돈주머니의 주인임을 명심하라", "근면과 절제 외에 모든 업무에서 시간 엄수와 공정성만큼 젊은이가 출세하는 데 기여하는 것은 없다", "일신상의 신용에 영향을 끼치는 행위는 그것이 아무리 사소할지라도 주의해야 한다"는 프랭클린의 말에서 볼 수 있듯이 정직, 신용, 시간 엄수, 근면, 절제, 공정성 등의 가치는 인간의 사회적 삶에서 물질적 욕구를 충족시키는 돈벌이뿐 아니라 삶을 성실하게 합리적으로 이끌어가는 윤리적 태도도 중요하다는 것을 말해준다. 자신의 직업에 충실하며 돈을 번다는 것은 근대적 경제질서 안에서 유능함을 나타내는 표식이기에, 베버는 이 직업의무라는 관념을 자본주의 문화의 사회윤리에 해당하는 것으로 본 것이다.

베버는 자본주의 정신의 실마리를 프로테스탄티즘의 직업의무와 이윤추구라는 관념에서 찾았다. 즉 세속적 · 일상적 노동이 곧 종교적 의무라는 개신교의 정신에서 직업개념이 형성되었다는 것이다. 세속적 직업노동은 바로 화폐만을 취득하려는 경제적 행위가 아니라 이웃 사랑의 외적 표현이라는 종교적 맥락을 지니고 있기에, 그로부터 얻어지는 재화 역시 근검, 절약, 저축, 정직 등 합리적인 생활태도를 통해 운영할 필요가 있다는 것이다.

그는 자본주의 정신의 탄생과정에서 루터의 성서번역과 칼뱅의 예정설에 주목한다. 루터는 기독교 외전의 하나인 「시락서」(Das Buch Jesus Sirach)의 한 구절(제11장 20, 21절)을 번역하며 신에 의해 부여받은 임무(소명)를 독일어 '베루프'(Beruf: calling, 직업)로 번역함으로써 세속적 직업에서의 의무 이행, 즉 세속적 일상 노동이 도덕적 · 종교적 의미를 갖는다고 보았고, 이로부터 직업개념이 최초로 산출된 것이다. 독일어 '베루프'(Beruf)는 본래 부름을 받는 것, 소명, 사명, 소임 등의 의미가 있었는데, 이를 노동을 통한 의무 수행으로서의 직무, 직업 등으로 번역한 것이다. 신이 기뻐하는 삶을 사는 것은 수도승적 금욕을 통해 이루어지는 것이 아니라 각 개인의 사회적 지위, 즉 자신의 직업을 통해 노동을 하며 세속적 의무를 이행하는 데서 온다는 것이다. 즉 세속적 의무의 이행은 신을 기쁘게 하는 유일한 것이며, 허용된 모든 직업은 신 앞에서 모두 같은 가치를 갖는다는 것이다. 세속적 직업생활에 대한 이러한 도덕적 규정은 종교개혁, 특히 루터의 가장 영향력 있는 업적 가운데 하나였다. 그러나 루터는 고리대금이나 이자 취득 등 영리활동에 관해 여전히 전통적 견해에 머물러 있었기에 자본주의 정신과 내적 친화성을 가진다고 볼 수는 없었다.

직업노동이 합리적 생활태도나 금욕주의적 동기와 결합한 것은 칼뱅주의에 이르러서였다. 칼뱅주의의 교리인 예정설은 신이 인간을 위해 있는 것이 아니라, 인간이 신을 위해 있고 모든 것이 신의 영광을 위해 존재한다는 것으로, 은총과 저주 역시 신의 자유로운 결단에 의해 이루어지며 신의 결정은 번복될 수 없다는 것이다. 신이 은총을 거부한 자에게 다시 은총을 줄 수 있는 면죄부와 같은 마술적 수단은 없다고 봄으로써 인간은 전대미문의 내적 고립감에 빠지게 되었는데, 이 교리는 다른 한편 각 개인으로 하여금 사회적 차원에서 은총의 확신을 찾도록 만들었다. 즉 신은 신의 영광을 드높이기 위한 기독교인의 사회적 활동과 성취, 사회적 노동(직업노동)을 요구한다는 것이었다. 스스로 선택되었다고 간주하고 자기 확신에 도달하기 위해 부단한 직업노동을 하는 것은 종교적 회의를 벗어나 은총의 확실성에 도달하기 위한 수단이었다. 직업노동은 단순히 돈을 벌고 삶을 유지하기 위한 생존 수단이 아니라 선행이나 이웃사랑을 수행하는 종교적 의미를 갖는 것이었다. 자신의 구원을 스스로 창조한다는 것은 매 순간 선택되는가 아니면 버림받는가의 양자택일에 직면해 체계적인 자기 검토의 동기를 제공했다. 매 순간 일상을 계획적으로 체계적으로 유지하는 태도는 금욕주의적 특징을 부여하는 것이었다.

금욕적 프로테스탄티즘의 사례로 베버는 칼뱅주의, 경건주의, 감리

교, 재세례파 운동의 분파(침례교, 메노파, 퀘이커교) 등을 들고 있는데, 이 교리는 구원의 수단으로서의 주술을 배척함으로써 '세계의 탈주술화'(Die Entzauberung der Welt)에 기여했고, 각 개인에게는 지속적으로 자기 검증을 하며 자신의 삶을 절제하고 합리적으로 유지하는 금욕주의적 윤리적 생활태도의 동인을 제공했다.

금욕적 프로테스탄티즘은 엄격하고 부단한 육체적·정신적 노동이나 이웃사랑의 실천으로서의 직업의무를 강조할 뿐만 아니라 더 나아가 이윤이나 부의 추구를 도덕적으로 허용했다. 직업의무를 수행하는 것으로서의 부의 추구는 도덕적으로 허용될 뿐만 아니라 마땅히 수행해야 할 명령이기도 했다. 이는 이윤창출의 기회를 섭리적으로 해석하면서 자수성가하고 절제적인 시민계층이나 사업가들을 윤리적으로 평가한 반면, 재산을 낭비하고 향락을 추구하며 벼락부자의 과시적 허세와 같은 것은 반대한 것이다. 프로테스탄티즘의 세속적 금욕주의는 합리적 부의 취득과 사용을 합법화한 반면, 재화의 무절제한 소비와 향락과 같이 부의 비합리적 사용에 대해서는 투쟁했다.

서양에서는 근대에 들어 금욕적 절약 강박에 의해서 자본이 형성되었고, 획득한 부의 소비가 제어되면서 그 부가 투기자본 등으로 생산적으로 사용된 것이다. 서양 근대의 종교운동으로서의 프로테스탄티즘은 노동, 직업, 합리적 화폐취득과 사용, 합리적·금욕주의적 삶의 태도 등 시민계층적 직업 에토스를 형성하는 데 기여했다. 베버에 따르면 근대 자본주의 정신이나 근대문화의 요소 가운데 하나인 직업 관념에 기초한 합리적 생활양식은 기독교의 금욕주의 정신에서 탄생한 것이다. 직업생활에서의 금욕이나 합리성은 근대적 경제 질서의 강력한 우주를 구축하는 데 일조한 것이다.

자본주의 정신에는 합리성이라는 삶의 윤리가 있다

베버의 관심은 자본주의의 단순한 형성 혹은 발전과정이 아니라 합리적인 근대문화의 주요 요소 가운데 하나인 시민계층적 자본주의 정신을 이해하고 자본주의와 종교로서의 프로테스탄티즘의 연관성을 인과적으로 설명하는 것이었다. 프로테스탄티즘의 금욕주의의 영향을 받은 서양 근대 시민계층의 실천적 생활태도는 소비, 사치, 과시가 아니라 근면, 직업노동, 절제, 자기관리, 신용 등 합리적 에토스에 관계되는 것이었다. 경제체제로서의 자본주의의 발전과정에 종교적 이념체계로서의 프로테스탄티즘과 합리적 생활태도로서의 자본주의 정신이 주요한 영향을 끼쳤다는 것은 자본주의가 생산수단을 사유화하며 상품을 생산하고 유통과 소비가 이루어지는 단순한 사회적·경제적 체계로서가 아니라 그 기저에 합리성이라는 시민사회의 문화적 에토스가 함께 작용했다는 것을 말해준다.

노동과 직업노동은 이웃사랑의 실천을 증명하는 종교적 의미를 가지고 있는 것이었고 이를 통해 얻어진 재화는 합리적·금욕주의적 생활태도 위에서 생산적으로 사용해야 한다는 것이 본래 자본주의 정신이며 자본주의의 삶의 윤리였다. 프로테스탄티즘의 윤리와 자본주의 정신에 대한 베버의 분석에는 서양 자본주의와 근대문화의 주요 특징인 합리성에 대한 분석이 담겨져 있다.

베버는 자신의 주저 『종교사회학 논총』에서 동양에서도 부기(簿記) 작성이나 영리추구와 같은 경제적 활동이 있었음에도 왜 자본주의가 형성되지 않았는지를 물으며 유교, 힌두교, 불교 등의 정신세계를 분석한다. 유교에서 선비계층은 고전을 습득하고 정치권력을 잡는 데 관심을 가졌지만 사농공상(士農工商)이라는 가치 위계 속에서 경제적 생산 활동이나 금전적 이익을 추구하는 직업의 전문화를 거부했고, 힌두교는 카스트제도에 매달려 체제 안에서 안주하는 경향과 내세 지향적 태도를 보이며 세속적 활동에 무관심했으며, 불교에서도 신분제적 구분을 거부하며 평등주의를 주창했으나 관상(觀想)의 생활을 중시하고 재산을 모으는 세속 활동을 평가절하하며 현세에 무관심한 태도를 보임으로써 합리적 경제윤리의 토대를 제공하지 못했다는 것이 그의 주장이다. 이렇게 동양을 바라보는 그의 시선에는 헤겔과 마찬가지로 서양 중심주의의 편견이 존재하는 것도 사실이다. 그러나 역동적 경제체제뿐만 아니라 사회 · 종교 · 문화체계로서의 서양의 자본주의와 근대 문화의 특성을 살펴보는 데 베버의 통찰은 중요한 하나의 길라잡이를 하고 있는 것도 사실이다.

| 현대에서 이 저서의 의미와 가치 |

근대 자본주의 정신은 직업사상에 입각한 합리적 생활방식으로서의 금욕주의 정신과 연관되어 있다는 베버의 분석은 재화의 소비와 낭비, 사치와 허영을 자본주의의 자유로 잘못 이해하는 우리 시대에 진정한 자본주의 정신과 삶의 윤리가 무엇인지를 생각할 수 있는 성찰적 메시지를 던져 준다. 우리의 현대사는 근대화와 더불어 급속한 경제적 성장을 하며 물질적 풍요를 성취했지만 이에 따른 수많은 부작용도 겪고 있다. 그 가운데 하나가 천민자본주의(paiah-capitalism)와 정실자본주의(crony capitalism) 문제이다. 베버에 따르면 건강한 노동의 가치나 직업윤리의 중요성, 시민적 교양의 함양은 자본주의의 중요한 가치이다.

그러나 우리 사회에는 이러한 자본주의 정신의 본질을 이해하거나 체화하지 못한 채 투기나 개발을 통해 벼락부자가 되어 물질적 소비로 자신을 과시하며 공동체에 위화감을 조성하고 공공윤리를 파괴하는

'천민'적인 모습을 드러내는 사람들도 있다. 베버가 정신없는 전문인이나 가슴 없는 향락인을 무가치한 '마지막 인간'이라고 부르며 발작적·문화적 화석화라고 비판하는 것은 천민자본주의가 등장하는 것에 대한 우려이자 경고였다. 또한 자신의 가족이나 친척, 지인들을 중심으로 사업을 정실(情實)적으로 유지하고 타인이나 타 집단을 배타적으로 대하면서 비합리적으로 기업을 운영하는 정실자본주의의 문제도 생각할 필요가 있다.

오늘날 서양의 자본주의가 투기 자본을 중심으로 하는 금융자본주의로 변화하고, 신자유주의적 경제적 세계화로 인해 빈부 양극화의 문제가 글로벌 사회의 문제가 되며, 무한경쟁과 더불어 지구촌 대다수 인간의 생존권 박탈이 사회적 문제가 되는 오늘날 자유주의적 시장질서와 사회적 연대의식이 함께 접목되는 '따뜻한 자본주의'(자본주의 4.0; 아나톨 칼레츠키Anatole Kaletsky)도 생각할 필요가 있을 것이다. 베버의 자본주의 정신에 대한 분석은 근대 자본주의 문화를 이해하고 더 나아가 앞으로 우리가 살아갈 자본주의 사회의 명암과 문제점을 파악하고 이를 해결하기 위해 검토해야만 하는 중요한 사상적 토대를 제공해 준다.

| 책의 내용 가운데 중요한 구절 소개 |

"… 외면적으로는 눈에 띄지 않지만 새로운 정신의 경제적 삶이 관철되는 데 결정적인 전환을 이룩한 사람들은, 일반적으로 경제사의 모든 시기에 볼 수 있는 무모하고 파렴치한 투기꾼들이나 경제적 모험가들 또는 단순한 '대(大)금융업자들'이 아니라, 엄혹한 인생 학교에서 성장하여 엄격한 시민계층적 관점과 '원칙'을 갖추고 신중하면서도 과감

하게 그러나 무엇보다 냉정하고 부단하게, 면밀하고 철저하게 본분에 헌신하는 사람들이었다."(93쪽)

"자본주의 기업가의 이념형은 … 조야하던 세련되던 그러한 졸부 근성과는 아무런 관계가 없다. 이념형적인 자본주의 기업가는 허식과 불필요한 낭비 및 고의적인 권력 행사를 꺼리며 자신이 누리는 사회적 존경이 외적으로 표현되는 것을 오히려 부담스러워 한다."(94쪽)

"근대 자본주의 정신, 그리고 한 걸음 더 나아가 근대 문화 일반의 본질을 구성하는 요소들 가운데 하나인 직업 관념에 기초하는 합리적 생활양식은 기독교적 금욕주의 정신에서 탄생했다."(363쪽)

생각거리

1 자본주의란 어떻게 이해해야 하며, 자본주의에는 어떤 중요한 정신이나 가치덕목이 있어야 할까?

2 개인의 자유나 권리보다는 공동체나 집단의 연대성을 중시하는 유가적·아시아적 가치로 자본주의를 발전시킬 수 있을까? 소위 '정실자본주의'라고 불리는 아시아적 자본주의의 장단점은 무엇이며 이것이 자본주의 발전에 어떤 영향을 미칠 수 있는 것일까?

3 자본주의에는 상품생산과 더불어 이를 소비하는 것도 중요한 역할을 한다. 그러나 서양 근대의 자본주의 정신에는 프로테스탄티즘의 영향을 받은 검약, 절제, 금욕, 합리성과 같은 덕목이 있는데, 이는 자본주의 운영의 한 축인 소비를 진작하는데 방해되

는 요소가 아닌가? 이러한 가치가 앞으로도 자본주의를 발전시켜 나갈 수 있을까?

4 시장에서의 경쟁을 통해 재화 획득을 자유롭게 할 수 있다는 신자유주의적 시장경제적 사고와 국가가 이를 최소한 통제하고 사회적 연대성을 확보해야 한다는 사고 가운데 우리 사회에 바람직한 것은 무엇이며, 그 이유는 무엇일까?

• 번역서

막스 베버, 『프로테스탄티즘의 윤리와 자본주의 정신』, 김덕영 옮김, 길, 2010.

• 필자 소개: **김정현**

고려대학교 철학과와 동대학원에서 철학을 전공했고, 독일 뷔르츠부르크(Würzburg)대학교에서 철학, 사회학, 종교학을 공부하고 철학 박사학위를 취득했다. 현재 원광대학교 철학과 교수로 재직하고 있으며, 『니체비평전집』(책세상)의 편집위원으로 활동하며 전집을 출간했다.

저서로 *Nietzsches Sozialphilosophie*(K&N), 『니체, 생명과 치유의 철학』, 『철학과 마음의 치유』 외 다수가 있고, 번역서로 『프로이트와 현대철학』(알프레트 쉐프), 『선악의 저편 · 도덕의 계보』(니체), 『유고(1884년 가을-1885년 가을)』(니체), 『기술시대의 의사』(야스퍼스) 외 다수가 있다. 연구논문으로는 "Die Philosophie der Willenstherapie Otto Ranks und Nietzsches Gedanke"(*Psychoanalyse. Texte zur Sozialforschung*), "Die Nietzsche-Rezeption in Korea. Ihre Bedeutung in der Geistesgeschichte Koreas"(*Nietzsche-Studien*), "Nietzsche und die koreanische Geistesgeschichte am Anfang des 20. Jahrhunderts"(*Nietzscheforschung*)을 비롯해 다수가 있다.

차별화를 위한 소비는 소외로 귀결된다!
장 보드리야르, 『소비의 사회』

진 정 일

| 작가 소개 |

장 보드리야르(Jean Baudrillard, 1929~
2007)는 1929년 7월 27일 프랑스 랭스에
서 태어났다. 소르본 대학을 졸업한 보
드리야르는 한동안 고등학교 독일어 교
사와 출판사 편집 일을 하기도 했다. 그
러다 마르크스주의자인 앙리 르페브르
(Henri Lefevre)를 만난 후 그의 조교를
하면서 언어, 철학, 사회학을 공부하였으며, 특히 구조주의와 기호학에
관심이 많았다. 보드리야르는 소비 개념의 혁신을 통해 현대사회를 소
비사회로 규정하며 자본주의를 비판했다. 그리고 다른 한편으로는 포
스트모던 시대의 대중매체와 사회현상에 대한 관심으로 이미지와 미
디어가 지배하는 세상의 변화를 설명하고 비판함으로써 포스트모더니
즘의 주요 사상가로 자리매김했다. 2000년대에 한국을 두 차례 방문하

기도 한 보드리야르는 2007년 3월 6일 장티푸스로 세상을 떠났다. 주요 저서로 『소비의 사회』(*La Société de consommation*, 1970), 『기호의 정치경제학 비판』(*Pour une Critique de l'Economie Politique du Signe*, 1972), 『시뮬라크르와 시뮬라시옹』(*Simulacres et Simulation*, 1981) 등이 있다.

| 책 내용 소개 |

현대사회는 소비사회다

현대사회를 규정하는 특징들은 매우 다양하다. 그 다양한 특징들 중에서 특이하게도 '소비'를 선택한 장 보드리야르(Jean Baudrillard)는 현대사회를 '소비의 사회'로 정의한다. 그런데 소비는 현대사회에서 등장한 개념이 아니며, 현대사회를 살고 있는 사람들에게서 나타나는 차별화된 행위도 아니다. 소비라는 개념을 사전적으로 '인간이 욕망을 충족시키기 위하여 재화를 소모하는 것'이라고 이해한다면, 소비는 인류의 등장과 함께 시작된 행위라고 할 수 있을 것이다. 또는 '인간이 노동력을 투여하여 자연을 변형시킴으로써 삶에 필요한 것들을 만들어내는 의식적 활동'을 의미하는 '생산'과 쌍을 이루는 개념으로 이해한다면, 적어도 소비는 인간이 농사를 짓는 것과 함께 시작되었다고 할 수 있다. 이처럼 인간은 오래전부터 소비라는 행위를 하며 살아왔다. 그리고 소비(consume)라는 말이 처음으로 등장한 것이 14세기 초라는 것을 감안해도 소비를 현대사회의 차별화된 특징이라고 하기에는 적절하지 않은 듯하다. 그럼에도 불구하고 보드리야르는 왜 현대사회를 소비사회로 규정하는 것일까? 그 이유는 그가 소비의 개념을 경제학에서 사용하는 것과는 다르게 사용하기 때문이다. 그에 따르면 소비는 어떤 상품(사물)을 단순히 소모하는 것이 아니다. 또한 소비란 생존을 위한 개인적 활동에 그치는 것이 아니다. 그렇다면 보드리야르가 소비사회라고 규정하는 현대사회를 살고 있는 우리는 무엇을, 왜 소비하며 살고 있는가?

소비사회에서 소비되는 것은 상품 자체가 아니라 기호다

소비라는 개념이 처음 등장한 것은 14세기 초이며, 당시 이 개념은 주로 '파괴하다', '약탈하다', '정복하다', '소진시키다'와 같이 부정적인 의미를 담고 있었다고 한다. 제레미 리프킨(Jeremy Rifkin)에 따르면 소비의 이러한 의미는 20세기 초까지 유지되었고, 이후 자본주의에서 소비의 중요성이 강조되고 이를 위해 대중광고와 마케팅이 본격적으로 도입되면서 점차 긍정적인 의미로 전환되었다. 상품이 문화적 기호로 포장되기 시작했고, 이와 함께 소비는 단순히 '써서 없앤다'는 것 이상의 의미를 갖게 된 것이다.

단순히 '써서 없앤다'는 의미의 소비는 모든 소비자들을 평등하게 만든다. 누구나 삶을 위해서는 소비를 하지 않을 수 없기 때문이다. 이 것이 생산 위주의 자본주의에서 나타나는 특성이었고, 이러한 체제하에서 창조성, 자기 충족, 쾌락, 유희 등과 같은 인간의 욕구는 억압되었다. 그러나 새롭게 등장한 소비 위주의 자본주의는 억압된 욕구를 해방시켜 새로운 소비문화를 창출했다. 제레미 리프킨은 이러한 현상에 대해 『소유의 종말』에서 "처음에는 물과 기름의 관계처럼 보였던 소비 윤리와 자기실현의 윤리가 20세기 자본주의 시장에서 서서히 공동의 토대를 발견하기 시작한 것"이라고 설명한다.

장 보드리야르는 이러한 자본주의의 변화, 그리고 그 변화와 함께 나타나는 소비 개념의 변화에 주목했다. 정확히 말하자면 소비의 기능과 목적이 변화한 것이다. 과거의 소비는 생리적(육체적) 욕구를 충족시키는 행위, 즉 삶을 위한 필요에 따른 소비(예를 들면, 배고플 때 빵을 구매하거나 목마를 때 물을 구매하고 날씨의 변화에 적절히 대응할 옷을 구매하는 등의 행위)였다. 이러한 소비에서 중요한 것은 상품의 효용성과 기능이었다. 따라서 먹고 배를 채울 수 있으면 되고, 마시고 갈증을 해소하기만 하면 되며, 더위 또는 추위 등을 견딜 수 있게 해주기만 하면 되는 것이다. 말하자면 소비되는 대상(사물) 자체, 그리고 그것을 소비함으로써 생리적 욕구를 해소할 수 있다는 것이 중요했다. 그러나 현대사회의 소비는 문화적 욕구를 충족시키는 행위, 다시 말하면 소비자가 자신의 사회적 지위를 과시하거나 다른 사람과의 차별화를 위한 행위로 변화되었다. 이러한 소비에서 상품은 그것이 갖는 기능보다는 기호, 즉 사회적 상징으로 평가된다. 여기서는 단지 먹고, 마시고, 입는 것이 아니라 무엇을 먹고, 무엇을 마시며, 무엇을 입는가가 중요하다. 왜냐하면 물을 마셔도 수돗물을 마시느냐, 정수기 물을 마시느냐, 천연암반수를 마시느냐에 따라 다르기 때문이다. 또한 정수기 물을 마셔도 어떤 회사에서 만든 어떤 정수기 물을 마시느냐에 따라 그 물을 마시는 사람이 다른 사람들과 차별화된다고 생각하기 때문이다. 이러한 변화는 상품의 기능보다는 브랜드, 희소성, 이미지 등을 우선시하는 현대인들의 소비 경향에 잘 반영되어 있다.

보드리야르의 분석에 따르면 오늘날의 소비는 상품(사물)이 갖는 사용가치의 소비를 포함하여 그것이 가지고 있는 행복, 건강, 안락함, 권위 등과 같은 추상적인 상징의 소비이며, 따라서 기호의 소비이다. 그리고 이러한 의미의 확장과 함께 소비는 개인적 행위에서 사회적 행위로 확장된다. 따라서 보드리야르는 소비의 개념을 경제학적인 관점에서 사용하는 것과는 다르게 사회학적인 관점에서 해석·사용하고 있으며, 이를 통해 '사회적 차이화의 논리'를 만들어낸다. 사회적 차이화의 논리란 사람들이 상품(사물)을 구입하고 사용함으로써, 즉 그것이 갖고 있는 상징을 소비함으로써 자신을 더 돋보이게 하는 동시에 사회적 지위를 과시하고자 한다는 것이다. 이렇게 볼 때 소비는 단지 상품(사물)의 기능을 소모하는 것으로 끝나는 것이 아니라 그와 동시에 그것의 상징(사회적 의미)을 드러내는 행위라고 할 수 있다. 따라서 현대사회에서 소비는 소모하는 행위인 동시에 생산하는 행위가 된다. 왜냐하면 상품에 부여된 문화적 가치가 그 상품이 소비될 때 비로소 실현될 수 있기 때문이다. 이렇게 소비행위는 경제생활을 넘어서 기호와 상징, 문화가치를 만들어내는 하나의 사회적·문화적인 행위가 된다. 그리고 이러한 행위를 효과적으로 수행하기 위해 소비자에게는 소비를 위한 특별한 교육과 노력이 요구된다. 이처럼 보드리야르는 사회적 활동으로 확장된 소비의 기능과 목적의 변화에 따라 현대사회를 소비사회라 규정하는 것이다.

소비사회에서는 모든 것이 소비된다

보드리야르는 소비사회의 본질을 생산이 아니라 소비라고 주장한다. 우리는 흔히 소비를 생산과 쌍을 이루는 개념으로 생각하고, 소비가 이루어지기 위해서는 생산이 선행되어야 한다고 생각한다. 그러나 보드리야르의 주장은 우리의 이러한 생각을 전도(顚倒)시킨다. 그에 따르면 소비는 문화적 욕구 충족을 위한 상징의 소비다. 이러한 소비는 이미 생산된 상품 중에서 특정한 것을 선택하는 형태로 나타나기도 하지만, 새로운 상품에 대한 생산을 요구하는 형태로 나타나기도 한다. 그런가 하면 과거에는 결코 소비의 대상이 될 수 없다고 판단되던 것들을 소비의 대상으로 만들기도 한다. 보드리야르는 이러한 대상의 대표적인 것으로 육체와 여가에 대해 논의하고 있다.

보드리야르에 따르면 "소비대상의 파노플리(panoplie: '집합(set)'이라는 뜻으로 판지에 붙어있는 장난감 세트처럼 동일한 맥락을 가진 상품의 집단을 가리킴) 중에 그 어떤 것보다도 귀중하며 멋진 사물이 바로 육체다." 그러나 이러한 주장에는 쉽게 동의할 수 없을 것이다. 왜냐하면 우리는 자기 육체의 소유자는 자기 자신이며, 이러한 육체는 사고팔 수 있는 대상도, 경제적 이익을 목적으로 한 투자의 대상도 될 수 없다고 생각해 왔기 때문이다. 물론 인간은 오늘날에도 여전히 모든 차별의 굴레로부터 완전히 벗어나지는 못했다. 그러나 인종차별을 전제로 한 노예제도가 폐지되고, 성(性)의 해방을 표방하면서 육체의 재발견이 이루어졌으며, 이 과정에서 인간은 비로소 온전한 자기 육체의 주인이 되는 듯했다. 또한 고대에서부터 근대에 이르기까지 지속되어 온 서양의 이성 중심적 사고에 의해 평가절하되고 간과되어 온 육체는 포스트모더니즘과 함께 재평가되기도 했다.

그러나 소비사회는 이러한 육체마저도 이제 투자의 대상이자 자본으로 만들고 있다. 게다가 이러한 현상은 일부의 특정한 개인이나 계층에게만 나타나는 현상이 아니라 소비사회 전체에 나타나는 보편적인 현상이 되고 있다. 이제 우리의 몸은 우리가 가지고자 하는 모습을 위해 끊임없이 투자되고 소비되는 대상이 되었다. 이러한 현상의 상징적 예로 날씬한 몸매와 아름다운 외모를 지향하는 성형수술, 다이어트 등을 들 수 있는데, 이들은 현대사회에서 이미 보편적인 문화현상이 되었다. 그리고 이러한 노력을 통해 만들어진 육체는 계급적 차별화를 가져오는 상품이 되었다. 육체의 아름다움은 더 이상 선천적인 것도 아니고 정신적인 자질에 덧붙여지는 부수적인 것도 아니다. 투자와 노력에 의해 만들어지는 것이며, 이렇게 만들어진 육체는 다른 사람들과의 경쟁에서 이길 수 있는 도구이자 자산이 된다.

또한 육체의 아름다움은 에로티시즘(eroticism: 주로 문학이나 미술 따위의 예술에서, 성적(性的) 요소나 분위기를 강조하는 경향)과 연결된다. 보드리야르는 이러한 에로티시즘을 교환가치로 환원된 기능적 에로티시즘이라 규정하는데, 이것은 여성뿐만 아니라 남성에게도 타당한 개념이다. 기능적 에로티시즘은 욕망을 철저한 계산을 통해 기호화하는 것을 의미하며, 이렇게 만들어진 기호는 대중광고와 미디어를 통하여 사회의 전 영역에 관철된다. 그리고 이 과정에서 육체와 성(性)의 진실한 모습은 왜곡되고, 교환과정 속에서 소멸된다. 따라서 보드리야르는 현대사회에서 인간의 성(性)을 주체성과 자율성을 상실한 채 의미 없이 소비되는 기호라고 말한다. 이런 의미에서 현대사회는 물신의 사회라 할 수 있다. 육체가 소비의 대상이 되었다는 것은 육체의 사물화를 의미하며, 이것은 육체가 또 하나의 신이자 우상과 같은 존재가 되었음을 의미하는 것이다.

또 하나의 논의 대상인 여가는 시간과 관련된 문제이다. 시간은 본래 절대적인 것이다. 여기서 절대적이라는 것은 시간이 사람에 따라 다르게 주어지는 것이 아니고, 모든 사람에게 똑같이 주어진다는 것을 의미한다. 다시 말하면 모든 사람은 시간 앞에 평등한 것이다. 그리고 이러한 시간은 사람들에게 주요한 관심의 대상이 아니었다. 그러나 자본주의의 등장과 함께 시간은 관심의 대상이 되기 시작했다. 이러한 변화를 상징적으로 보여주는 것이 '시간은 돈'이라는 말이다. 이 말은 노동시간과 여가시간을 구분하고 이익의 극대화와 관련하여 노동시간의 양을 강조하는 말이라고 할 수 있다. 그러나 이 개념에서도 노동시간과 여가시간을 포함한 전체 시간의 절대성은 여전히 유지되고 있는 것으로 보인다.

이러한 시간의 절대성은 현대사회에서 시간이 소비의 대상이 됨으로써 상대화된다. 여기서 소비의 대상이 된 시간은 노동시간이 아니라 여가시간이다. 노동시간은 소비가 아니라 생산과 관련된 시간이며, 여가시간은 노동으로부터 벗어난 시간이기는 하지만 이를 통해 노동력을 충전할 수 있으므로 이런 관점에서는 여가시간 역시 생산과 관련 있다고 할 수 있다. 그러나 소비의 대상이 된 여가시간은 노동시간과 완전히 구분된다. 그리고 이를 통해 일반적으로 고된 노동으로부터 벗어나 심신을 편안히 하고 쉴 수 있는 시간을 의미하던 여가시간은 계급적 차별화를 가져오는 상품이 되었다. 그런데 여기서 여가시간을 얼마나 많이 누릴 수 있는가는 중요하지 않다. 중요한 것은 여가시간에 무엇을 하는가의 문제이다. 따라서 이제 여가는 편안히 누리는 여유시간이 아니라 워터파크, 스키장, 해외여행 등을 다니며 다른 사람들과의 차별화를 위해 소비해야 하는 대상이 된 것이다.

이렇게 소비사회에서는 모든 것이 소비의 대상이 된다. 과거에는 아무리 많은 돈을 지불해도 결코 살 수 없다고 생각되던 것들이 돈으로 살 수 있는 것이 된다. 물질적인 것뿐만 아니라 사랑, 행복 등과 같은 추상적인 것들조차 이 목록에 포함된다. 이와 함께 돈으로 살 수 없는 것이 없다는 생각과 비쌀수록 더 좋다는 생각이 팽배해지고 있다. 그리고 이러한 것들의 소비와 소유가 다른 사람들과의 차별화 수단이 된다. 따라서 소비사회는 물질만능사회다.

소비사회에서 소비자는 소비를 통해 소외된다

보드리야르는 『소비의 사회』에서 소비의 새로운 개념을 적용하여 현대사회를, 특히 확장된 소비의 대상을 분석하는 데 집중하고 있지만 간과해서는 안 될 또 하나의 중요한 문제는 소비의 주체인 소비자의 문제다. 모든 것이 소비의 대상이 되는 소비사회에서 소비자는 어떤 존재인가? 자율적인 소비의 주체인가? 아니면 기호화된 상품의 사회적 의미와 가치에 지배를 받고 있는 존재인가?

다양한 상품이 한 자리에 전시되어 있는 공간에서 무엇인가를 구매한 소비자가 행복함을 느낀다면 그가 느끼는 행복은 무엇으로부터 오는 것인가? 한편으로는 상품으로 가득 찬 진열장 앞에서 자신이 필요로 하는 것을 발견하고 구매할 수 있음을 통해서 행복을 느낄 수 있을 것이다. 그러나 다른 한편으로는 소비를 통해 자신의 존재감을 확인하면서 행복을 느낄 수도 있을 것이다. 이때 전자의 소비는 소비자의 자율적인 행위라 할 수 있다. 그러나 후자의 소비는 자기의 존재감을 확인하기 위해 반드시 해야 하는 행위로 소비자에게 강요되는 행위라 할 수 있다. 소비사회에서의 소비는 후자에 해당한다. 자신의 욕구가 아닌 미디어의 자극에 의해 발생된 욕구에 따라 이루어지는 불필요하고 의미 없는 소비이기 때문이다. 이처럼 자신에 대한 성찰이 아닌 소비를 통해 자신의 존재감을 드러내는, 소비사회에서 자율성과 주체성을 박탈당한 소비자들의 모습을 바버라 크루거(Barbara Kruger)는 자신의 작품 속에 데카르트(René Descartes)의 명제를 빌려 "나는 소비한다. 고로 존재한다"(I shop. Therefore I am.)라고 희화화하고 있다. 이처럼 소비와 존재가 연결되는 소비사회에서 "나는 누구인가?"와 같은 인간의 본성에 대한 본질적이고 존재론적인 물음은 "나는 무엇을 소비하며, 무엇을 갖고 있는가?"라는 물음과 동일한 의미와 지위를 갖는다. 말하자면 소비사회는 모든 것이 물화된 사회이다.

이러한 소비사회에서 한 사람의 소비자로서 살아간다는 것은 무엇을 의미하는가? 그것은 욕구의 체계를 발생시키고 관리하는 생산 질서와, 또한 상품의 상대적인 사회적 위세 및 가치를 결정하는 의미작용 질서의 지배를 받으며 끊임없이 기계적으로 소비해야 함을 뜻한다. 이렇게 살기 위해서는 무엇보다도 돈이 필요하다. 그러나 돈만으로는 부족하다. 개인의 존재는 그가 소비하는 브랜드로 환원되므로 소비한다는 행위 자체가 아니라 무엇을 소비하느냐가 중요하기 때문이다. 따라서 각종 미디어를 통해 소비의 대상과 그것에 부여된 사회적 의미에 관한 정보를 수집하는 일종의 재교육 과정과 노력이 필요하다. 그러나 이렇게 소비사회에 길들여진 소비자는 소비를 통하여 스스로 소외된다.

보드리야르의 주장처럼 세계는 이미 소비사회로 진입하여 자본주의적 물신화에 깊이 빠져 있고, 욕망의 기호적 소비가 제도화되고 있는 것처럼 보인다. 욕망의 과잉생산과 유통의 사회질서 속에서 현대는 건전한 욕망의 긍정과 활성화를 넘어서, 점차 균형 잡힌 인간의 자존감이 상실되고 혼돈과 모호성이 연출되는 무대가 되고 있다. 그 속에 살고 있는 인간은 바람직한 삶의 가치를 상실하고, 욕망의 자기 증식적 자동기제에 편입되고 만다. 이러한 과정은 결국 인간의 사물화, 비인격화 현상으로 이어지는데, 이것을 다른 말로 하면 소외라고 할 수 있다. 따라서 결론적으로 현대사회는 소비사회이고, 그 속에서 소비자인 인간은 자신의 모습을 상실하고 소외된 삶을 살고 있는 것이다.

그렇다면 이처럼 소외된 상태에서 벗어나 자신의 본래 모습을 되찾을 수 있는 방법은 무엇인가? 보드리야르는 이에 대해 비관적이지만 해결 방안을 제시하지 않은 것은 아니다. 그러나 그 방안은 너무나 막연하다. 그가 제시하는 방안은 『소비의 사회』의 마지막 문장에 잘 나타나 있다. "어느 날 갑자기 난폭한 폭발과 붕괴의 과정이 시작되어 1968년 5월과 같이, 예측은 할 수 없지만 확실한 방식으로 이 하얀 미사(messe blanche)를 때려부수기를 기다려보자." 그는 결국 현대사회 그리고 소비사회에서의 개인이 소외당하고 있는 자신의 모습을 인식하고, 그것을 바람직한 방향으로 변화시키려는 각자의 노력을 통해 거대한 물결의 혁명으로 이어지기를 기대하고 있는 것 같다. 그리고 우리에게 묻고 있는 것이다. 그가 소비사회로 규정한 현대사회에서 우리는 어떻게 살고 있냐고, 무엇을 소비하며 살고 있냐고, 혹시 매스미디어의 광고와 르시클라주(recycle: 재교육)에 길들여진 채 소외된 소비자로 살고 있는 것은 아니냐고.

| 현대에서 이 저서의 의미와 가치 |

  자본주의는 마르크스(Karl Marx)의 예언이 무색하게도 위기가 닥칠
때마다 자신을 스스로 변형시킴으로써 그 위기를 극복해 왔다. 소비사
회 역시 변형된 자본주의의 형태로 매스미디어를 통해 소비자의 욕구
를 자극함으로써 소비를 촉진하는 전략을 사용하고 있다. 20세기 중반
에 본격적으로 등장하기 시작한 소비사회는 세계의 경제체계를 양분
하던 사회주의 진영이 무너지면서 자본주의의 영향력이 확대된 현대
사회를 보편적으로 규정하는 특징이 되었다. 장 보드리야르는 소비사
회에서의 소비를 경제학적 정의와는 달리 사회적 차이를 만들어내는
생산 활동으로 정의한다. 그에 따르면 소비사회에서는 재료와 가공 및
유통과정에 큰 차이가 없으며 브랜드가 노출되지 않는 공통점을 갖고
있지만 가격 차이가 큰 상품이 있을 때 비싼 쪽을 소비하는 경향이 있
다. 그 이유는 값비싼 상품을 소비하는 것이 값싼 상품을 소비하는 사
람들과의 차이를 만들어내기 때문이다. 그런데 이러한 소비는 자발적
으로 이루어지는 것이 아니고 사회구조적으로 강제되는 것이므로 소
비자는 소비를 통해 오히려 주체성을 상실한다. 『소비의 사회』의 서문
을 쓴 J. P. 메이어(J. P. Meyer)는 보드리야르의 이러한 분석에 대해 현
대 사회학에 위대한 기여를 했다고 높이 평가했다.

  보드리야르는 이러한 분석을 위해 주로 프랑스와 미국을 포함한 서
구사회를 대상으로 삼았지만 우리 사회에도 시사하는 바가 매우 크다.
우리 사회의 경우, 특히 명품 소비심리와 외모지상주의가 강하게 나타
나기 때문이다. 물론 명품을 소비하고 외모를 아름답게 가꾸는 것은

그 자체로는 문제 될 만한 것이 아닐 수도 있다. 그러나 이러한 행위의 목적에 있어 자신을 과시하고 타인들과 차별화하려는 천민자본주의적 성격이 강화된다면 문제가 된다. 따라서 우리는 소비사회로 규정된 현대사회를 이해하고, 이를 거울삼아 우리 사회를, 그리고 그 속에서 살고 있는 자신을 반성할 필요가 있다. 매스미디어와 SNS에 익숙하면서도 영향을 많이 받는 젊은 세대는 특히 그러하다. 이 책은 이와 같은 필요성을 충족시켜 줄 뿐만 아니라 소비사회에서 파생되는 문제점과 그 해결방안을 스스로 생각할 수 있는 계기를 제공해 줄 것이다.

| 책의 내용 가운데 중요한 구절 소개 |

"늑대소년이 늑대들과 함께 생활하여 마침내 늑대가 된 바와 같이, 우리도 또한 서서히 기능적 인간이 되고 있다. 우리는 사물의 시대에 살고 있다: 우리는 사물의 리듬에 맞추어서 사물의 끊임없는 연속에 따라 살고 있다고 나는 말하고 싶다."(16쪽)

"사람들은 결코 사물 자체를 (그 사용가치에서) 소비하지 않는다. - 이상적인 준거로서 받아들여진 자기집단에 대한 소속을 나타내기 위해서든, 아니면 보다 높은 지위의 집단을 준거로 삼아 자신의 집단과는 구분하기 위해서든 간에 사람들은 자신을 타인과 구별 짓는 기호로서 (가장 넓은 의미에서) 사물을 항상 조작한다."(81쪽)

"사용가치로서의 사물 앞에서는 모든 사람이 평등하지만, 엄하게 등급이 매겨진 기호 및 차이로서의 사물 앞에서는 전혀 평등하지 않다. 개성화, 즉 지위 및 명성의 추구는 기호에 기반을 두고 있다는 것, 달리 말하면 사물 및 재화 그 자체가 아니라 차이에 기반을 두고 있다는 것을 이해하는 것이 중요하다."(133쪽)

"육체는 하나의 자산으로서 관리·정비되고, 사회적 지위를 표시하는 여러 기호형식 가운데 하나로서 조작되는 것이다."(213쪽)

"통통함과 뚱뚱함이 아름다움으로 간주된 곳도 시대도 있었지만, 소비사회의 입구에 만인의 권리 및 의무로 새겨져 있는 강제적, 보편적, 민주적인 이 아름다움은 날씬함과 떼어놓을 수 없다. 형태와 조화에 근거하는 아름다움의 전통적 정의에 의하면, 뚱뚱하든 또는 날씬하든, 땅딸막하든 또는 호리호리하든 상관없었는데, 오늘날에는 그렇지 않다. 사물의 기능성이나 도표 중의 곡선의 아름다움과 똑같은 대수학적 조화에 지배된 기호의 조합의 논리에 따르는 이상, 현대적 아름다움은 날씬하고 호리호리한 몸이 지니는 아름다움 이외에는 생각할 수 없다."(231쪽)

"여가 속의 시간은 '자유' 시간이 아니라 지출된 시간이며, 완전히 낭비되는 것은 아니다. 왜냐하면 이 시간은 사회적 의미에서의 개인에게 있어서 지위를 생산하는 시간이기 때문이다."(261쪽)

"개인으로서의 존재는 기호의 조작과 계산 속에서 소멸한다. …… 소비의 인간은 자기 자신의 욕구와 자신의 노동의 생산물을 직시하는 일도 없으며, 자기 자신의 상(像)과 마주 대하는 일도 없다. 그는 자신이 늘어놓은 기호의 내부에 존재하는 것이다."(325쪽)

1 소비사회가 등장한 배경은 무엇이며, 소비사회에서 나타나는 중요한 특징에는 어떤 것들이 있는가?

2 현대사회에서의 소비가 상품 자체가 아니라 기호를 소비하는 것이라면, 기호는 어떻게 만들어지며, 기호를 소비한다는 의미는 무엇인가?

3 소비사회의 특징 중 하나는 과거에는 결코 돈으로 살 수 없다고 생각했던 것들조차도 모두 돈으로 살 수 있는 것으로 만들고 있다는 것이다. 그렇다면 사랑이나 행복도 돈을 주고 살 수 있을까? 또한 아무리 소비사회라도 절대로 소비의 대상이 될 수 없는 것이 있다면, 그것은 무엇인가?

4 우리 사회에서 나타나는 명품에 대한 소비심리와 외모지상주의는 다른 어떤 사회보다 강한 편이다. 이러한 현상이 나타나는 원인은 무엇인가? 그리고 이러한 현상은 소비사회와 어떤 연관성이 있는가?

5 보드리야르의 소비사회에 대한 전망은 비관적이며, 그가 제시한 소비사회에서 파생되는 문제점의 해결 방안도 막연할 뿐만 아니라 이를 대하는 태도 역시 미온적이며 소극적이다. 보드리야르의 이러한 전망과 태도에 대해서 어떻게 평가할 것인가? 또한 소비사회에서 파생되는 문제들에는 어떤 것들이 있는지 열거하고, 이 문제들을 해결할 수 있는 나름의 방안이 있다면 무엇인가?

- 번역서

장 보드리야르, 『소비의 사회』, 이상률 옮김, ㈜문예출판사, 2014.

- 필자 소개: **진정일**

고려대학교 철학과와 동대학원에서 철학을 전공했고, 원광대학교 철학과 대학원에서 미학을 공부하고 철학 박사학위를 취득했다. 현재 원광대학교와 군산대학교, 전주교육대학교에서 철학과 미학, 논리학 등을 강의하고 있다. 연구논문으로는 「칸트의 무관심성에 관한 한 연구」, 「인문학 대중화에 대한 비판적 고찰 - '시민인문강좌'를 중심으로」를 비롯해 다수가 있다.

V 진리, 어떻게 구할 것인가?
진리와 과학의 이해

- 학문과 진리를 추구하는 자, 의심하라! – 르네 데카르트, 『방법서설』: 염승준
- 과학은 연구공동체의 사회문화적 활동이자 그것의 산물이다!
  – 토마스 쿤, 『과학혁명의 구조』: 이기흥

학문과 진리를 추구하는 자, 의심하라!

르네 데카르트, 『방법서설』

염 승 준

| 작가 소개 |

르네 데카르트(René Descartes)는 1596
년 브르타뉴 지방고등법원 평정관인 조
아셍 데카르트(Joachim Descartes)의 셋째
아들로 프랑스 중서부 투렌의 라에이(La
Haye: 1802년부터 La Haye-Descartes로 불
림)에서 태어나 제수이트 교단이 창설한
라 플레슈를 졸업하고 푸아티에 대학에
입학해서 법학과 의학을 공부했고, 1616년 법학사 학위를 취득했다.
이후 그는 "세상이라는 커다란 책"으로 여행의 길을 떠난다. 1619년에
그는 "놀라운 학문의 기초를 발견"하는 영감을 받고 세 번의 꿈을 통
해 보편학의 정립에 대한 자신감을 얻는다. 1636년 데카르트는 "우리
본성을 보다 높은 단계로 승화시킬 수 있는 보편학에 관한 기획"으로
일종의 고백론인 『방법서설』(원제목: 『이성을 잘 인도하고, 학문에 있어 진

리를 탐구하기 위한 방법서설, 그리고 이 방법에 관한 에세이들인 굴절광학, 기상학 및 기하학』)을 일상인을 위해 불어로 집필한다. 1641년 '의심할 수 없는 것', '의심 가능 근거를 전혀 가지지 않는 것', '결코 흔들릴 수 없이 확고한 것'을 찾아서 학문에 대한 확고한 기반을 마련하기 위해서 집필한 『성찰』이 파리에서 출간되자 위트레히트 대학 학장인 보에티우스(G. Voetius)가 데카르트를 무신론자로 공박했으며, 그는 홉스(T. Hobbes), 아르노(A. Arnauld), 가상디(P. Gassendi) 등으로부터 반론을 받는다. 1644년에는 자신의 철학을 집대성한 『철학의 원리』를 출간한 이후 레이덴 대학의 신학자들로부터 불경건한 펠라기우스(Pelagius)주의라고 비난받았다. 1649년에 그는 스웨덴 여왕 크리스티나의 계속된 초청으로 스톡홀롬으로 떠난다. 도착 직전에 『정념론』이 암스테르담에서 출간되고 그는 1650년 2월 11일에 스톡홀롬에서 폐렴으로 사망하였다.

데카르트는 도식화된 서양 철학사에서 중세 신학의 그늘로부터 자유롭지 못한 사상가로 평가받고 있지만 에드문트 후설(E. Husserl)은 인식과 존재의 토대를 신이 아닌 사유하는 인간 이성의 주체성에서 근거지었다는 점에서 그의 철학사적 위상을 높이 평가한 바 있다.

| 책 내용 소개 |

『방법서설』에서 '방법'의 의미

"어둠 속을 걷는 데 익숙해진 사람은 시력이 점차 약화되어, 나중에는 환한 태양의 빛을 견딜 수 없게 된다." "나는 선례와 관습을 통해 확신하게 된 것을 너무 굳게 믿어서는 안 된다는 것을 알게 되었다. 이렇게 해서 나는 우리 자연의 빛을 흐리게 하고 이성의 소리를 듣지 못하게 하는 숱한 오류로부터 차츰 벗어나게 되었다." 르네 데카르트가 『방법서설』에서 독자에게 고백하고 있는 말이다. 플라톤(Platōn)의 『국가』제7권 '동굴의 비유'를 이미 알고 있는 사람이라면 그가 언급한 '어둠'과 '태양의 빛', '선례', '관습' 등의 개념들이 낯설지 않을 것이다. 플라톤이 '동굴의 비유'를 통해 소문과 풍문의 사슬을 끊고, 구체적 경험들로 인한 감각의 기만성과 과학적 사유의 한계를 자각한 자만이 동굴 밖으로 도약해서 가장 밝은 태양의 빛을 볼 수 있음을 강조하고 있듯이, 데카르트도 인간 이성의 올바른 사용을 위해서 '선례'와 '관습'의 사슬을 끊을 것을 역설하고 있다. 『방법서설』에서 그가 말한 '방법'은 선입견과 편견에 물들어 있는 정신을 훈련시켜 정화하는 작업이며, 나아가 사물을 명석판명하게 인식할 수 있도록 정신의 역량을 증대·확장하는 작업이다. 이로써 '방법'을 통해서 이성을 잘 인도하고 지도할 수 있다는 것이다. 또한 '방법'을 통해서 모든 사람들이 편견과 선입견 없는 좋은 의견을 받아들일 수 있으며, 나아가 최고의 지식 일체를 획득할 수도 있다는 것이다. 반면에 '방법'이 없이 학문을 탐구하는 사람은 결코 진리를 인식할 수 없으며 맹목적일 뿐이다. 그는 진리 탐구의 방법을 통해 인식의 정점에 도달할 수 있다는 것을 다음과 같이 말한다. "이 방법을 통해 내 인식의 폭은 점차 증대되어 마침내 평범한 내 정신과 얼마 남지 않은 내 생애가 허락하는 최고의 정점까지 조금씩 내 인식이 도달할 수 있을 것으로 보였다. 나는 이미 이 방법을 통해 여러 열매를 거두었기 때문이다." 데카르트의 '방법'은 『방법서설』제5부에서 다루고 있는 자연과학적 학문들인 굴절광학, 기상학, 기하학에 적용된다. 우리는 자연과학적 학문대상들뿐만 아니라 학문과 진리를 탐구하는 데 있어서 선례와 관습을 통해 확신하게 된 것을 너무 굳게 믿어서는 안 되며 자연의 빛을 흐리게 하고 이성의 소리를 듣지 못하게 하는 숱한 오류로부터 해방되어야 한다.

'방법'의 규칙과 방법론적 '의심'

'방법'은 정신을 훈련시켜 선입견과 편견에 물들어있는 정신을 정화하는 작업이다. 그렇다면 선입견과 편견으로부터 해방되기 위한 구체적인 방법은 무엇인가? 이에 대해 데카르트는 네 가지 규칙을 제시한다. 첫째, "명증적으로 참이라고 인식한 것 외에는 그 어떤 것도 참된 것으로 받아들이지 말 것, 즉 속단과 편견을 신중히 피하고, 조금도 의심의 여지가 없을 정도로 명석판명하게 내 정신에 나타나는 것 외에는 그 어떤 것에 대해서도 판단을 내리지 말 것"(명증성의 규칙), 둘째, "검토할 어려움들을 각각 잘 해결할 수 있도록 가능한 한 작은 부분으로 나눌 것"(분해의 규칙), 셋째, "내 생각들을 순서에 따라 이끌어 나아갈 것, 즉 가장 단순하고 가장 알기 쉬운 대상에서 출발하여 마치 계단을 올라가듯 조금씩 올라가 가장 복잡한 것의 인식에까지 이를 것, 그리고 본래 전후 순서가 없는 것으로서도 순서를 상정하여 나아갈 것"(합성의 규칙), 넷째, "아무것도 빠트리지 않았다는 확신이 들 정도로 완벽한 열거와 전반적인 검사를 어디서나 행할 것."(열거의 규칙)

이 가운데 첫 번째 규칙의 핵심은 '의심'이다. 데카르트는 "조금이라도 의심할 수 있는 것은 모두 전적으로 거짓된 것으로 간주하여 던져 버리고, 이렇게 한 후에도 전혀 의심할 수 없는 것이 내 신념 속에 남아 있는지를 살펴보아야 한다"고 말한다. 그는 의심의 첫 번째 단계로 우리의 앎의 대부분을 차지하는 경험적 인식, 즉 우리의 오관을 통해서 얻어낸 인식을 의심한다. 우리는 실제로 오관을 통해 얻은 인식이 거짓으로 밝혀지는 경험, 즉 "착각"의 경험을 가지고 있다. 따라서 착각일 수 있는 경험적 인식은 학문과 진리의 토대가 될 수 없다. 그러나 우리는 가까이 있는 사물의 감각적 앎에 대해 그것에 대한 확실한 앎을 가질 수 있지 않은가? 가까이 있는 사물에 대한 앎조차도 앎의 확실성을 판단할 수 없는 사람은 광인이 아니겠는가? 그렇다면 감각경험은 의심할 수 없이 확실한 것인가? 데카르트는 다시 경험적 인식에 대한 제2의 의심 가능 근거를 제시한다. 이를테면, 내가 지금 원광대학교 타임 스테이션에서 여자 친구와 아메리카노를 마시고 있다는 것은 의심할 수 없는 확실한 경험이다. 그러나 이 확신이 거짓으로 밝혀지는 경우가 있는데, 그것이 바로 '꿈'의 경우이다. 내가 착각일리 없다고 생각하는 순간의 감각 경험이 '꿈'일 가능성이 있다. '꿈'이 아닌 각성상태라는 자각도 꿈의 가능성을 배제하지 못한다. 왜냐하면 우리는 꿈속에서도 그것이 깨어있는 현실이라고 경험하기 때문이다. 결국 제2의 의심 가능성을 통해 경험과 인간의 감각기관이 주는 기만성과 착각 이외에도 광인(狂人)이 아닌 이상 확실한 것으로 판단되는 경험은 '꿈'일 수도 있기 때문에 절대적인 앎이라고 말할 수 없게 된다. 그렇다면 감각적인 '경험적 앎'이 아닌 수학적인 '관념적 앎'은 어떠한가? 이에 대해 데카르트는 인간의 이성 전체가 잘못 판단하고 있는 것일 수 있다는 가능성, 즉 인간의 이성 전체를 기만하는 '악령'이 있을 수도 있다는 가능성을 들어 수학적인 '관념적 앎'이 절대적으로 확실한 것이라고 말할 수 없음을 밝힌다.

감각적 앎이나 수학적 앎은 착각이나 꿈 또는 악령의 의심 가능 근거를 배제하지 못한다는 점에서 확실한 앎이 되지 못한다. 그렇다면 도대체 의심 가능하고 언제라도 거짓으로 밝혀질 수 없으며, 절대적으로 의심 불가능한 확실한 앎이란 있을 수 있는 것인가? 과연 학문과 진리를 위한 더 이상 의심 가능하지도 부정 가능하지도 않은 학문의 기초와 토대를 찾을 수 있는 것인가? 있다면 그것은 무엇일 수 있는가?

철학의 제1원리

"나는 생각한다, 그러므로 나는 존재한다"

학문의 기초와 토대를 모색하기 위한 데카르트의 방법론적 의심은 회의론자들의 의심과 구분된다. 그의 방법론적 의심의 목적은 "스스로 확신하고, 무른 흙이나 모래를 젖혀 두고 바위나 찰흙을 발견하자는 것이었다." 바위와 찰흙은 그가 철학의 제1원리로 삼은 "나는 생각한다, 그러므로 나는 존재한다"는 진리다. 그는 이 진리를 "아주 확고하고 확실한 것이고, 회의론자들이 제기하는 가당치 않은 억측으로도 흔들리지 않는 것"임을 주목하고서 철학의 제1원리로 거리낌 없이 받아들였다.

방법론적 의심을 통해 데카르트가 발견한 것은 단지 내가 존재한다는 것이 아니라, 바로 그렇게 의심하는 등의 의식 활동자로서의 내가 존재한다는 것이다. 그는 "의심하고, 통찰하고, 긍정하고, 부정하고, 의지하고 의지하지 않고, 상(像)을 표상하고, 감각하고" 등의 일체의 의식 활동을 '사유'라고 설명한다. 인간의 지각, 의심, 희망, 판단 등의 일체의 의식 활동은 의심 가능하고 거짓일 수 있다. 그러나 그런 사유 활동 자체, 의식 활동 자체가 존재한다는 것만은 부정할 수도 의심할 수도 없이 확실하다. "우리가 깨어 있을 때에 갖고 있는 모든 생각은 잠들어 있을 때에도 그대로 나타날 수 있고, 이때 참된 것은 아무것도 없음을 알았기 때문에, 지금까지 정신 속에 들어온 것 중에서 내 꿈의 환영보다 더 참된 것은 아무것도 없다"고 가정하기로 결심했다. 그러나 이처럼 모든 것이 거짓이라고 생각하고 있는 동안에도 이렇게 생각하는 '나'는 반드시 어떤 것이어야 한다는 것을 알게 되었다. 따라서 "나는 생각한다, 그러므로 나는 존재한다는 이 진리는 아주 확고하고 확실한 것이고, 회의론자들이 제기하는 가당치 않은 억측으로도 흔들리지 않는 것임을 주목하고서, 이것을 내가 찾고 있던 철학의 제일원리로 거리낌없이 받아들일 수 있다고 판단했다."

데카르트가 찾고자 한 학문과 진리 인식의 토대는 사유하는 인간 주체 자체다. 고대 그리스 시대와 중세 사람들은 존재와 인식의 근거를 인간이 사는 현상계 너머 이데아(Idea)계와 신(神)에게서 찾았다. 데카르트는 비록 여전히 중세 스콜라철학의 사유방식으로 신의 존재를 생각하고 있었지만, 이데아와 신에게서 학문과 인식의 토대를 찾지 않았다. 그가 당대 지식인들과 권력자들로부터 끊임없는 사유의 자유를 억압받은 핵심이 바로 이 점에 있을 것이다. 사유하는 인간 주체 자체가 학문과 진리의 토대라는 그의 통찰이 그를 근세 철학의 문을 연 철학자로 만들어 주었다. 그가 우리에게 역설하고 있는 "진리에 동의하는 사람이 많다고 해서 그 진리성이 만족스럽게 증명되는 것이 아니라는 것" 그리고 "나 스스로 나 자신을 이끌어 가야 한다"는 명제는 학문과 진리를 추구하는 사람이 마음으로 곱씹어야 할 바이다.

| 현대에서 이 저서의 의미와 가치 |

21세기를 살아가는 우리는 모든 학문의 토대와 기초를 사유하는 인간 이성에서 찾은 데카르트의 통찰이 담긴 『방법서설』을 읽어야만 하는 이유를 어디에서 찾아야 할까? 그는 여전히 신 중심의 중세 스콜라철학의 그늘에서 벗어나지 못한 철학자가 아닌가? 데카르트가 중세시대 신학자들과 달리 인간 정신의 주체적 활동성을 강조했다고는 하지만 그는 정신과 물질을 실체화하여 사고적 실체와 연장적 실체를 별개의 독립적 실체로 간주함으로써 이원론에 빠질 수밖에 없었으며 그가 통찰한 사유하는 자아는 인간 정신 밖으로 단 한 발짝도 나갈 수 없는 관념적인 외로운 유아론적 자아에 불과하다. 이러한 문제를 해결하기 위해 그가 '신의 성실성'에 의존할 수밖에 없었다는 점에서, 그는 시대 착오적인 철학자임을 부정할 수는 없을 것이다. 그리고 그의 굴절광학, 기상학 및 기하학이 현대 자연과학에 얼마만큼이나 의미 있는 것으로 평가받을 수 있을지도 의문이다. 그럼에도 우리는 『방법서설』을 통해 그가 근세를 연 사상가로 평가될 수 있도록 만든 통찰, 즉 '사유하는 인간 정신의 주체성'을 주목해야 할 것이다. 그는 이 책에서 일반인들에게 "이성을 잘 인도하는 것"과 "정신을 지도하는 것"을 보여주고자 한다. 이성의 인도와 정신의 지도는 시대를 막론하고 인류가 언제나 지향해야 할 과제다. 고대 그리스 시대와 근세뿐만 아니라 현대에도 여전히 '맹목적인 호기심', '어리석은 탐욕', '헛된 행운'에 대한 기대는 인간 이성의 빛을 흐리게 하고 정신을 맹목적으로 만들고 있다. 데카르트가 "어둠 속을 걷는 데 익숙해진 사람은 시력이 점차 약화되어, 나중에는 환한 태양의 빛을 견딜 수 없게 된다"고 묘사한 것은 바로 우리 자신의 일상적 현실이다. 우리가 사는 시대에도 여전히 소문, 편견, 편협한 경험적 사실, 개인적 욕망의 노예가 된 인간의 이성, 혹은 권력과 결합한 언론을 통한 정보나 소위 '찌라시'가 앎과 판단의 기준이 되고 있고, 이로 인해 사회적 분열과 사회 구성원들 간의 갈등이 야기되는 것을 볼 때, 인간 정신이 객관적이고 보편적으로 인식해야 하는 과제는 동서고금을 불구하고 언제나 우리가 해결해야 할 현재적 과제다.

거대 자본과 결탁한 지식인은 실험과 관찰의 결과를 조작하고 은폐하여 인간을 생체실험의 대상으로 삼고 있다. 화학비료, 살충제, GMO는 우리의 삶을 위협하고 있지만 과학자들은 안전하며 문제가 없다고 주장한다. 그리고 우리는 과학자들의 실험과 관찰의 객관성을 맹신하여 아무 문제가 없다는 그들의 주장을 의심 없이 믿곤 한다. 과학기술 자체는 화학비료와 살충제가 인체에 얼마나 유해한지에 대한 도덕적 의무에는 별 관심이 없어 보인다. 오직 더 많은 생산과 더 많은 이익에만 관심이 있을 뿐이다. 우리는 학문의 영역뿐만 아니라 일상적 차원에서도 옳고 그름의 진리를 발견하기 위해서 우리를 속박하고 있는 그림자인 편견, 관습, 특수한 경험적 사실, 이기적인 욕망, 사이비 과학적 사유 그리고 지식인과 권력자들에 대한 의존의 사슬로부터 우리 정신을 해방시키기 위해서 데카르트의 '방법론적 의심'을 수행해야 한다. 그림자와 사슬이 존재하는 한 사유하는 인간 이성의 주체성의 강조와 방법론적 의심은 미래에도 시대착오적일 수 없으며 지속적으로 인류에게 요청되어야 할 시대적 과제라 할 수 있다.

│ 책의 내용 가운데 중요한 구절 소개 │

"이로써 나는 선례와 관습을 통해 확신하게 된 것을 너무 굳게 믿어서는 안 된다는 것을 알게 되었다. 이렇게 해서 나는 우리 자연의 빛을 흐리게 하고 이성의 소리를 듣지 못하게 하는 숱한 오류로부터 차츰 벗어나게 되었다."(158쪽)

"우리를 설득하는 것은 확실한 인식이 아니라 관습이나 선례라는 것, 그리고 좀처럼 발견하기 힘든 진리에 대해서는 그 발견자가 민족 전체라기보다는 단 한 사람이라고 생각하는 편이 훨씬 더 사실에 가까운 것으로 여겨졌으므로, 그 진리에 동의하는 사람이 많다고 해서 그 진리성이 만족스럽게 증명되는 것이 아님을 알게 되었다. 그리고 다른 사람이 아닌 바로 이 사람의 견해를 따라야겠다고 생각할 만한 사람을 찾을 수 없었기 때문에 이제 나 스스로 나 자신을 이끌어 가야 한다고 생각했다."(166쪽)

"이런 이유로 나는 이 세 가지 것의 장점을 겸비하면서 그 결함을 갖지 않는 어떤 다른 방법을 발굴해야 한다고 생각했던 것이다. 그리고 법률이 많으면 악행에 구실을 주는 경우가 많고, 따라서 법률을 조금만 가지면서 아주 엄격하게 자킬 때 국가가 더 잘 다스려지는 것처럼, 내가 이탈하지 말자는 확고하고 지속적인 결심만 견지한다면 논리학의 그 많은 규칙들 대신에 다음의 네 가지 규칙만으로 충분하다고 믿었다.

첫째, 명증적으로 참이라고 인식한 것 외에는 그 어떤 것도 참된 것으로 받아들이지 말 것, 즉 속단(la précipitation)과 편견(la prévention)을 신중히 피하고, 조금도 의심의 여지가 없을 정도로 명석 판명하게 내 정신에 나타나는 것 외에는 그 어떤 것에 대해서도 판단을 내지리 말 것.

둘째, 검토할 어려움들을 각각 잘 해결할 수 있도록 가능한 한 작은 부분으로 나눌 것.

셋째, 내 생각들을 순서에 따라 이끌어 나아갈 것, 즉 가장 단순하고 가장 알기 쉬운 대상에서 출발하여 마치 계단을 올라가듯 조금씩 올라가 가장 복잡한 것의 인식에까지 이를 것, 그리고 본래 전후 순서가 없는 것에서도 순서를 상정하여 나아갈 것.

끝으로, 아무것도 빠트리지 않았다는 확신이 들 정도로 완벽한 열거와 전반적인 검사를 어디서나 행할 것."(168~169쪽)

" … 우리 감각은 종종 우리를 기만하므로, 감각이 우리 마음속에 그리는 대로 있는 것은 아무것도 없다고 가정했다. 그리고 아주 단순한 기하학적 문제에 있어서조차 추리를 잘못하여 오류 추리를 범하는 사람이 있으므로, 나 역시 다른 사람들과 마찬가지로 잘못을 저지를 수 있다고 판단하고, 전에 증명으로 인정했던 모든 근거를 거짓된 것으로 던져 버렸다. 끝으로, 우리가 깨어 있을 때에 갖고 있는 모든 생각은 잠들어 있을 때에도 그대로 나타날 수 있고, 이때 참된 것은 아무것도 없음을 알았기 때문에, 지금까지 정신 속에 들어온 것 중에서 내 꿈의 환영보다 더 참된 것은 아무것도 없다고 가상하기로 결심했다. 그러나 이런 식으로 모든 것이 거짓이라고 생각하고 있는 동안에도 이렇게 생각하는 나는 반드시 어떤 것이어야 한다는 것을 알게 되었다. 그리고 '나는 생각한다, 그러므로 나는 존재한다'라는 이 진리는 아주 확고하고 확실한 것이고, 회의론자들이 제기하는 가당치 않은 억측으로도 흔들리지 않는 것임을 주목하고서, 이것을 내가 찾고 있던 철학의 제일원리로 거리낌 없이 받아들일 수 있다고 판단했다."(184쪽)

생각거리

1 우리들의 이성적인 활동을 가로막는 편견, 관습, 선입견에 대해서 생각해 보시오.

2 철학의 제1원리인 "나는 생각한다, 그러므로 나는 존재한다"를 도출하기 위한 데카르트의 방법론적 의심의 과정, 즉 감각적 인식에 있어서의 착각과 기만, 수학적이고 과학적 진리의 한계 등을 자신의 구체적인 경험을 통해서 재구성해 보시오.

3 데카르트는 수학적인 앎의 경우도 인간 이성 전체를 기만하는 '악령'이 있을 수도 있다는 가능성을 들어 수학적인 '관념적 앎'이 절대적으로 확실한 것이라고 말할 수 없음을 밝힌다. 현대사회에서 인간 이성을 기만하는 '악령'이 무엇일 수 있는지에 대해서 생각해 보시오.

- 번역서

르네 데카르트,『방법서설』, 이현복 옮김, 문예출판사, 2016.

- 필자 소개: **염승준**

원광대학교 원불교학과와 원불교대학원대학교에서 원불교학을 전공했고, 독일 베를린 홈볼트대학교에서 철학을 공부하고 철학 박사학위를 취득했다. 현재 원광대학교 원불교학과 교수로 재직하고 있으며, 원불교학의 학문적 방법론에 관한 연구, 동서양 종교와 철학의 비교 및 칸트 사상의 실천적 과제에 대한 연구를 진행하고 있다. 저서로는 *Der Lebensbegriff in Kants kritischen Philosophie*(Humboldt Universität zu Berlin)(칸트 비판적철학에서의 생명개념)가 있고, 번역서로는『프롤레고메나』(임마누엘 칸트)가 있다. 원불교학 관련 논문 외 철학 관련 연구논문으로는「순수이성의 후성발생 체계와 순수 지성개념의 유기체적 성격」, "Self-knowlege of Reason as a vital pheomenon in Kant's transcendental dialectic"(칸트의 초월적 변증론에서 생명현상으로서의 이성의 자기인식, Immanuel Kant Baltic Federal University Press)을 비롯해 다수가 있다.

과학은 연구공동체의 사회문화적 활동이자 그것의 산물이다!

토마스 쿤, 『과학혁명의 구조』

이 기 흥

| 작가 소개 |

토마스 쿤(Thomas Samuel Kuhn, 1922~ 1996)은 1922년 미국 코넷티컷주 신시내티에서 태어났다. 1943년 하버드대 물리학과를 최우등으로 졸업했다. 다만 학부시절부터 물리학 이론 자체보다는 '물리학이 왜 세계를 설명할 수 있는 것일까?'와 같은 철학적 질문들에 더 관심을 두었다. 이후 박사 논문을 준비하면서 과학사에 심취하게 된다. 1949년 박사학위 취득 후 당시 하버드대 총장의 권유로 대학 교양교육 및 과학사 관련 조교수로 임용되면서 과학사를 전적으로 연구하고 교육하게 된다. 이 시기부터 그는 과학발전이 단선적이고 누적적이 아니라 불연속적이고 혁명적으로 진행된다는 생각을 갖게 되었으며, 그 연구결과를 1957년『코페르니쿠스의 혁명』으로 출간하게 된다. 이후 1958년 스탠퍼드대학교에서 연구하면서 '패러다임' 개념을 착안해냈으며, 그 연구결과는 1962년에『과학혁명의 구조』로 발표되었다. 그의 과학사 연구는 버클리(1956~64), 프린스턴(1964~79), MIT(1979~91) 등을 거치면서 무르익었고, 1982년에는 과학사학회 최고상인 조지 사턴 메달을 수여했다. 상기한 연구결과 외에『흑체이론과 양자 불연속성』(1978),『주요한 긴장』(1977) 등이 있다. 1996년 73세의 나이로 사망했다.

| 책 내용 소개 |

과학에 대한 여러분의 생각은?

세계에 대한 신빙성 있는 정보나 지식을 얻고자 할 경우, 당신은 무엇이 혹은 누가 당신에게 도움을 줄 수 있을 것이라고 생각하는가? 아마도 점쟁이는 아닐 것이다. 그러면 과학이나 과학자가 그에 대한 답을 줄 것으로 생각하는가? 그렇다면 왜 그런가? 과학이 세계에 대한 객관적인 진리를 담고 있다고 생각하기 때문인가? 당신은 정말 과학이 세계에 대한 객관적인 진리를 담지하고 있다고 생각하는가? 당신은 혹시 과학적 지식이 어떻게 생산되는지를 생각해 본 적이 있는가? 당신은 그것이 경험의 산물이라고 생각하는가? 그게 아니면 세계에 대한 가설검증의 산물이라고 생각하는가? 그리고 과학적 지식은 선형적으로 차곡차곡 누적된다고 보는가? 오늘날의 이론이 과거의 이론보다 더 낫다고 보는가? 그런데 당신은 과학에 관한 지식을 어디서 배웠는가? 학교 교과서에서 배웠는가?

상기한 질문들에 대한 당신의 대답이 긍정적인 형태라면, 과학에 대한 당신의 생각은 토마스 쿤의 그것과는 전반적으로 차이가 있다고 할 수 있다. 쿤의 생각에 과학은 세계에 대한 사실적 그림을 제공하고 있지 않다. 과학은 순전한 세계경험에 기반을 두고 축적된 것도 아니고, 가설의 경험적 확증이나 반증 과정을 거쳐 세계에 대한 진리치를 높여가는 과정도 아니다. 그리고 그것은 또한 과학자 개인의 천재적인 성취에 절대적으로 의존하는 것도 아니다. 과학의 본질은 학교에서 가르치는 교과서 속에 묘사된 형태로는 제대로 파악될 수 없다. 학교 교육에서는 주로 주류 과학들만이 소개되고 있을 뿐, 비주류 과학들은 소개되고 있지 않는 데다가 과학이론들이 태동한 배경도 설명해주지 않기 때문이다. 교과서 형태의 정보를 통해 과학의 이념을 학습한 이들이라면 아마도 주류 과학의 이데올로기에 물들어 있을 수도 있다. 즉 과학의 '본 모습'을 제대로 보지 못하고 있을 수 있다.

'과학혁명의 구조' 개념에 대한 선이해

쿤이 보는 과학은 매우 역동적인 역사적 과정을 밟아서 태동한다. 우선 과학의 주체는 과학자 개인이 아니라, 과학(자)공동체다. 그래서 과학 활동은 과학자의 인지적 활동이라기보다는 과학공동체의 사회문화적인 활동이다. 이는 과학이 사회문화적 요소들에 의해 크게 영향을 받고 있다는 것을 함축한다. 그래서 과학의 본질을 이해하기 위해서는 과학이론들이 가지고 있는 이론의 내재적 특성에만 관심을 가질 것이 아니라, 과학이론의 외적인 요인, 환경적 요인을 적극 고려할 필요가 있다. 이를 조망해 보려면 과학사에 시선을 돌릴 필요가 있다.

과학의 본질을 이해하기 위해서는 과학사에 눈을 돌려야 한다는 것이 쿤의 기본적인 생각이다. 하지만 이때 말하는 과학사가 그저 '사실'만 나열되어 있는 단순한 묘사된 역사만을 말하는 것은 아니다. 쿤이 이해하는 과학사는 사회문화적 요소들에 의해 영향을 받는 여러 과학자가 서로 협동하거나 경쟁하면서 과학공동체 내지 집단을 형성하고 그리고 그 과정 속에서 구성되는 역사를 말한다. 그는 이를 '과학혁명의 구조'라는 이름으로 기술한다. 이것이 의미하는 바를 선취하기 위해 직관적인 사례 하나를 들어보자.

우선 여러 팀이 참가해 리그전을 통해 우승자를 가리는 운동시합을 생각해 보자. 나름 기량을 갈고닦은 선수들이나 팀들이 시합에 참여해 서로 돌아가면서 맞붙어 우열을 가리는 리그전을 펼친다. 각자는 시합의 승패 전적에 따라 탈락하거나 다음 라운드로 진출하게 된다. 그리고 결국 최종적으로 성적이 가장 좋은 팀이 우승을 거머쥐게 된다. 그런데 이러한 시합이 거기서 한 번으로 끝나는 것이 아니고 정기적 혹은 부정기적으로 진행된다고 생각해 보라. 그러면 경우에 따라서는 우승자가 뒤바뀔 수도 있을 것이다. 사실 현실적으로 영원한 승자는 드물다. 인간이 벌이는 공식적, 비공식적 시합이나 게임은 거개가 이러한 방식처럼 보인다. 과학이론이라고 해서 그렇지 말란 법은 없다. 사실 쿤이 말하는 과학혁명의 구조는 게임에서 우승자가 가려지고 그것이 새롭게 반복되는 과정과 근본적으로는 별반 다르지 않다.

과학혁명의 과정

쿤이 제시하는 과학혁명의 구조는 전반적으로 다음과 같다: '패러다임' 이전 시기(전과학의 시기) ⇨ '패러다임'의 출현 ⇨ 정상과학 ⇨ 변칙들의 출현 ⇨ 위기 ⇨ 예외적인 과학(비정상과학) ⇨ 대안적인 '패러다임'의 출현 ⇨ 과학혁명 ⇨ 새로운 정상과학 [⋯]

우선 '패러다임'(paradigm)의 개념부터 살펴보도록 하자. 쿤의 '패러다임' 개념은 일반적으로 다의적이라는 평가를 받는다. 그것의 의미는 가령 어느 과학자 공동체가 공유하고 있는 형이상학적 가정이나 신념, 가치, 개념, 법칙, 이론, 도구, 방법 및 과학수행의 표준 등의 총체적인 집합체를 의미하는가 하면, 좀 더 협소한 의미로는 '문제 해결을 위한 모델, 패턴, 범례로 사용되는 구체적인 문제 해결의 예'로 이해되기도 한다. 말년으로 갈수록 후자의 의미로 사용되는 경향이 있긴 하지만, 전반적으로는 전자의 의미에서 그 개념을 이해해 볼 수 있다. 그의 과학관이 전반적으로 과학자 개인보다는 과학자집단에 초점이 맞춰져 있기 때문이다.

과학자들은 각자 자신이 선호하는 '패러다임'을 사용해 과학연구를 진행한다. 가령 아리스토텔레스 물리학을 추종하는 사람들, 천동설을 추종하는 사람들, 뉴턴 물리학을 추종하는 사람들, 지동설을 추종하는 사람들, 상대성이론을 추종하는 사람들, 양자역학을 추종하는 사람들, 등, 이들 각자는 서로 다른 '패러다임'을 선호하는 셈이다. 다만 어느 한 시기의 과학자들 사이에서 어떤 하나의 '패러다임'이 지배적인 영향력을 행사하게 될 때까지는(정상과학의 시기) 과학자들 간에 군소 연구 패러다임이 서로 경쟁하게 된다(전-패러다임 시기). 그리고 이때 '패러다임'은 과학자들에게 적합한 문제설정 및 문제풀이의 과정 및 방법, 수집되어야 할 사실들 혹은 수집된 데이터들의 해석방향을 결정하는 틀로 기능한다.

특정의 '패러다임' 하에 진행되는 과학활동들은 일종의 퍼즐풀이활동이다. 퍼즐을 해결할 줄 앎으로써 정상과학의 능력이 입증된다. 그리고 정상과학이 퍼즐을 성공적으로 해결하게 되면서, 그것은 점차 정교한 장치를 개발하게 되고, 그것이 사용하는 용어나 개념들은 미세해지며 그리고 그와 함께 과학활동에서는 숙련된 기술들이 발달되어 나온다. 즉 정상과학의 시기에 과학활동은 일반적으로 기존하는 과학연구의 패러다임을 보호·유지하고 세련화시키는 작업에 집중된다.

여기서 볼 수 있듯이, 정상과학의 한 주요 특징은 보수적 성격이다. 정상과학이 퍼즐풀이에 성공하게 되면, 이 시기의 과학자들은 그것을 현행 정상과학 혹은 '패러다임'의 덕택으로 돌린다. 그리고 이러한 보수적 태도는 정상과학이 퍼즐풀이에 실패하는 경우에도 마찬가지로 견지된다. 이런 경우 과학자들은 그 문제를 기존 '패러다임'의 탓으로 돌려서는 기존 '패러다임'을 폐기하는 길을 선택하기보다는, 오히려 과학자 개인의 몫으로 돌리는 경향이 있다. 그러한 상황에서 과학자가 현행 통용되고 있는 '패러다임'을 탓한다면, 동료과학자들은 그를 가령 '연장을 탓하는 목수'라는 식으로 비판하게 된다. 이러한 이유에서 정상과학의 시기에는 새로운 것을 창출하고자 하는 시도가 거의 추구되지 않는 경향이 농후하다.

하지만 매에 장사 없다고, 퍼즐풀이가 실패를 거듭하면서 변칙현상들이 두드러지게 증가하게 되면, 기존 '패러다임' 혹은 정상과학은 위기에 빠지게 된다. 이때 위기에 대한 응전방식은 다양하다. 위기를 극복하고자 하는 시도, 특정 위기를 도외시하려는 시도, 보조가설을 설정하려는 시도, 정상과학/패러다임의 근본 가정을 의심하려는 시도, 대안 패러다임을 제안하고자 하는 시도 등, 위기상황을 타개하기 위한 차원에서 제안된 여러 대안들이 난무하는 가운데 결국 새로운 '패러다임'이 출현하게 되면, 그 '패러다임'이 과학혁명의 주인공이 된다. 그리고 이와 함께 이전과는 다른 새로운 정상과학이 형성되어 새로운 과학의 장이 펼쳐진다.

그런데 과학혁명이 일어나기 전에 서로 경쟁하는 '패러다임들'이 있다고 할 때, 그 중 어느 것이 어떻게 선택되는가? 그때 그 어떤 객관적인 기준이 적용되는가? 쿤에 의하면, '패러다임' 간 상호비교를 가능하게 하는 그 어떤 표준, 규준, 척도 같은 것은 없다. 즉 이론들 간의 공약수 같은 것은 존재하지 않는다. 그래서 '패러다임' 간에 어떤 것이 더 좋고 어떤 것이 더 나쁘다는 평가를 할 수가 없다. 이는 자신의 종교를 개종하는 사람이 그에 대해 그 어떤 합리적인 설명을 하지 못하는 것과도 같다.

그렇다면 과학적 진리는 객관성을 보장하지 못하고 그저 상대적일 따름인가? 상술한 것과 같은 이미지의 과학태동사에 반영되어 있는 과학의 이미지는 상대주의와 객관주의를 공유하는 듯한 모습을 하고 있다. '패러다임' 간의 우위를 가릴 수 있는 합당한 이유가 존재하지 않는다면, 그것은 상대주의를 허용하는 것이 될 것이지만, 그럼에도 불구하고 '패러다임'의 경쟁에서 살아남는다는 것은 어딘가 모르게 객관주의적 냄새를 풍기기 때문이다. 사실 쿤은 과학의 각 '패러다임'이 각자 자기 나름의 합당한 존재이유를 가지고 있다고 말한다. 즉 당대의 시각으로 바라보게 되면, 아리스토텔레스(Aristoteles)의 목적론적 물리학이나 뉴턴(Isaac Newton)의 인과론적 물리학 각각은 족히 이해될 수 있는 이론들이라고 쿤은 말한다. 그럼에도 불구하고 오늘날 현대과학의 시각에서 보면, 아리스토텔레스의 물리학이나 뉴턴의 물리학은 어쩌면 유치한 물리학에 속할 수밖에 없다고 한다. 이런 '따로 또 같이' 같은 현상을 이해하기 위해 비트겐슈타인(Ludwig Wittgenstein)이 제시한 바 있던 '가족유사성' 개념을 살펴보자.

가족구성원 A, B, C가 있는데 그 중 A와 B는 서로 코가 닮았고, B와 C는 눈이 닮았고, C와 A는 입이 닮았다고 해보자. 세 명의 가족구성원들 중에서 국지적인 공통성은 있어도 전체적인 공통성은 찾아볼 수 없다. 그럼에도 우회적인 경로를 통해 그들은 하나의 가족을 형성하고 있다. 과학의 경우에 있어서도 마찬가지이다. '과학성'을 대표하는 특성으로는 가령 설명력, 단순성, 논리적 일관성, 효율성 등 다양한 요소들이 언급될 수 있다. 그런데 이 모든 요인들을 충족시키는 이론들은 대개의 경우 드물다. 역사적으로 볼 때, 어떤 이론은 설명력에서 더 나을 수 있고, 어떤 이론은 단순성에서 더 나을 수 있고, 어떤 이론은 논리적 일관성에서 더 나을 수 있는 등, 각 과학이론들은 과학이론으로서 각기 상대적인 장·단점을 갖는 경우가 더욱 일반적이다. 사실, 과학성을 특징짓는 요인이 무엇이냐 그리고 또 그에 따라 어떤 이론이 주류 과학의 연구패러다임으로 선택되느냐는 시대에 따라, 과학자 집단에 따라 다르게 파악되었다. 과학성을 특징짓는 다양한 특성들을 모두 만족시키는 이론이 부재함에도 불구하고 그것들은 모두 과학적 이론들로 여겨졌다. 즉 과학이라는 가족의 구성원들이었다.

　이러한 가족유사성의 이미지 하에서 과학적 진리가 보존되고 전수되는 방식 혹은 과학이 발전되어 나가는 방식은 또 어떻게 이해할 수 있을까? 이는 가족유사성의 각 (하위)기준들이 시대나 과학자집단에 따라 지속적으로 교차되는 가운데 해당 가족에 대한 전체적인 이야기가 구성되는 상황에 빗대어 이해할 수 있다. 그리고 이것 자체는 다시 일정 길이를 갖는 여러 가닥의 실로 만들어지는 실타래에 비유해 설명할 수 있다. 즉, 실 가닥 하나 하나를 계속 이어서 실타래를 짜다 보면, 낱개의 실 가닥보다도 더 긴 실타래를 얻을 수 있다. 역사적으로 발전되어 나오는 과학의 각 '패러다임들' 또한 각각의 실 가닥으로 볼 수 있고 그리고 각 시기의 과학을 아우르는 과학의 발전사는 실타래가 구성되는 과정으로 이해해 볼 수 있다. 이러한 식으로 이해되는 과학의 발달과정은 상대주의와 객관주의를 모두 포괄하는 것처럼 보인다. 각 패러다임은 시대 상대적인 타당성을 가짐에도 불구하고, 전체로서의 과학사는 부분 '이상'의 그 무엇인가를 제공해주기 때문이다. 쿤의 과학관이 상대주의적 인상을 풍기는 관계로 사람들이 그를 상대주의자로 매도하자 자신은 절대 상대주의자가 아니라고 그가 강변했을 때, 이 말을 우리는 저러한 식으로 이해해 볼 수 있다.

| 현대에서 이 저서의 의미와 가치 |

『과학혁명의 구조』는 출간되자마자 책 제목만큼이나 혁명적인 센세이션을 일으켰다. 출간 후 그 책을 주제로 한 학술대회가 연이어 개최되었을 뿐 아니라, '패러다임'이라는 용어는 학문 내외 영역들을 구분하지 않고 범용적으로 사용되는 일종의 보통명사가 되었기 때문이다. 그런데 저러한 외적인 열광의 이면에는 내적인 이유가 도사리고 있다.

우선 과학발전에 대한 쿤의 견해에는, 기존의 기계론적 세계관에 대한 대안으로 유기체론적인 세계관을 생물의 태동 및 진화현상에 적용했던 다윈의 진화론에 비견될 수 있는 성질이 내재해 있다. 20세기 중반까지만 하더라도 과학적 지식은 관찰, 경험, 실험에 기반을 둔 귀납적 지식축적의 과정(논리실증주의) 아니면 가설반증에 기반을 둔 지식축적의 과정(비판적 합리주의)이라는 기계주의적인 세계관이 대세를 이루고 있었고, 과학적 지식은 객관적 지식을 향해 나아가는 것으로 여겨졌다. 그에 반해 쿤은, 과학자들이 자신의 환경이라 할 수 있는 사회문화와 지속적으로 접촉 및 교류하면서 형성해내는 '패러다임'이 자신의 환경인 다른 '패러다임'들과 지속적으로 경쟁해 가면서 성장, 진화해나가는 과정에 빗대어 과학의 태동사를 설명하면서 과학이 선천적으로 존재하는 진리를 '발견'하는 것이 아니라, (후천적으로) 비로소 '구성'해내는 것으로 이해한다. 이는 기존의 창조론에 진화론으로 맞대응한 다윈의 전략과도 유사하다.

다른 한편, 쿤의 과학관에서는 기존의 논리실증주의의 귀납주의적 과학관과 비판적 합리주의의 반증주의적 과학관이 종합되고 있다. 특정의 '패러다임'에 기반을 두는 과학활동이 퍼즐풀이의 활동이며 정상과학의 단계에서 과학이 퍼즐풀이의 능력을 축적해 나간다는 것은 논리실증주의의 귀납주의를 자체 내에 수렴하고 있다고 할 수 있다. 또한 변칙현상들의 축적이 '패러다임'의 위기로 이어지며, 그에 뒤이어 '패러다임' 간 생존경쟁의 결과 '패러다임'의 전이, 즉 과학혁명이 일어난다고 하는 부분은 비판적 합리주의의 반증주의를 자체 내에 수렴하고 있는 부분이라 할 만하다. 이러한 의미에서 쿤의 과학관은 선행하는 두 과학·철학적 견해들을 종합하고 있다고 할 수 있다.

또 하나 언급해야 할 것은, 쿤의 과학관으로 인해 과학자들이 수행하는 활동의 위상이 이성과 논리의 영역에서 일어나는 것으로 이해되기보다는 오히려 현실의 심리·사회적 영역에서 벌어지는 활동으로 재규정되었다는 점이다. 즉 과학자들은 진리와 이성의 왕국에 기거하는 것이 아니라, 일종의 심리·사회적 존재로서 과학활동을 수행한다는 사실을 그는 분명히 했다. 과학활동을 이렇게 천상에서 지상으로 끌어내려 이해하고자 했던 쿤의 견해는 과학을 진리를 발견하는 이성적인 활동으로 보았던 이들에게는, 특히 비판적 합리주의의 대표자인 칼 포퍼(Karl Popper, 1902~1994) 같이 과학을 진리의 세계를 향해 가는 긴 여정으로 이해하고자 했던 이들에게는 매우 의아스런 테제일 수밖에 없었다.

쿤의 진리관 또한 기존의 진리관과 구분된다. 쿤은 과학적 활동이 '패러다임'에 기반을 두고 일어나는 활동으로 여기는 가운데, 그것이 세계를 있는 그대로 그려내는 활동이 아니라, 마치 그물의 각 다른 형태에 따라서 포획할 수 있는 물고기의 종류가 다를 수 있듯이, 과학의 '패러다임'에 부합적인 방식으로 세계를 구성해내는 것으로 이해한다. 철학적 인식론의 언어로 재차 표현하자면, 쿤은 대응론적 진리관을 따르는 것이 아니라, 정합론적 진리관을 추구한다. 다만 이러한 정합론적 진리관은 개인의 차원이 아닌 과학공동체의 차원에서 논해질 수 있는 그러한 진리관이다. 이러한 의미에서 그의 진리관은 전통의 대응이론적 진리관을 넘어서고 있을 뿐 아니라, 심리주의적 진리관을 넘어서고 있다고 할 수 있다.

그런데 우리는 여기서 정합적 진리관을 그것과는 구분되는 도구주의적 진리관, 즉 진리문제를 진리에 부합하느냐 부합하지 않느냐의 차원보다는 유용성의 측면에서 따지는 도구주의적 진리관과 비교해 봄으로써 그의 과학관을 새로운 지평에서 재조명해 볼 수도 있다. 주로 쿤 이후의 영미권 과학철학, 과학사회학, 기술사회학 등에서 재차 관철되기 시작한 신실용주의 노선의 도구주의적 진리관은 특히 과학을 단순히 이론적이거나 인지적 활동으로 이해하는 것이 아니라, 좀 더 실천적인 활동으로, 가령 사회적 행동 내지 활동의 일종으로 이해할 뿐아니라, 과학기술 및 사회정책 등의 문제들이 과학 깊숙이 개입되어 있는 활동으로 이해한다. 이러한 입장에 있는 이들은 과학을 심지어 자연착취나 타자지배의 수단 혹은 기술로 이해하는 것도 배제하지 않는다. 쿤의 과학관이 전통의 과학관을 탈신비화 했다고 하더라도, 상기한 도구주의적 계통의 과학관과 비교해 볼 때, 그것은 아직도 여전히 긍정주의적 과학관의 전통에 서 있다고 할 수 있다.

| 책의 내용 가운데 중요한 구절 소개 |

"만일 역사가 일화나 연대기 이상의 것들로 채워진 보고라고 간주된다면, 역사는 우리가 지금 홀려 있는 과학의 이미지에 대해서 결정적인 변형을 일으킬 수 있을 것이다. 심지어 과학자들 자신도 그런 이미지를 주로 완결된 과학적 업적들에 대한 연구로부터 만들었는데, 이런 업적들은 예전에는 과학 고전에 기록되고 그리고 보다 최근에는 과학의 새로운 세대가 과학이라는 직업을 훈련하기 위해서 배우는 교과서에 기록된 것들이다. 그러나 이러한 저작들의 목적은 필연적으로 설득과 교육을 위한 것이다. 그런 것들로부터 얻은 과학의 개념이란 마치 어느 국가의 문화의 이미지를 관광안내 책자나 어학 교본에서 끌어낸 것이나 다를 바 없이 실제 활동과는 잘 맞지 않는다. 이 책은 근본적으로 우리가 그런 것들에 의해서 오도되어 왔다는 것을 밝히려고 한다. 이 글이 겨냥하는 것은 연구 활동 자체의 역사적인 기록으로부터 드러날 수 있는 전혀 새로운 과학의 개념을 그리는 것이다."(61쪽)

"'패러다임'이라는 용어를 선택함으로써, 나는 법칙, 이론, 응용, 도구의 조작 등을 모두 포함한 실제 과학 활동의 몇몇 인정된 시례들이, 과학 연구의 특정한 정합적 전통을 형성하는 모델을 제공한다는 점을 시사하고자 한다. …… 이런 '패러다임'에 대한 공부는 과학도가 훗날 과학 활동을 수행할 특정 과학자 공동체의 구성원이 될 수 있도록 준비시키는 것이다. 이런 공부를 통해서 과학도는 바로 그 확고한 모델로부터 그들 분야의 기초를 익혔던 사람들과 만나게 되므로, 이후에 계속되는 그의 활동에서 기본 개념에 대한 노골적인 의견 충돌이 빚어지는 일은 드물 것이다. 공유된 '패러다임'에 근거하여 연구하는 사람들은 과학 활동에 대한 동일한 규칙과 표준에 헌신하게 된다. 그러한 헌신과 그것이 만들어내는 분명한 합의는 정상과학, 즉 특정한 연구 전통의 출현과 지속에 필수 불가결한 요소가 된다."(74쪽)

"현대과학의 관점과 갈릴레오의 관점과의 관계를 묻는 것이 아니라, 갈릴레오의 견해와 그의 그룹, 즉 그의 스승들, 동시대 학자들과 과학 분야에 종사하는 직계 제자들의 견해 사이의 관계를 묻는 것이다."(64쪽)

1. 쿤은 다원론적 과학관을 제시하고 있는 것으로 보인다. 하지만 그도 결국 다양한 이론들이 제 각각의 존재하는 것을 정상단계로 설정하지 않고 하나의 '패러다임'이 헤게모니를 구가하고 있는 단계를 정상과학이라고 부르고 있다. 쿤은 혹시 주류 과학패러다임을 정상과학으로 규정하면서 자본주의의 승자독식 원리를 찬양하고 있는 것은 아닐까?

2. 쿤은 과거 과학자들의 고전들을 현대과학의 시각으로 보면 '옳은' 것은 거의 없었다고 한다. 반면 그것들을 현재의 시각이 아닌 과거 과학자들의 시선으로 사료들을 읽어나갈 때, 이해할 수 있었다고 한다. 그러면서 사료를 읽을 때 당사자의 입장에서 서 보는 해석학적 방법을 권장한다. 그런데 과학에서도 사료에 대한 해석학적 독법이 필요한 것일까? 공약불가성을 고려할 때, 이러한 독법이 과연 가능할까?

3. 예술을 포함한 인문학은 학자공동체의 개념이 상대적으로 약하거니와 또한 시간의 선후관계, 즉 역사적 발전관계가 훌륭한 이론이나 사상 혹은 작품을 생산하는 데 결정적인 영향을 미치지 못하는 것으로 보인다. 예를 들어 공자나 붓다, 플라톤 등은 오늘날에도 가르쳐지고 있다. '패러다임 아이디어'를 과연 예술이나 인문학에도 적용할 수 있을까? 이 분야들에서는 영원한 진리를 추구하는 것이 가능할 수 있을까?

4. 학생으로서의 당신이 자신의 전공공부를 하는 데 있어서 쿤의 과학관을 어떻게 적용하거나 활용할 수 있다고 보는가?

- 번역서

  토마스 S. 쿤, 『과학혁명의 구조』, 김명자 · 홍성욱 옮김, 까치, 2013.

- 필자 소개: **이기흥**

  한국외국어대학교 독일어과에서 독문학을 전공했고, 독일 마부르크대학교 (Philipps-Uni. Marburg)의 철학 학사 및 철학 석사과정에서 철학, 사회학, 정치학을 공부한 후 철학 석사학위를 취득하였으며, 이후 동대학원에서 과학철학, 심리철학 및 인지과학 관련 연구논문으로 철학 박사학위를 취득했다. 현재 원광대학교 마음인문학연구소에서 조교수로 재직하고 있으며, 주로 실천적 마음학을 연구하고 있다. 저서로는 『통합적 마음학』(단독), 『우리 시대의 마음병』(공저), 『우리 시대의 인간상』(공저) 외 다수가 있고, 번역서로 『토폴로지』(슈테판 귄첼), 『서양 영혼 담론사』(스튜어트 괴츠/찰스 탈리아페로), 『심리철학적 소견들 I, II』(비트겐슈타인), 『정신과학과 개별화』(딜타이) 외 다수가 있다. 연구논문으로는 「지 · 정 · 의 통합 마음공부론」, 「인지행동치료 제3흐름의 철학사상적 특성 고찰」, 「인칭관점 기반 소통(치유)이론」, 「리벳실험의 대안적 해석 — 리벳 이후의 뇌 과학적 발견들과 자유의지」를 비롯해 다수가 있다.

| 저자 소개(가나다순) |

김양용/ 김정현/ 김학권/ 박승현/ 염승준/ 이기흥
이동훈/ 이상곤/ 이상범/ 진정일/ 한도연/ 홍성우

고전, 현대를 걷다   값17,000원

2017년 2월 25일 초판인쇄
2017년 2월 27일 초판발행
2019년 10월 14일 초판 2쇄

저　자　김정현 외
발행인　김혜숙
발행처　**새문사**
등록번호　제2018-000259호.(1977.9.19)

주소 : 서울시 서초구 강남대로 309 코리아비지니스센터 1715호
전화 : (02)715-7232(代)　Fax : (02)715-7235
E-mail : hmgbp@hanmail.net
website : www.saemoonbook.com
ISBN : 978-89-7411-502-9　03100

이 저서는 2016년 교육부의 산업연계 교육활성화 선도대학(PRIME)
사업의 재원으로 수행된 것임.